"十三五"国家重点图书出版规划项目
交通运输科技丛书·公路基础设施建设与养护
港珠澳大桥跨海集群工程建设关键技术与创新成果书系
国家科技支撑计划资助项目（2011BAG07B04）
广东科学技术学术专著项目资金资助出版

港珠澳大桥混凝土结构耐久性设计与施工技术

Durability Design and Construction Technology for
the Concrete Structures of Hong Kong–Zhuhai–Macao Bridge

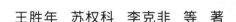

王胜年　苏权科　李克非　等　著

内 容 提 要

本书针对处于华南高温、高湿及高盐严酷海水腐蚀环境下的港珠澳大桥工程，从耐久性设计和施工技术方面，研究其设计使用年限为120年的混凝土结构寿命保障关键技术。课题研究与工程建设紧密结合，研究成果全面应用于港珠澳大桥混凝土结构耐久性设计和施工。在对研究成果和工程实践总结提炼的基础上，本书系统介绍了港珠澳大桥混凝土结构所处的腐蚀环境分析，利用长期暴露试验开展的基于可靠度理论的混凝土结构耐久性设计，综合考虑结构腐蚀风险、保护效果和全寿命成本的附加防腐蚀措施，长寿命和强度、施工性、抗裂性及经济性等协调统一的海工高性能混凝土配制及质量控制，大断面海底混凝土沉管隧道预制裂缝控制措施，以及在设计和施工阶段实施的运营期混凝土结构耐久性监测等。

本书可为沿海、跨海及海上类似工程建设耐久性设计和施工提供借鉴，也可供从事结构耐久性相关工作的科研人员、工程技术人员及高等院校教师、学生参考。

Abstract

This book is aiming to analyze the key technology of the HZMB concrete structure durability that meets the requirements of 120-year service life in the marine corrosive environment of high temperature, high humidity and high salinity from the aspects of durability design and construction technology. The research project related to construction engineering and its findings can be applied to the concrete structure durability design and construction of the HZMB. Based on the previous achievements of research project and engineering practice, the comprehensive analysis of the HZMB in corrosive environment was illustrated in this book. Moreover, some contents were also introduced, such as the concrete structure durability design based on long-term exposure experiments with reliability theory, additional protective measures in terms of corrosion risk, protecting effects and life-cycle cost, the preparation and quality control of the high-performance marine concrete with advantages of long service life, high mechanical strength, better workability, better cracking resistance and economic cost, cracking control measures of undersea concrete immersed tunnel in large-span-cross section and the monitoring technology of concrete structure durability performance, etc.

The previous achievements in this book could be served as a reference for durability design and construction of similar cross-sea bridges as well as a guidance for the people who are major in studying structure durability.

交通运输科技丛书编审委员会

(委员排名不分先后)

顾　　问：陈　健　周　伟　成　平　姜明宝

主　　任：庞　松

副 主 任：洪晓枫　袁　鹏

委　　员：石宝林　张劲泉　赵之忠　关昌余　张华庆

　　　　　郑健龙　沙爱民　唐伯明　孙玉清　费维军

　　　　　王　炜　孙立军　蒋树屏　韩　敏　张喜刚

　　　　　吴　澎　刘怀汉　汪双杰　廖朝华　金　凌

　　　　　李爱民　曹　迪　田俊峰　苏权科　严云福

港珠澳大桥跨海集群工程建设关键技术与创新成果书系编审委员会

顾　　　问：冯正霖
主　　　任：周海涛
副　主　任：袁　鹏　朱永灵

执 行 总 编：苏权科
副　总　编：徐国平　时蓓玲　孟凡超　王胜年　柴　瑞

委　　　员：（按专业分组）
　　岛隧工程：孙　钧　钱七虎　郑颖人　徐　光　王汝凯
　　　　　　　李永盛　陈韶章　刘千伟　麦远俭　白植悌
　　　　　　　林　鸣　杨光华　贺维国　陈　鸿
　　桥梁工程：项海帆　王景全　杨盛福　凤懋润　侯金龙
　　　　　　　陈冠雄　史永吉　李守善　邵长宇　张喜刚
　　　　　　　张起森　丁小军　章登精
　　结构耐久性：孙　伟　缪昌文　潘德强　邵新鹏　水中和
　　　　　　　丁建彤
　　建设管理：张劲泉　李爱民　钟建驰　曹文宏　万焕通
　　　　　　　牟学东　王富民　郑顺潮　林　强　胡　明
　　　　　　　李春风　汪水银

《港珠澳大桥混凝土结构耐久性设计与施工技术》编写组

组　　长：王胜年
副 组 长：苏权科　李克非
编写人员：吕卫清　李全旺　熊建波　柴　瑞　范志宏
　　　　　李　超　柳　献　陈　龙　汤雁冰　王迎飞
　　　　　吴清发　董桂洪　刘　行　方　翔　曾俊杰
　　　　　黎鹏平　谢红兵　周新刚　邓春林　罗　垚
　　　　　姜　伟

总 序
General Preface

科技是国家强盛之基,创新是民族进步之魂。中华民族正处在全面建成小康社会的决胜阶段,比以往任何时候都更加需要强大的科技创新力量。党的十八大以来,以习近平同志为总书记的党中央作出了实施创新驱动发展战略的重大部署。党的十八届五中全会提出必须牢固树立并切实贯彻创新、协调、绿色、开放、共享的发展理念,进一步发挥科技创新在全面创新中的引领作用。在最近召开的全国科技创新大会上,习近平总书记指出要在我国发展新的历史起点上,把科技创新摆在更加重要的位置,吹响了建设世界科技强国的号角。大会强调,实现"两个一百年"奋斗目标,实现中华民族伟大复兴的中国梦,必须坚持走中国特色自主创新道路,面向世界科技前沿、面向经济主战场、面向国家重大需求。这是党中央综合分析国内外大势、立足我国发展全局提出的重大战略目标和战略部署,为加快推进我国科技创新指明了战略方向。

科技创新为我国交通运输事业发展提供了不竭的动力。交通运输部党组坚决贯彻落实中央战略部署,将科技创新摆在交通运输现代化建设全局的突出位置,坚持面向需求、面向世界、面向未来,把智慧交通建设作为主战场,深入实施创新驱动发展战略,以科技创新引领交通运输的全面创新。通过全行业广大科研工作者长期不懈的努力,交通运输科技创新取得了重大进展与突出成效,在黄金水道能力提升、跨海集群工程建设、沥青路面新材料、智能化水面溢油处置、饱和潜水成套技术等方面取得了一系列具有国际领先水平的重大成果,培养了一批高素质的科技创新人才,支撑了行业持续快速发展。同时,通过科技示范工程、科技成果推广计划、专项行动计划、科技成果推广目录等,推广应用了千余项科研成果,有力促进了科研向现实生产力转化。组织出版"交通运输建设科技丛书",是推进科技成果公开、加强科技成果推广应用的一项重要举措。"十二五"期间,该丛书共出版72册,全部列入"十二五"国家重点图书出版规划项目,其中12册获得国家出版基金支持,6册获中华优秀出版物奖图书提名奖,行业影响力和社会知名度不断扩大,逐渐成为交通运输高端学术交流和科技成果公开的重要平台。

"十三五"时期,交通运输改革发展任务更加艰巨繁重,政策制定、基础设施建设、运输管理等领域更加迫切需要科技创新提供有力支撑。为适应形势变化的需要,在以往工作的基础上,我们将组织出版"交通运输科技丛书",其覆盖内容由建设技术扩展到交通运输科学技术各领域,汇集交通运输行业高水平的学术专著,及时集中展示交通运输重大科技成果,将对提升交通运输决策管理水平、促进高层次学术交流、技术传播和专业人才培养发挥积极作用。

当前,全党全国各族人民正在为全面建成小康社会、实现中华民族伟大复兴的中国梦而团结奋斗。交通运输肩负着经济社会发展先行官的政治使命和重大任务,并力争在第二个百年目标实现之前建成世界交通强国,我们迫切需要以科技创新推动转型升级。创新的事业呼唤创新的人才。希望广大科技工作者牢牢抓住科技创新的重要历史机遇,紧密结合交通运输发展的中心任务,锐意进取、锐意创新,以科技创新的丰硕成果为建设综合交通、智慧交通、绿色交通、平安交通贡献新的更大的力量!

2016 年 6 月 24 日

序 Preface

2003年，港珠澳大桥工程研究启动。2009年，为应对由美国次贷危机引发的全球金融危机，保持粤、港、澳三地经济社会稳定，中央政府决定加快推进港珠澳大桥建设。港珠澳大桥跨越珠江口伶仃洋海域，东接香港特别行政区，西接广东省珠海市和澳门特别行政区，是"一国两制"框架下粤、港、澳三地合作建设的重大交通基础设施工程。港珠澳大桥建设规模宏大，建设条件复杂，工程技术难度、生态保护要求很高。

2010年9月，由科技部支持立项的"十二五"国家科技支撑计划"港珠澳大桥跨海集群工程建设关键技术研究与示范"项目启动实施。国家科技支撑计划，以重大公益技术及产业共性技术研究开发与应用示范为重点，结合重大工程建设和重大装备开发，加强集成创新和引进消化吸收再创新，重点解决涉及全局性、跨行业、跨地区的重大技术问题，着力攻克一批关键技术，突破瓶颈制约，提升产业竞争力，为我国经济社会协调发展提供支撑。

港珠澳大桥国家科技支撑计划项目共设五个课题，包含隧道、人工岛、桥梁、混凝土结构耐久性和建设管理等方面的研究内容，既是港珠澳大桥在建设过程中急需解决的技术难题，又是交通运输行业建设未来发展需要突破的技术瓶颈，其研究成果不但能为港珠澳大桥建设提供技术支撑，还可为规划研究中的深圳至中山通道、渤海湾通道、琼州海峡通道等重大工程提供技术储备。

2015年底，国家科技支撑计划项目顺利通过了科技部验收。在此基础上，港珠澳大桥管理局结合生产实践，进一步组织相关研究单位对以国家科技支撑计划项目为主的研究成果进行了深化梳理，总结形成了"港珠澳大桥跨海集群工程建设关键技术与创新成果书系"。书系被纳入了"交通运输科技丛书"，由人民交通出版社股份有限公司组织出版，以期更好地面向读者，进一步推进科技成果公开，进一步加强科技成果交流。

值此书系出版之际,祝愿广大交通运输科技工作者和建设者秉承优良传统,按照党的十八大报告"科技创新是提高社会生产力和综合国力的战略支撑,必须摆在国家发展全局的核心位置"的要求,努力提高科技创新能力,努力推进交通运输行业转型升级,为实现"人便于行、货畅其流"的梦想,为实现中华民族伟大复兴而努力!

港珠澳大桥国家科技支撑计划项目领导小组组长
本书系编审委员会主任

2016 年 9 月

前 言

从东海大桥开始,国内开始大量兴建大型跨海大桥工程,其中的突出代表有金塘大桥、杭州湾大桥、厦漳大桥、青岛海湾大桥等,这些工程全部处于海洋腐蚀环境中,主要采用混凝土结构,设计使用年限均为 100 年,为保证工程结构能够达到预期的服役寿命,采取了许多耐久性保障措施,积累了大量工程实践经验,对于推动我国海工混凝土耐久性设计与施工技术发展产生了积极作用。

作为连接香港、澳门、珠海三地的港珠澳大桥工程,其主要特点在于工程设计使用年限 120 年,同时具有人工岛、海中桥梁和沉管隧道等多种结构形式,并且工程跨越的伶仃洋海域,具有气温高、湿度大、海水含盐度高的特点,混凝土结构的腐蚀环境严酷,耐久性问题突出。处于如此严酷的环境条件下,设计使用年限超过 100 年的、具有多种结构形式的跨海集群工程在国际上也是罕见的,相应的耐久性设计、施工控制方面的经验与成果较少。

本书旨在总结国家科技支撑计划项目"港珠澳大桥跨海集群工程建设关键技术研究与示范"的课题四"跨海集群工程混凝土结构 120 年使用寿命保障关键技术"的研究内容,系统介绍针对港珠澳大桥环境和材料特点开展混凝土结构耐久性设计与施工质量控制方面的研究成果,其中海工混凝土结构耐久性设计主要包括海洋环境下混凝土结构腐蚀环境分析、基于可靠度理论的混凝土结构耐久性设计与基于寿命成本综合分析的防腐蚀措施设计方法,混凝土结构耐久性施工质量控制技术包括考虑长期性能发展的长寿命高性能混凝土配制、基于现场施工特点的混凝土耐久性质量控制技术、大截面全断面浇筑沉管管段裂缝控制关键技术、防腐蚀施工质量控制和耐久性监测系统开发与安装等方面的内容。上述内容构成了工程建设期的混凝土结构耐久性保障技术体系,可以为国内类似工程的建设提供参考。

参加本书编写人员为课题组主要研究成员,编写分工如下:第 1 章由王胜年、苏权科编写；第2章由李克非、范志宏编写；第3章由王胜年、李克非、范志宏、李全旺、苏权科编写；第4章由李超、刘行编写；第5章由熊建波、曾俊杰、黎鹏平编写；第6章由王迎飞、李超、柳献编写；第7章由陈龙、方翔编写；第8章由熊建波、汤雁冰、方翔编写。全书由王胜年构思和统稿，王胜年、苏权科和李克非审定。

除上述编写人员以外，课题组其他成员对本书的内容和部分研究成果也做出了贡献，未能一一列出，在此对所有参与课题研究的人员以及对课题研究及本书编撰提供指导的专家同行表示由衷的感谢。

此外，课题研究重要成果之一——"基于可靠度理论的混凝土结构耐久性设计"，是利用与港珠澳大桥环境条件基本相同、建于二十世纪八十年代的湛江暴露试验站积累的长期暴露试验数据而取得的，暴露试验站的建设和历代暴露试验科研人员的坚持是成果取得的重要基础，在此，向所有支持和参与暴露试验站建设、维护及长期坚持暴露试验研究的历代科研人员表示衷心的感谢并致以崇高的敬意。

限于作者的水平和经验，书中错误和疏漏之处在所难免，恳请读者批评指正。

作　者
2015 年 6 月

目 录
Contents

第1章 绪论 ·· 1
　1.1 工程建设背景 ·· 1
　1.2 国内外相关技术现状 ·· 2
　1.3 工程建设面临的耐久性关键问题及解决办法 ································· 4
　1.4 本书主要内容 ·· 5
第2章 混凝土结构腐蚀环境与分析 ··· 6
　2.1 环境条件 ·· 6
　　2.1.1 气象条件 ·· 6
　　2.1.2 水文条件 ·· 7
　2.2 环境腐蚀作用及严重性分析 ··· 8
　　2.2.1 氯离子对钢筋混凝土的腐蚀 ·· 9
　　2.2.2 混凝土碳化引起的钢筋锈蚀 ··· 11
　　2.2.3 环境盐类对混凝土的腐蚀作用 ·· 11
　　2.2.4 混凝土内部有害化学反应腐蚀 ·· 12
　2.3 混凝土结构腐蚀环境划分 ·· 13
　　2.3.1 现行国家标准关于基本环境类别与作用等级的划分 ·················· 13
　　2.3.2 我国现行行业标准关于腐蚀环境类别与作用等级的划分 ············ 14
　　2.3.3 港珠澳大桥混凝土结构构件的腐蚀环境作用等级 ····················· 17
　本章参考文献 ·· 19
第3章 基于可靠度理论的混凝土结构耐久性设计 ································ 21
　3.1 基于可靠度理论的混凝土结构耐久性设计基本思路 ······················· 21
　　3.1.1 耐久性设计基本方法与思路 ··· 21
　　3.1.2 华南湛江海洋环境暴露站 ·· 23
　　3.1.3 类似环境实体工程耐久性调查 ·· 25
　3.2 耐久性设计基本原则 ·· 29

  3.2.1　耐久性极限状态 ·· 29
  3.2.2　构件设计使用年限 ·· 30
  3.2.3　基于概率的耐久性设计方法 ·· 31
 3.3　海水腐蚀环境耐久性可靠性设计 ·· 33
  3.3.1　氯离子侵入模型 ·· 33
  3.3.2　模型参数统计分析 ·· 34
  3.3.3　耐久性设计参数取值 ·· 48
  3.3.4　耐久性设计结果 ·· 51
 3.4　基于暴露试验时间反演的耐久性质量控制指标 ··· 53
  3.4.1　不同试验方法比较 ·· 54
  3.4.2　暴露试验的时间反演 ·· 57
  3.4.3　耐久性质量控制指标 ·· 61
 3.5　碳化环境耐久性可靠性设计 ·· 61
  3.5.1　碳化模型 ·· 61
  3.5.2　耐久性设计参数取值 ·· 64
  3.5.3　耐久性设计结果 ·· 65
本章参考文献 ·· 66

第4章　长寿命海工高性能混凝土配制 ·· 68
 4.1　主体结构混凝土性能 ·· 68
  4.1.1　港珠澳大桥主体结构混凝土性能要求 ·· 68
  4.1.2　桥梁结构混凝土性能 ·· 68
  4.1.3　沉管混凝土性能 ·· 70
 4.2　混凝土原材料 ·· 71
  4.2.1　工程周边混凝土原材料 ·· 72
  4.2.2　类似工程原材料质量控制 ··· 75
  4.2.3　港珠澳大桥混凝土原材料指标要求 ·· 78
 4.3　配合比参数对混凝土性能的影响 ·· 82
  4.3.1　胶凝材料体系的影响 ·· 82
  4.3.2　水胶比的影响 ·· 86
  4.3.3　浆体比例的影响 ·· 87
  4.3.4　集料粒径和级配 ·· 89
 4.4　主体结构长寿命海工高性能混凝土的配制 ·· 90
  4.4.1　混凝土配制原则 ·· 90

4.4.2　高性能混凝土试配制⋯⋯⋯⋯⋯⋯⋯⋯⋯⋯⋯⋯⋯⋯⋯⋯⋯⋯⋯92
　　4.4.3　混凝土施工配合比⋯⋯⋯⋯⋯⋯⋯⋯⋯⋯⋯⋯⋯⋯⋯⋯⋯⋯⋯96
　本章参考文献⋯⋯⋯⋯⋯⋯⋯⋯⋯⋯⋯⋯⋯⋯⋯⋯⋯⋯⋯⋯⋯⋯⋯⋯⋯⋯97

第5章　混凝土耐久性质量控制措施⋯⋯⋯⋯⋯⋯⋯⋯⋯⋯⋯⋯⋯⋯⋯⋯⋯⋯99
　5.1　现行混凝土耐久性质量控制措施的总体分析⋯⋯⋯⋯⋯⋯⋯⋯⋯⋯⋯⋯99
　5.2　混凝土全过程质量控制要素⋯⋯⋯⋯⋯⋯⋯⋯⋯⋯⋯⋯⋯⋯⋯⋯⋯⋯100
　　5.2.1　原材料质量控制⋯⋯⋯⋯⋯⋯⋯⋯⋯⋯⋯⋯⋯⋯⋯⋯⋯⋯⋯⋯100
　　5.2.2　混凝土配合比设计⋯⋯⋯⋯⋯⋯⋯⋯⋯⋯⋯⋯⋯⋯⋯⋯⋯⋯⋯103
　　5.2.3　混凝土施工过程质量控制技术⋯⋯⋯⋯⋯⋯⋯⋯⋯⋯⋯⋯⋯⋯106
　　5.2.4　硬化混凝土质量控制⋯⋯⋯⋯⋯⋯⋯⋯⋯⋯⋯⋯⋯⋯⋯⋯⋯⋯110
　5.3　混凝土施工质量控制关键技术⋯⋯⋯⋯⋯⋯⋯⋯⋯⋯⋯⋯⋯⋯⋯⋯⋯112
　　5.3.1　混凝土拌和物水胶比控制⋯⋯⋯⋯⋯⋯⋯⋯⋯⋯⋯⋯⋯⋯⋯⋯112
　　5.3.2　基于成熟度理论的混凝土构件接触海水时间控制⋯⋯⋯⋯⋯⋯⋯118
　　5.3.3　钢筋的混凝土保护层厚度控制⋯⋯⋯⋯⋯⋯⋯⋯⋯⋯⋯⋯⋯⋯123
　本章参考文献⋯⋯⋯⋯⋯⋯⋯⋯⋯⋯⋯⋯⋯⋯⋯⋯⋯⋯⋯⋯⋯⋯⋯⋯⋯131

第6章　混凝土沉管裂缝控制⋯⋯⋯⋯⋯⋯⋯⋯⋯⋯⋯⋯⋯⋯⋯⋯⋯⋯⋯⋯132
　6.1　沉管混凝土结构开裂风险仿真计算⋯⋯⋯⋯⋯⋯⋯⋯⋯⋯⋯⋯⋯⋯⋯133
　　6.1.1　沉管结构模型建立⋯⋯⋯⋯⋯⋯⋯⋯⋯⋯⋯⋯⋯⋯⋯⋯⋯⋯⋯133
　　6.1.2　标准工况计算结果⋯⋯⋯⋯⋯⋯⋯⋯⋯⋯⋯⋯⋯⋯⋯⋯⋯⋯⋯139
　　6.1.3　控裂参数⋯⋯⋯⋯⋯⋯⋯⋯⋯⋯⋯⋯⋯⋯⋯⋯⋯⋯⋯⋯⋯⋯⋯143
　　6.1.4　不同施工季节分析⋯⋯⋯⋯⋯⋯⋯⋯⋯⋯⋯⋯⋯⋯⋯⋯⋯⋯⋯156
　6.2　混凝土抗裂性能评价⋯⋯⋯⋯⋯⋯⋯⋯⋯⋯⋯⋯⋯⋯⋯⋯⋯⋯⋯⋯⋯160
　　6.2.1　模型设计⋯⋯⋯⋯⋯⋯⋯⋯⋯⋯⋯⋯⋯⋯⋯⋯⋯⋯⋯⋯⋯⋯⋯160
　　6.2.2　模型试验⋯⋯⋯⋯⋯⋯⋯⋯⋯⋯⋯⋯⋯⋯⋯⋯⋯⋯⋯⋯⋯⋯⋯163
　　6.2.3　仿真计算验证及优化⋯⋯⋯⋯⋯⋯⋯⋯⋯⋯⋯⋯⋯⋯⋯⋯⋯⋯165
　6.3　沉管节段混凝土结构控裂技术措施及实施效果⋯⋯⋯⋯⋯⋯⋯⋯⋯⋯169
　　6.3.1　沉管混凝土结构控裂措施⋯⋯⋯⋯⋯⋯⋯⋯⋯⋯⋯⋯⋯⋯⋯⋯169
　　6.3.2　沉管混凝土控裂效果⋯⋯⋯⋯⋯⋯⋯⋯⋯⋯⋯⋯⋯⋯⋯⋯⋯⋯174
　本章参考文献⋯⋯⋯⋯⋯⋯⋯⋯⋯⋯⋯⋯⋯⋯⋯⋯⋯⋯⋯⋯⋯⋯⋯⋯⋯175

第7章　混凝土结构附加防腐蚀措施⋯⋯⋯⋯⋯⋯⋯⋯⋯⋯⋯⋯⋯⋯⋯⋯⋯177
　7.1　港珠澳大桥主体混凝土结构腐蚀风险分析⋯⋯⋯⋯⋯⋯⋯⋯⋯⋯⋯⋯177
　　7.1.1　港珠澳大桥混凝土结构所处部位及腐蚀特点⋯⋯⋯⋯⋯⋯⋯⋯177
　　7.1.2　混凝土结构腐蚀风险评估⋯⋯⋯⋯⋯⋯⋯⋯⋯⋯⋯⋯⋯⋯⋯⋯179

7.2 海工混凝土结构防腐蚀措施及特点 ································· 181
   7.2.1 混凝土表面涂层 ··· 181
   7.2.2 硅烷浸渍 ··· 183
   7.2.3 混凝土外加电流阴极保护 ····································· 185
   7.2.4 环氧树脂涂层钢筋 ·· 186
   7.2.5 热浸镀锌钢筋 ·· 187
   7.2.6 不锈钢钢筋 ·· 188
   7.2.7 包覆不锈钢钢筋 ··· 191
   7.2.8 钢筋阻锈剂 ·· 192
   7.2.9 透水模板 ··· 193
   7.2.10 喷涂聚脲防水涂料 ·· 197
   7.2.11 水基深层渗透密封型无机防水材料 ························· 198
   7.2.12 防腐蚀措施的综合技术比较及适用性分析 ················· 199
7.3 附加防腐蚀措施全寿命成本分析 ····································· 203
   7.3.1 全寿命经济分析及工程应用 ·································· 203
   7.3.2 全寿命成本经济计算方法 ····································· 204
   7.3.3 不同附加防腐蚀措施全寿命经济计算 ······················· 205
7.4 港珠澳大桥主体工程混凝土结构附加防腐蚀措施 ················ 210
   7.4.1 附加防腐蚀措施的选择 ·· 210
   7.4.2 附加防腐蚀措施技术要求 ····································· 213
   7.4.3 附加防腐蚀措施施工及质量控制 ····························· 219
本章参考文献 ··· 226

第8章 耐久性监测 ··· 229

8.1 混凝土结构耐久性监测技术 ·· 229
   8.1.1 半电池电位技术 ··· 230
   8.1.2 宏电池电流测量技术 ·· 231
   8.1.3 线性极化电阻技术 ·· 232
8.2 混凝土结构耐久性监测传感器系统的研制开发 ·················· 234
   8.2.1 监测系统的构成 ··· 234
   8.2.2 预埋式多功能传感器的开发 ·································· 235
   8.2.3 数据采集与传输设备 ·· 245
   8.2.4 数据采集与在线监测系统软件开发与实现 ················· 246
8.3 港珠澳大桥混凝土结构耐久性监测设计 ··························· 249

  8.3.1 耐久性监测实施背景及意义 ………………………………………… 249
  8.3.2 耐久性监测系统设计原则 ……………………………………………… 250
  8.3.3 监测点及传感器布置 …………………………………………………… 251
  8.3.4 数据采集仪布置 ………………………………………………………… 253
 8.4 港珠澳大桥耐久性监测系统建立 …………………………………………… 254
  8.4.1 传感器的安装 …………………………………………………………… 254
  8.4.2 电缆的铺设 ……………………………………………………………… 256
  8.4.3 数据采集仪的安装 ……………………………………………………… 256
  8.4.4 安装过程中的检查 ……………………………………………………… 256
  8.4.5 混凝土浇筑过程中的控制 ……………………………………………… 257
 本章参考文献 ……………………………………………………………………… 257

索引 ………………………………………………………………………………… 259

第1章 绪　　论

1.1　工程建设背景

　　港珠澳大桥地处珠江口伶仃洋海域,是连接香港特别行政区、广东省珠海市、澳门特别行政区的大型跨海通道,是《国家高速公路网规划》中珠江三角洲地区环线的组成部分和跨越伶仃洋海域的重要交通建设项目。港珠澳大桥通过太澳高速公路与广东西部高速公路网相接,形成一个快速便捷的运输通道,使香港、澳门与粤西地区乃至西南地区省份直接相连,对于发挥大珠三角地区的区位优势,拓宽大珠三角的发展腹地,推动区域内产业结构调整,营造区域经济多赢局面,形成综合的竞争实力,具有十分重要的意义。

　　工程内容包括:港珠澳大桥主体工程、香港口岸、珠海口岸、澳门口岸、香港侧接线以及珠海侧接线。港珠澳大桥主体工程范围为自港粤分界线起,至拱北/明珠附近的海中填筑的珠海/澳门口岸人工岛止,采用桥隧组合方式,全长约29.6km,其中跨海桥梁长22.849km,包括采用460m双塔斜拉式青州航道桥、两跨220m连续刚构江海直达船航道桥、单跨250m连续刚构九洲航道桥及采用70m/110m连续梁非通航孔桥。海底隧道长6.753km,由东、西两个海中人工岛与桥梁连接。大桥按双向六车道高速公路标准修建,设计行车时速每小时100km。由隧、岛、桥组成的港珠澳大桥跨海集群工程,设计使用寿命为120年,是中国交通建设史上技术最复杂、环保要求最高、建设要求及标准最高的工程之一。

　　港珠澳大桥位于珠江口外伶仃洋海域,北靠亚洲大陆,南临热带海洋,属于典型的亚热带海洋性季风气候。海水含盐量高,海水中氯离子含量达$10.8\sim17.0$g/L;港、珠、澳三地年平均气温$22.3\sim23$℃,极端最高温度38.9℃,极端最低温度-1.8℃;年平均气压$1\,008.4\sim1\,012.9$hPa,以1月最高,7月最低;年平均相对湿度$78\%\sim80\%$;年平均雨量$1\,800\sim2\,300$mm,年平均降水日数140天左右,年平均暴雨日数$10\sim13$天,日降水极值620.3mm(珠海),一小时降水极值133.0mm(珠海)。港珠澳大桥工程区水域宽阔,水深为$2\sim18$m,所处海域潮汐类型属于不规则的半日潮混合潮型,具有高潮位由外海向珠江口内逐渐增大、低潮位由外海向珠江口逐渐降低的特点。可见港珠澳大桥地处高温、高湿和高盐的海水环境下,这种环境对混凝土结构中的钢筋具有强腐蚀性,海水中的氯离子渗透进混凝土内极易引起钢筋锈蚀,造成结构破坏,因此港珠澳大桥混凝土结构要求具有足够抵抗海水环境腐蚀的能力,即要求具有足够的耐久性,只有确保混凝土结构的耐久性,才能保证港珠澳大桥达到120年的设计使用年限。

1.2　国内外相关技术现状

耐久性问题越来越重要。在工程建设中,尤其是腐蚀环境恶劣的重大基础设施建设,耐久性问题已成为工程建设所必须面对和需要解决的重大技术问题之一,这是因为:①耐久性直接关系到结构的安全使用寿命;②耐久性问题严峻,一旦结构发生腐蚀破坏,则需花费巨资进行维修,而因维修停产造成的损失更是惊人;③耐久性影响因素多,时变过程复杂,耐久性问题贯穿于设计、施工及营运等全寿命过程,基于传统经验和半定量理论设计的结构耐久性寿命有较大的不确定性。因此,对耐久性问题需要不断地探索研究,是国内外研究的热点。

虽然国内外关于海水环境下混凝土结构耐久性研究已取得大量的研究成果,但由于耐久性理论还不能建立环境作用、结构性能和设计使用年限之间的定量关系,因此,国内外耐久性设计还是采用基于经验的传统方法或半定量方法,即对于不同环境作用下的混凝土结构,按照标准规范直接规定混凝土材料组成(如混凝土水胶比、胶凝材料组成及用量等)、性能参数(如混凝土的强度、氯离子扩散系数、电通量等)以及混凝土构件构造参数(如钢筋保护层厚度、裂缝宽度限值等)。虽然也规定了结构设计使用年限,但实际上设计使用年限和上述设计参数只是建立于经验之上的假想符合关系,两者之间不具备理论的对应关系。基于经验的传统设计方法在欧美、日本及我国都有相应的标准规定,但大都体现在结构设计规范和材料及施工质量控制标准中,单独成册的耐久性设计规范不多。日本在1989年制定的《混凝土结构耐久性设计准则(试行)》,要求在设计中需要全面考虑结构构造、材料质量和施工工艺;我国《海港工程混凝土结构防腐蚀技术规范》(JTJ 275—2000)除材料和结构构造参数外,首次以电通量作为耐久性质量控制指标;国家标准《混凝土结构耐久性设计规范》(GB/T 50476—2008)对传统的经验方法进行了改进,除了细化环境的类别和作用等级,规定了不同环境类别与作用等级下的混凝土强度等级、水胶比和原材料组成等参数外,又提出了混凝土抗冻耐久性指数、氯离子扩散系数等耐久性参数的量值指标。近些年来国内外修建的沿海和跨海大桥混凝土结构,设计使用年限都是百年或百年以上,耐久性设计大部分遵照标准规范规定的传统经验方法。

为了实现耐久性的定量设计,国际上开展了大量的研究工作,尤其针对海水环境下的混凝土结构的研究取得了大量的研究成果,如由欧盟资助的 Duracrete 研究项目历时 3 年,于 2000 年出版了报告 "General Guidelines for Durability Design and Redesign",Duracrete 基于菲克第二定律的混凝土结构性能退化模型建立了耐久性设计方程,对结构处于极限状态时的环境效应、退化进程以及材料性能等参数进行了统计分析,首次提出了混凝土结构耐久性的可靠度设计方法。国际结构混凝土协会 fib 于 2006 年出版了 "Fib Model Code for Service Life Design",在 Duracrete 耐久性设计方法的基础上进行了一定程度的修正,并将耐久性设计的可靠度指标与现行混凝土结构设计中的可靠度指标建立了联系,为耐久性设计成为结构设计的一部分奠定了基础。日本在1989年制定了《混凝土结构耐久性设计准则(试行)》,在设计中考虑结构构造、材料质量和施工工艺的影响,以保证结构在要求的年限内,在一定的环境中正常使用而不需要维修,并将这个设计过程定义为耐久性设计,这个耐久性设计基本上采用了与结构设计相同的思路,要求构件各部位的耐久性指数大于或等于环境指数。虽然上述耐久性设计研究成果从理论上可实现混凝土结构耐久性定量设计,但是由于缺乏大量工程数据支撑,对于某些关键参数的取值偏于理论和经验的成分居多,参数的计算取值尚存在一定的不合理之处。国内针对海水环境混凝土结构性能退化、寿命预测模型开展了大量的研究工作,2005年国家自然科学基金委立项重点项目"海洋环境混凝土结构耐久性基础研究"(编号50538070),2006年交通部西部科技项目立项"跨江海大型桥梁结构混凝土劣化性能与耐久性对策措施的研究"(编号2006 318 223 02-04),2006年交通部西部科研项目"离岸深水港建设关键技术研究"中的专题"海港工程海工混凝土结构寿命预测与健康诊断研究""桥梁混凝土性能长期演变规律与跟踪观测技术的研究"(编号2006 318 223 02-08)等,在混凝土结构耐久性影响因素、性能退化规律和寿命预测模型等方面取得了大量成果,但尚不能建立具有保证率的耐久性定量设计方法。

混凝土附加防腐蚀措施已成为提高结构耐久性的重要手段,尤其对于海水环境,单靠混凝土自身的抵抗力很难达到百年的使用寿命。随着防腐蚀技术的发展,出现了各种适用于混凝土结构的外加防腐蚀措施和技术,如涂层、硅烷、环氧涂层钢筋、阻锈剂及近些年开始应用的不锈钢钢筋和阴极保护等。自《海港工程混凝土结构防腐蚀技术规范》(JTJ 275)于2000年颁布以来,我国其他行业标准规范也都把各种防腐蚀附加措施列为提高工程耐久性的主要手段。国内外众多沿海和跨海大桥工程都选择了不同的防腐蚀措施,如丹麦大贝尔特海峡工程针对结构不同部位分别采取了涂层、硅烷浸渍、环氧钢筋和阴极保护等措施,连接丹麦和瑞典的厄勒海峡工程选择了硅烷浸渍和阴极保护措施,我国香港青马大桥采用了硅烷浸渍和部分结构采用不锈钢钢筋措施,杭州湾大桥除不锈钢外,几乎选择了其他所有的防腐蚀措施,处于北方冰冻海域的青岛海湾大桥采用了涂层、硅烷浸渍,主塔采用了外加电流阴极保护技术。可以看出,各种防腐蚀措施各有特点,其适用条件、防护效果、工程成本各不相同,如何选择至今没有一个可以量化的标准,尤其是在工程建设日益重视全寿命成本的今天,虽然全寿命经济分析法(LCCA)已有比较多的研究成果,但目前标准规范以及已经建设完成的国内外各工程,缺乏在防腐蚀措施的设计上进行全寿命成本分析,尤其是百年寿命的跨海工程,存在潜在的重大腐蚀风险,需要把技术可靠性、全寿命成本和腐蚀风险结合起来全面考虑。

作为工程主体最基本的混凝土材料,最重要的是其本身必须具备足够的抗环境侵蚀能力,即耐久性。近十多年来,具有高耐久性的海工高性能混凝土技术取得大量成果,交通部自2000年颁布《海港工程混凝土结构防腐蚀技术规范》将高性能混凝土列为提高工程耐久性的首要措施以来,海工高性能混凝土已在我国沿海港口得到全面推广应用,东海大桥、杭州湾大桥、金塘大桥、厦漳大桥以及青岛胶州湾大桥等也都采用了海工高性能混凝土,交通运输部于

2012年颁布了《海港工程高性能混凝土质量控制标准》。然而,海工高性能混凝土是以大掺量活性矿物掺和料为特征,包含水泥及多种掺和料的胶凝材料有多种组合,其组分确定如何体现混凝土的长期性能(即耐久性)仍不明确;随着工程规模和建设难度不断增大、寿命要求越来越长,对混凝土材料的耐久性、力学性能、工作性和体积稳定性等综合性能的要求越来越高,如何突出重点或核心性能,并兼顾其他性能及经济性协调统一是混凝土配制时所面临的难题;此外,传统的混凝土施工质量控制还是偏重于以强度和施工性为主要目的生产质量控制,对于耐久性如混凝土抗氯离子渗透性、保护层和接触海水时间及混凝土抗裂性等控制还缺乏系统、可靠的技术手段。

1.3　工程建设面临的耐久性关键问题及解决办法

港珠澳大桥按照120年设计使用年限设计,主体工程包括跨海桥梁、海中人工岛和海底隧道等多种结构,由于地处高温高湿的华南海水环境,腐蚀环境相对恶劣,要使混凝土结构耐久性满足120年设计使用年限要求,面临着以下诸多难题:

(1)作为强制性的规定,国内外标准都规定标志性重要工程设计时都要有明确的设计使用年限。我国现行国家标准《建筑结构可靠度设计统一标准》(GB 50068)规定:纪念性建筑和特别重要的建筑结构,设计使用年限为100年[1]。目前,国内外大量兴建的沿海和跨海大桥工程,一般设计使用年限均是100年或百年以上,但耐久性设计仍普遍采用经验设计方法。港珠澳大桥在国内首次按120年设计使用年限设计,且包括桥梁、海上人工岛和海底隧道,结构复杂,不同构件所处腐蚀环境各异,传统的基于经验的耐久性设计方法可靠性不足,必须要采取比传统方法更可靠的耐久性设计。

(2)港珠澳大桥处于水下区、水位变动区、浪溅区和大气区等不同部位的混凝土结构,所处部位腐蚀环境不同,氯离子侵蚀所造成的腐蚀严重程度也不同,采取的防腐蚀措施应区别对待。海水环境混凝土结构防腐蚀措施有多种,不同防腐蚀措施的作用机理、适用条件和防护效果也各不相同,防腐蚀措施的选择,应把技术可靠性、全寿命成本和腐蚀风险结合起来全面考虑,既要保证其充分的防护效果,也要体现全寿命成本最低。

(3)港珠澳大桥主体工程包括长约23km的海上桥梁、近6km的海底沉管隧道和两个长约650m的海上人工岛,要实现工程120年的设计使用寿命,作为构成工程结构主体最重要的混凝土材料,其本身必须要具备足够的抵御环境侵蚀的能力。同时构件类型多,结构上的不同要求以及海上现浇和厂内预制等不同施工工艺,对混凝土的强度、工作性及体积稳定性都有不同或更严格的要求。因此,如何制备以长寿命为重点,同时满足不同结构承载力要求,兼顾施工性、抗裂性和经济性等各项性能和谐统一的高性能混凝土是工程建设所面临的重要技术难题。

(4)保证混凝土的施工质量,是确保设计目标在实体结构中实现的前提。港珠澳大桥耐久性设计标准高,传统偏重于强度和施工性的质量控制措施不能完全适用于120年设计使用年限。包含沉管隧道、人工岛与桥梁等不同结构形式的跨海集群工程,要实现港珠澳大桥120年的设计目标,需要研究制定和实行符合本工程技术特点的,且技术先进、适用、可操作性强的质量控制措施。

1.4　本书主要内容

为解决港珠澳大桥120年设计使用寿命所面临的工程技术难题,国家科技支撑计划科研项目"港珠澳大桥跨海集群工程建设关键技术研究与示范"设立了课题四"跨海集群工程混凝土结构120年使用寿命保障关键技术"研究,旨在针对港珠澳大桥腐蚀环境和工程结构特点,通过开展混凝土结构基于可靠度理论的耐久性设计、耐久性施工质量控制、监控和耐久性评估与再设计等关键技术研究,解决港珠澳大桥耐久性可靠设计、质量保证和科学维护等核心技术问题,最终形成跨海集群工程120年使用寿命成套技术保障体系。对此,课题四设立了"基于可靠度理论的混凝土结构120年设计使用年限耐久性设计关键技术""保障120年使用寿命的施工与监控关键技术"和"实际环境和荷载作用下的实体工程混凝土结构耐久性评估与再设计技术"3个子课题,研究内容涵盖设计、施工和建成营运等工程生命周期全过程。

"跨海集群工程混凝土结构120年使用寿命保障关键技术"研究是在前期研究工作的基础上开展的。工程初步设计时,港珠澳大桥管理局就立项开展了"港珠澳大桥耐久性评估与耐久性混凝土试验""大断面矩形混凝土浇筑工艺及裂缝控制关键技术"等专题研究,至工程正式开工后立项开展国家科技支撑计划项目研究,前后历时5年,在跨海集群工程混凝土结构耐久性设计、施工质量控制、耐久性评估及再设计等方面取得了多项创新性成果。课题研究与工程实际紧密结合,依据科研成果编制了《港珠澳大桥混凝土结构耐久性设计指南》《港珠澳大桥混凝土耐久性质量控制技术规程》和《港珠澳大桥大体积混凝土裂缝控制技术规程》,研究成果在工程设计、施工和营运管理中得到全面应用,形成了跨海集群工程120年使用寿命成套技术保障体系,为港珠澳大桥跨海集群工程实现120年设计使用寿命提供了技术支撑,为类似重大基础设施建设提供了示范和指引。

本书即是在港珠澳大桥国家科技支撑计划科研项目课题四的子课题一"基于可靠度理论的混凝土结构120年设计使用年限耐久性设计关键技术"和子课题二"保障120年使用寿命的施工与监控关键技术"研究工作的基础上,对科研成果和工程应用情况进行总结和分析。书中内容主要是针对港珠澳大桥混凝土结构所处的腐蚀环境分析、基于可靠度理论的耐久性定量设计、基于全寿命成本的附加防腐蚀措施设计、长寿命高性能混凝土配制及施工质量控制、大体积沉管混凝土裂缝控制以及耐久性监测等关键技术问题,从研究的技术思路、基本内容、技术特点、取得的成果及应用效果等方面进行阐述。

第 2 章 混凝土结构腐蚀环境与分析

从结构耐久性损伤机理来看,环境的腐蚀是造成材料劣化、结构性能退化乃至损伤的最本质因素。不同的环境所含的腐蚀性介质不同,腐蚀作用的机理和材料劣化、结构性能损伤的形式都各不相同,即使是同一腐蚀环境下,所处的部位不同,遭受的腐蚀程度也不一样。含桥、岛、隧等多种结构形式的港珠澳大桥工程,结构所处的环境涵盖海底泥面以下、水中、水面附近干湿交替、浪溅和大气盐雾等不同环境,在结构耐久性设计中,需要针对不同的环境腐蚀特点,采取对应的耐久性措施,即针对不同的环境和部位区别对待,合理设计,才能使耐久性设计安全可靠,经济合理。

2.1 环 境 条 件

2.1.1 气象条件

港珠澳大桥工程选址区域位于珠江口伶仃洋海域,属于南亚热带海洋性季风气候区,受欧亚大陆和热带海洋的交替影响,气候变化复杂,灾害性天气频繁。港珠澳大桥所处环境气象条件如下[1]:

(1)温度条件:工程区域年平均气温为 22.3 ~ 23.1℃,最热月 7 月平均气温为 28.4 ~ 28.8℃,最冷月 1 月平均气温为 14.8 ~ 15.9℃,气温年较差为 12.8 ~ 13.7℃;历年极端最高和极端最低气温分别为 38.9℃ 和 -1.8℃,均出现在澳门。日最高气温不小于 35℃ 年平均出现天数最多为 3.5 天,出现在澳门。

(2)湿度条件:本区域年平均相对湿度为 77% ~ 80%,但季节变化明显,春夏季相对湿度可达 100%,冬季最小相对湿度只有 10%。

(3)风况:工程区年盛行风向以东南偏东和东风为主,季节变化明显。珠海气象站和澳门气象站年平均风速分别为 3.1m/s 和 3.6m/s,位于珠江口外海岛上的香港横澜岛测风站,年平均风速达 6.6m/s。香港天文台最大阵风记录为 71.9m/s,香港横澜岛为 65.0m/s,珠海站 44.6m/s,澳门站 58.6m/s。珠海站年平均 6 级(10 分钟最大风速≥10.8m/s)以上大风日数 10.7 天,香港横澜岛 117.7 天,澳门 6.7 天。

2.1.2 水文条件

港珠澳大桥所处环境水文条件为[1]:

(1) 海水含盐度:每千克海水含有的固体盐的克数。工程选址水域盐度特点为东部高于西部;表、中、底三层从上往下递增,大小潮期间有差异,但东部较西部小。东西水域实测最高盐度分别为32.9和25.4,出现在底层;最低盐度分别为8.1和10.4,出现在表层。详细的水质分析报告见表2-1。

港珠澳工程海域海水成分水质分析　　　　表2-1

取样地点	Cl^-	SO_4^{2-}	HCO_3^-	NO_3^-	NH_4^+	Ca^{2+}	Mg^{2+}	侵蚀性 CO_2	游离 CO_2	pH值
	mg/L									
东高平潮海水	14 564.63	2 263.07	117.10	12.43	0.00	300.30	1 013.13	5.56	0.00	8.63
东低平潮海水	12 283.43	1 781.67	141.75	12.27	0.00	260.26	906.23	0.00	4.14	7.71
中部高平潮海水	15 784.70	1 884.10	150.12	4.62	0.05	292.15	880.15	0.76	4.92	7.75
中部低平潮海水	11 417.40	1 350.36	150.12	3.12	0.04	227.23	677.69	3.16	7.65	7.62
BZ28处高平潮海水	11 774.90	1 371.40	147.34	3.86	0.06	227.23	641.13	4.16	8.74	7.55
BZ28处低平潮海水	10 759.90	1 268.70	141.78	2.39	0.05	227.23	624.26	2.96	7.10	7.54
BZ28钻孔地下水	13 898.70	1 610.50	136.22	3.18	0.06	245.77	770.48	8.16	13.11	7.30
BZ25钻孔地下水	13 189.20	1 383.19	197.38	3.58	0.58	324.61	736.74	10.34	24.04	7.26
BZ18钻孔地下水	17 021.32	1 140.04	185.01	20.07	75.00	99.70	955.84	11.11	45.59	7.69
CS13钻孔地下水	13 160.81	1 758.99	181.81	16.18	16.00	658.01	1 004.23	15.55	43.52	6.80
CS5-2钻孔地下水(1)	16 358.60	1 709.84	191.82	1.64	0.95	728.05	1 017.93	34.65	62.83	6.65
CS5-2钻孔地下水(2)	15 310.20	1 601.23	191.82	5.08	0.97	732.69	1 071.36	36.35	66.11	6.71

(2) 潮汐和波浪:本区潮汐类型属于不规则的半日潮混合潮型,从实测潮位过程曲线分析,本区日不等现象明显,其中大潮期间日潮现象较明显,小潮期间半日潮现象显著,中潮介于两者之间。伶仃洋海域高潮位具有外海向珠江口内逐渐增大,低潮位由外海向珠江口珠江降低的特点;潮差也有由外海向珠江口内逐渐增大的趋势。工程区域潮汐特征值可参考香港、澳门和珠海验潮站的统计资料,见表2-2。

潮汐特征值统计表　　　　表2-2

潮汐特征值	测站		
	香港(大澳)	澳门	珠海
最高潮位(m)	2.69	3.52	2.51
最低潮位(m)	-1.32	-1.24	-1.28
平均高潮位(m)	—	1.05	1.05
平均低潮位(m)	—	0.00	-0.20
最大潮差(m)	3.58	3.50	3.04
最小潮差(m)	0.05	0.02	0.11

续上表

潮汐特征值	测站		
	香港(大澳)	澳门	珠海
平均潮差(m)	—	1.06	1.24
平均海平面(m)	—	0.54	0.48
资料期限(年)	1985—1997	1925—2003	2003

注:表中潮位基准面采用1985国家高程基准。

本工程横跨珠江口水域,研究表明珠江口东岸和西岸水位存在一定的差异,为统一桥位沿线设计水位,本工程高水位采用澳门站计算成果,低水位采用香港大澳站计算成果,详见表2-3。

工程设计潮位　　　　　　　　　　　　　　　表2-3

重现期(年)	高水位(m)	低水位(m)
500	3.98	-1.67
300	3.82	-1.63
200	3.69	-1.57
100	3.47	-1.51
50	3.26	-1.44
20	2.97	-1.35
10	2.74	-1.27
5	2.51	-1.20
2	2.15	-1.08
平均潮位	0.54	
设计高潮位(高潮累计频率10%)	1.65	
设计低潮位(低潮累计频率90%)	-0.78	

工程区域的波况参考澳门路环岛九澳角的九澳观测站的数据。根据九澳站1986—2001年波浪观测资料统计,常浪向为SE、ESE和S向,重现期100年波列累积频率为1%的波高$H_{1\%}$为5.47m,按照港口工程对桩基结构的计算方法得到波峰面高度η_0为4.83m;最高天文潮位取澳门处3.52m,最低天文潮位取香港大澳处-1.32m,重现期100年有效波高$H_{1/3}$为3.92m。

2.2　环境腐蚀作用及严重性分析

根据港珠澳大桥工程所处的环境气象和水文条件,可以分析得出港珠澳大桥混凝土结构潜在的腐蚀因素包括:①海水氯离子对钢筋混凝土的腐蚀;②大气环境钢筋混凝土的碳化腐蚀;③海水和海泥中盐类对混凝土的腐蚀;④混凝土内部固有的有害化学反应腐蚀等。

2.2.1 氯离子对钢筋混凝土的腐蚀

海洋环境中的氯化物以氯离子的形式通过扩散、渗透和吸附等途径从混凝土构件表面向混凝土内部迁移,在钢筋表面积聚的浓度不断增加,达到诱发钢筋表面钝化膜破坏的临界浓度后即可导致钢筋锈蚀。由于氯离子在参与钢筋锈蚀电化学过程中起到催化和促进的作用,本身并不消耗,所以一旦锈蚀发生,则锈蚀发展很快。钢筋开始腐蚀后其腐蚀产物发生膨胀,体积一般可比钢材体积增大2.5~4倍,随着腐蚀不断发生,腐蚀产物逐渐增加,当腐蚀产物产生的拉应力超过混凝土自身的抗拉强度时就会产生顺筋裂缝。混凝土开裂后,环境侵蚀介质可以较快的速度直接作用于钢筋,使钢筋腐蚀加剧,最终导致承载力不满足要求,结构不能安全使用。图2-1为海港码头典型构件氯盐腐蚀破坏情况。

图2-1 海港码头典型构件氯盐腐蚀破坏情况

20世纪80~90年代及近10年来,相关科研单位陆续开展了多次不同规模和范围的沿海工程调查工作[2],对海洋环境下工程结构腐蚀破坏规律获得系统性的成果。

1981年,由交通部第四航务工程局科学研究所主持、南京水利科学研究院参加的华南沿海地区18座码头调查的结果引起了巨大的反响[3]。此后,南京水利科学研究院、三航局科研所、上海交通大学及三航设计院等单位对华东地区以及天津港湾工程研究所对北方地区30余座海港码头进行了调查[4-6]。调查结果指出,华南地区海港码头80%以上都发生了严重或较严重钢筋锈蚀破坏,出现锈蚀破坏的时间仅5～10年。华东和北方地区调查也得出类似结果,如连云港杂货一、二码头于1976年建成,1980年就发现有裂缝和锈蚀,1985年其上部结构已普遍出现顺筋裂缝,1980年建成的宁波北仑港10万吨级矿石码头,使用不到10年其上部结构就发现严重的锈蚀损坏;天津港客运码头1979年建成,使用不到10年,就发现前承台面板有50%左右出现锈蚀损坏。20世纪80年代海港码头调查结果表明,我国于80年代前建成的高桩码头混凝土结构大部分仅5～10年就出现锈蚀破坏,即使加上钢筋锈蚀开裂的时间,耐久性寿命也就是20年左右。

20世纪90年代后期,广州四航工程技术研究院(原交通部四航局科研所)、南京水利科学研究院等对80年代末施工的我国东南沿海部分码头进行调查[7-10],从总的调查情况来看:由于执行了更加严格的施工规范,码头腐蚀破坏情况明显减轻,如赤湾港各码头、蛇口集装箱码头、北仑电厂码头虽已使用了10年左右,但基本上未出现严重破坏现象。

2006—2008年,作为交通部"十一五"重大专项课题的一项重要内容,由中交四航工程研究院有限公司、南京水利科学研究院、中交天津港湾工程研究院有限公司、中交上海三航科学研究院有限公司组成的课题组又一次开展全国范围内的调查工作[11]。区别于以往的调查,本次调查统一调查方法,调查范围覆盖了我国典型环境地区,调查了北方、华东及南方共31座码头。调查重点是1996年前后建成的海港码头。1987—1996年期间建成、使用时间为13～17年的码头,多数构件表面出现锈蚀痕迹,说明混凝土中的钢筋已经发生锈蚀,部分出现了较为严重的锈蚀开裂现象。1996年以后建成的码头有的使用时间已超过10年,但从对使用了10年左右的码头调查情况来看,基本未出现钢筋锈蚀情况。

根据上述调查结果,可以看出:影响我国海洋工程混凝土结构耐久性最主要的问题,是氯离子渗入混凝土中引发钢筋腐蚀破坏。从对我国的港口工程实施的调查情况可以看出,无论南方还是北方,港口工程因氯盐引起的腐蚀破坏情况是非常严重和相当普遍的。另外,华南、华东、北方地区的调查结果均表明,较严重的钢筋锈蚀破坏大都发生在设计高水位附近的浪溅区,该区域频繁遭受潮汐、海浪作用,氯离子易于积聚,处于非饱水状态的混凝土氯离子较容易向深层渗透扩散,且该区域供氧充分,锈蚀过程极易发生。

综上所述,随着对耐久性问题的重视和耐久性设计施工标准和技术水平的提高,我国沿海港口码头等基础设施结构的耐久性和服役寿命不断提高,但是处于海水环境中的港口码头、桥梁等工程,海水中的氯离子具有极强的腐蚀性,尤其是处于浪溅和潮差区的混凝土结构,氯离子容易集聚和渗透,供氧充足和湿度充分,腐蚀破坏情况尤为严重。港珠澳大桥横跨南海伶仃洋海域,地处亚热带海洋性季风气候区,海水含盐量大、气温高、气候变化复杂,年平均台风4次以上,灾害性天气频繁,海水腐蚀环境尤为恶劣。因此,对于港珠澳大桥工程,必须将海水氯离子腐蚀作为影响工程耐久性的首要因素加以考虑。

2.2.2 混凝土碳化引起的钢筋锈蚀

一般情况下混凝土 pH 值大于 12 而呈高度碱性,钢筋在高度碱性环境中会在表面生成一层致密的钝化膜,使钢筋具有良好的稳定性。大气环境的二氧化碳、三氧化硫等酸性气体扩散渗透到混凝土内部,与混凝土中的氢氧化钙发生化学反应,从而降低混凝土的碱性,当 pH 值小于 11.5 时,钢筋表面的钝化膜失去稳定性,并在氧气与水分的作用下发生锈蚀。因空气中不可避免地存在二氧化碳等酸性气体,理论上暴露在大气中的所有混凝土构件都会受到大气中酸性气体作用,都会发生碳化和诱发钢筋锈蚀,只是由于保护层混凝土特性与环境具体条件的差异,上述过程的发展速度差异很大。对于混凝土的碳化,其主要影响因素是空气中 CO_2、SO_2、SO_3 等酸性气体的浓度,环境的温度、湿度及供氧量的充分程度等,如果周围大气的相对湿度较高,混凝土的内部孔隙充满孔隙溶液,则空气中的 CO_2 难以进入混凝土内部,碳化就不能或只能非常缓慢地进行;如果周围大气的相对湿度很低,混凝土内部比较干燥,孔隙溶液的量很少,碳化反应也很难进行[12]。

大气环境中结构混凝土的碳化通常是一个缓慢的过程。英国运输部从近 6 000 座公路桥梁结构中选出 200 座进行耐久性调查,从 Wallbank(1983)介绍的官方调查结果看,混凝土碳化不是主要问题,在所有调查记录中,混凝土碳化深度不大于 5mm 的占 90% 以上[13]。我国对海港码头等海洋环境混凝土结构进行的耐久性调查结果也表明,相对于海水环境的氯离子腐蚀,碳化腐蚀破坏明显迟缓,所调查的大部分码头混凝土结构碳化深度都小于 5mm[14]。但近些年来,随着环境恶化,大气中酸性成分增多,混凝土碳化的情况有日益严重的趋势,如地处华南珠江入海口的某座桥梁,建成后不到 5 年即发生桥墩锈蚀开裂现象,经调查分析,系环境碳化所致。

港珠澳大桥虽处于海洋环境,但设计使用年限为 120 年,环境中的酸性成分以及桥梁上通行车辆排出的尾气都会引起混凝土的碳化,尤其将近 6km 的隧道内,空气中因机动车尾气排放排出的二氧化碳、二氧化硫等有害气体将会加剧碳化的作用,因此,港珠澳大桥混凝土结构的碳化也是结构耐久性设计需要考虑的因素之一。

2.2.3 环境盐类对混凝土的腐蚀作用

海水中溶解有各种盐分,主要成分包括 Na^+、Mg^{2+}、Cl^- 和 SO_4^{2-},还有数量较少的 K^+、Ca^{2+} 以及 HCO_3^- 等。盐类对混凝土的作用主要表现为化学反应作用和物理结晶作用。盐类中的 Mg^{2+}、SO_4^{2-} 均可与混凝土中的相关成分发生化学反应,如 Mg^{2+} 能和混凝土孔隙溶液中的 $Ca(OH)_2$ 反应,生成疏松而无胶凝性的 $Mg(OH)_2$,降低混凝土的密实性和强度;但是,海水中相对高浓度的 Cl^- 的存在可使 Mg^{2+} 的作用减弱,降低上述过程对混凝土的破坏[15]。硫酸盐对混凝土的化学腐蚀是两种化学反应的结果:一是与混凝土中的水化铝酸钙起反应形成硫铝酸钙即钙矾石;二是与混凝土中氢氧化钙结合形成硫酸钙(石膏),两种反应均会造成体积膨胀,使混凝土开裂[16]。硫酸盐对混凝土的化学腐蚀过程很慢,通常要持续很多年,开始时混凝土表面泛白,随后开裂、剥落破坏。对于物理结晶作用,海水中的盐类可以渗入混凝土内部,在干湿交替的情况下,蒸发使水中的盐类逐渐积累,当超过饱和浓度时就会析出盐结晶而产生很大的压力[17]。

从 2.1.2 节的海水成分分析可以看出,从引起腐蚀的角度来讲,海水中 Mg^{2+}、SO_4^{2-} 等含量还处于较低的水平,尚不至于引起上述盐类腐蚀破坏作用,此外,海水中的硫酸盐腐蚀的发生与混凝土本身水泥中的铝酸三钙含量有关,国内外大量研究结果表明,即使硅酸盐水泥熟料中铝酸三钙含量高达 9% ~17%,低渗透性的混凝土也不会与海水中发生硫酸盐型化学腐蚀破坏。另外,水泥中的铝酸三钙水化产物可与渗入混凝土的氯离子结合,反而对抗氯离子侵蚀有利,因此,我国水运工程相关标准规定,用于配制混凝土的水泥中铝酸三钙的含量为 6% ~12%。此外,我国历次沿海码头、桥梁等耐久性调查也表明,没有发现海水硫酸盐对结构混凝土的化学腐蚀破坏。港珠澳大桥混凝土将采取掺加有大量活性矿物掺和料的高性能混凝土,并会采取严格的质量控制措施,因此在采取上述措施后,可认为海水中盐类不会对混凝土结构的耐久性造成影响。

2.2.4 混凝土内部有害化学反应腐蚀

混凝土内部固有的典型有害化学反应腐蚀是碱-集料反应。碱-集料反应是混凝土中集料和硬化后混凝土的碱性孔隙溶液之间的一类反应。混凝土中的碱与砂、石集料中某些含有活性硅的成分起反应,称为碱硅反应;某些碳酸盐类岩石(如白云石)集料也能与碱起反应,称为碱碳酸盐反应。这些反应产物具有较强的体积膨胀性,能引起混凝土体积膨胀、开裂。与前述的各种劣化过程不同,这些反应是在混凝土内部发生的、并不需要外部侵蚀性介质的侵入。碱-集料反应对结构的破坏是一个长期的渐进过程,其潜伏期可达十几年或几十年,而且一旦发现表面开裂,结构损伤往往已严重到无法修复的程度[18-19]。发生碱-集料反应应同时具备以下条件:①混凝土有较高的碱或有其他碱的来源;②集料有较高的活性;③环境有较高的湿度。如果混凝土在使用过程中不会接触到水,即使含碱量较高和含有活性集料的混凝土也不会发生碱-集料反应。对于海洋环境来说,混凝土结构通常处于饱水、干湿交替和盐雾等潮湿状态,即使采取措施限制水泥中的碱含量,但海水中可不断提供新的碱来源,也就是说海水环境下混凝土结构高碱和高湿度条件在所难免,唯有限制集料的活性才能保证不会发生碱-集料反应。我国水运工程行业标准明确规定:海水环境混凝土严禁采用碱活性集料[20]。因此,港珠澳大桥工程通过按标准规定,限制集料中不存在碱活性,则可控制混凝土不会出现碱-集料反应。

上述分析结果表明,港珠澳大桥工程混凝土结构腐蚀环境作用主要是海水氯离子腐蚀,其次是海洋大气环境的碳化腐蚀。

2.3 混凝土结构腐蚀环境划分

2.3.1 现行国家标准关于基本环境类别与作用等级的划分

国家标准《混凝土结构耐久性设计规范》(GB/T 50476)[21]将腐蚀环境划分为五大类(表2-4),分别为一般环境(Ⅰ类)、冻融环境(Ⅱ类)、海洋环境(Ⅲ)、除冰盐及其他氯化物环境(Ⅳ类)和化学腐蚀环境(Ⅴ类)。一般环境指仅有正常的大气(二氧化碳、氧气等)和温度、湿度(水分)作用,不存在冻融、氯化物和其他化学腐蚀物质的影响,一般环境对混凝土结构的侵蚀主要是碳化引起的钢筋锈蚀。冻融环境是指环境温度低于零度,会引起混凝土受冻的环境,当混凝土内部含水量较高时冻融循环的作用会引起内部或表层的损伤,如果水中含有盐分,损伤程度会加重,因此冰冻地区与雨、水接触的露天混凝土构件应按冻融环境考虑。海洋、除冰盐等氯化物环境(Ⅲ和Ⅳ类),是指主要由氯离子侵蚀引起破坏的环境,即氯离子可从混凝土表面迁移到混凝土内部,在钢筋表面积累到一定浓度(临界浓度)后会引发钢筋的锈蚀。化学腐蚀环境主要是土、水中的硫酸盐、酸等化学物质和大气中的硫化物、氮氧化物等对混凝土的化学作用,同时也有盐结晶等物理作用所引起的破坏。《混凝土结构耐久性设计规范》(GB/T 50476)还将各类环境按其对混凝土结构的作用影响程度定性地划分成6个等级,见表2-5。

《混凝土结构耐久性设计规范》(GB/T 50476)环境类别划分　　表2-4

环境类别	名称	腐蚀机理
Ⅰ	一般环境	保护层混凝土碳化引起钢筋锈蚀
Ⅱ	冻融环境	反复冻融导致混凝土损伤
Ⅲ	海洋氯化物环境	氯盐侵入混凝土内部引起钢筋锈蚀
Ⅳ	除冰盐等其他氯化物环境	氯盐侵入混凝土内部引起钢筋锈蚀
Ⅴ	化学腐蚀环境	硫酸盐等化学物质对混凝土的腐蚀

《混凝土结构耐久性设计规范》(GB/T 50476)环境作用等级规定　　表2-5

环境类别	环境作用等级					
	A 轻微	B 轻度	C 中度	D 严重	E 非常严重	F 极端严重
一般环境	Ⅰ-A	Ⅰ-B	Ⅰ-C	—	—	—
冻融环境	—	—	Ⅱ-C	Ⅱ-D	Ⅱ-E	—
海洋氯化物环境	—	—	Ⅲ-C	Ⅲ-D	Ⅲ-E	Ⅲ-F
除冰盐等其他氯化物环境	—	—	Ⅳ-C	Ⅳ-D	Ⅳ-E	—
化学腐蚀环境	—	—	Ⅴ-C	Ⅴ-D	Ⅴ-E	—

《混凝土结构耐久性设计规范》(GB/T 50476)还规定了与各个环境作用等级相对应的具体环境条件,海洋氯化物环境各作用等级的环境条件规定见表2-6,其中,对于一侧接触海水或含有海水土体、另一侧接触空气的海中或海底隧道配筋混凝土结构构件,其环境作用等级不宜低于Ⅲ-E。

《混凝土结构耐久性设计规范》(GB/T 50476)海洋氯化物环境划分　　　表2-6

环境作用等级	环境条件	结构构件示例
Ⅲ-C	水下区和土中区:周边永久浸没于海水或埋于土中	桥墩,承台,基础
Ⅲ-D	大气区(轻度盐雾): 距平均水位15m高度以上的海上大气区; 涨潮岸线以外100~300m内的陆上室外环境	桥墩,桥梁上部结构构件; 靠海的陆上建筑外墙及室外构件
Ⅲ-E	大气区(重度盐雾): 距平均水位上方15m高度以内的海上大气区; 离涨潮岸线100m以内、低于海平面以上15m的陆上室外环境	桥梁上部结构构件; 靠海的陆上建筑外墙及室外构件
	潮汐区和浪溅区,非炎热地区	桥墩,承台,码头
Ⅲ-F	潮汐区和浪溅区,炎热地区	桥墩,承台,码头

2.3.2　我国现行行业标准关于腐蚀环境类别与作用等级的划分

我国交通运输行业标准《水运工程结构耐久性设计标准》(JTS 153—2015)[22]根据我国水运工程的结构特点,将混凝土结构所处环境分别划分为海水环境、淡水环境、冻融环境和化学腐蚀环境四种环境类别(表2-7)。

水运工程混凝土结构环境类别　　　表2-7

序　号	环境类别	腐蚀特征
1	海水环境	氯盐作用下引起混凝土中钢筋锈蚀
2	淡水环境	一般淡水水流冲刷、溶蚀混凝土及大气环境下混凝土碳化引起钢筋锈蚀
3	冻融环境	冰冻地区冻融循环导致混凝土损伤
4	化学腐蚀环境	硫酸盐等化学物质对混凝土的腐蚀

该标准对不同环境类别混凝土结构按腐蚀作用程度进行部位或腐蚀条件划分,其中海水环境混凝土结构部位按设计水位或天文潮位划分为大气区、浪溅区、水位变动区和水下区,各部位划分见表2-8。

海水环境混凝土部位划分　　　表2-8

掩护条件	划分类别	大　气　区	浪　溅　区	水位变动区	水　下　区
有掩护条件	按港工设计水位	设计高水位加1.5m以上	大气区下界至设计高水位减1.0m之间	浪溅区下界至设计低水位减1.0m之间	水位变动区下界至泥面

续上表

掩护条件	划分类别	大气区	浪溅区	水位变动区	水下区
无掩护条件	按港工设计水位	设计高水位加(η_0+1.0m)以上	大气区下界至设计高水位减η_0之间	浪溅区下界至设计低水位减1.0m之间	水位变动区下界至泥面
	按天文潮位	最高天文潮位加0.7倍百年一遇有效波高$H_{1/3}$以上	大气区下界至最高天文潮位减百年一遇有效波高$H_{1/3}$之间	浪溅区下界至最低天文潮位减0.2倍百年一遇有效波高$H_{1/3}$之间	水位变动区下界至泥面

注：表中η_0为设计高水位时的重现期50年$H_{1\%}$（波列累积频率为1%的波高）波峰面高度(m)。

海水环境混凝土结构通常受到海水中有害物质的物理和化学作用、波浪和漂流固态物的撞击以及磨耗等各种有害作用。调查表明：氯盐腐蚀引起的钢筋锈蚀破坏，是我国海水环境混凝土结构最严重、最普遍的破坏形式，其中最为突出的是处于浪溅区的钢筋腐蚀破坏，因此，针对混凝土结构各个部位受到的腐蚀程度和施工条件，按设计水位对钢筋腐蚀程度划分为大气区、浪溅区、水位变动区和水下区。根据历次我国海港工程混凝土结构腐蚀调查结果，钢筋腐蚀损坏最严重的范围是从设计高水位以上1.0m到设计高水位以下0.8m的浪溅区，而水位变动区与海上大气区次之，水下区很少发生腐蚀损坏。为划分合理，取设计高水位加1.5m为大气区和浪溅区分界线、设计高水位减1.0m为浪溅区与水位变动区分界线、设计低水位减1.0m为水位变动区和水下区分界线。

我国大部分海港工程是在有良好的天然掩护或者人工掩护的水域内建设的，但随着交通运输建设事业的发展，离岸、深水开敞式无掩护的海港工程建设也越来越多，而开敞无掩护条件水深、浪大，即使相同海域，其波高和浪溅高度与有掩护条件下不同，因此，交通水运行业标准规定，当无掩护条件的海水环境混凝土结构无法按有关规范计算设计水位时，可按天文潮位确定混凝土结构的部位划分。

另外，《公路工程混凝土结构防腐蚀技术规范》(JTG/T B07-01—2006)[23]按照对钢筋混凝土结构腐蚀作用的严重程度将环境作用等级分为6级，见表2-9。不同环境类别包括一般环境、一般冻融环境、除冰盐环境、近海或海洋环境、盐结晶环境、大气污染环境、土中及地表地下水中的化学腐蚀环境，见表2-10。当结构同时受到多项化学腐蚀因素的作用时，以其中单项作用最高的环境作用等级作为化学腐蚀环境下的设计依据；如同时有两个或两个以上化学因素的作用等级均达到相同的最高等级，一般应再提高一级作为化学腐蚀环境下的设计依据。

公路规范环境作用等级 表2-9

级 别	腐蚀程度	级 别	腐蚀程度
A	可忽略	D	严重
B	轻度	E	很严重
C	中度	F	极端严重

公路规范环境分类及作用等级 表 2-10

环境类别	环境条件		作用等级	示 例
一般环境 （无冻融、盐、 酸、碱等作用）	永久湿润环境		A	永久处于静止水中的构件
	非永久湿润和干湿交替的室外环境		B	不受雨淋或渗漏水作用的桥梁构件，埋于土中、温湿度相对稳定的基础构建
	干湿交替环境		C	表面频繁淋雨、结露或频繁与水接触的干湿交替构件，处于水位变动区的构件，靠近地表、湿度受地下水位影响的构件
一般冻融环境 （无盐、酸、 碱等环境）	微冻地区，混凝土中度水饱和		C	受雨淋构件的竖向表面
	微冻地区，混凝土高度饱水		D	水位变动区的构件，频繁淋雨的构件水平表面
	严寒和寒冷地区，混凝土中度水饱和		D	受雨淋构件的竖向表面
	严寒和寒冷地区，混凝土高度水饱和		E	水位变动区的构件，频繁淋雨的构件水平表面
除冰盐 （氯盐）环境	混凝土中度饱水（偶受除冰盐轻度作用时按 D 级）		E	受除冰盐溅射的构件竖向表面
	混凝土高度饱水		F	直接接触除冰盐的构件水平表面
近海或 海洋环境	大气区	轻度盐雾区 离平均水位 15m 以上的海上大气区，离涨潮岸线 100~200m 内的陆上环境	D	靠海的陆上结构、桥梁上部结构
		重度盐雾区 离平均水位 15m 以下的海上大气区，离涨潮岸线 100m 内的陆上环境	E	
	土中区		D	近海土中或海底的桥墩基础
	水下区		D	长期浸没于水中的桥墩、桩
	潮汐区和浪溅区，非炎热地区		E	平均低潮位以下 1m 上方的水位变动区与受浪溅的桥墩、承台等构件
	潮汐区和浪溅区，南方炎热地区		F	
盐结晶环境	日温差小、有干湿交替作用的盐土环境（含盐量较低时按 D 级）		E	与含盐土壤接触的墩柱等构件露出地面以上的"吸附区"
	日温差大、干湿交替作用频繁的高含盐量盐土环境		F	
大桥污染环境	汽车或其他机车废气		C	受废气直射的构件，处于有限封闭空间内受废气作用的车库、隧道等
	酸雨（酸雨 pH<4 时按 E 级）		D	受酸雨频繁作用的混凝土构件
	盐土地区含盐分的大气及雨水作用		D	盐土地区受雨淋的露天构件

2.3.3 港珠澳大桥混凝土结构构件的腐蚀环境作用等级

上述 2.2 节和 2.3 节的分析表明,港珠澳大桥混凝土结构不存在冻融问题,通过采取较严格的质量控制措施,海水中盐类也不会产生对混凝土结构本身的化学腐蚀影响,因此,港珠澳大桥工程混凝土结构腐蚀环境类别主要是以氯离子腐蚀为主的海水环境。

从 2.3.1 节和 2.3.2 节可以看出,关于海水环境的不同腐蚀作用等级的划分,现行国家标准和行业标准的划分原则基本相似,但因针对的对象和所处的角度不同,划分原则也有不同,如国家标准将大气区按与海水水平面或海岸线的距离远近区分为轻度盐雾区(Ⅲ-D)和重度盐雾区(Ⅲ-E),而交通水运行业标准只将浪溅区以上统一划分为大气区;国家标准虽对不同的环境作用等级进行了划分,但不同作用等级的划分界限只是定性的描述,而交通水运行业标准以设计水位来定量确定不同作用等级的划分界限,不仅使各作用等级之间有明确的水位高程界定,而且便于设计和施工把握;国家标准考虑到水位变动区(潮汐区)和浪溅区往往是同一构件及水位变动区内修复的难度,将水位变动区与浪溅区按同一作用等级考虑,而交通水运行业标准除上述考虑外,还考虑到浪溅区与水位变动区的腐蚀严重程度不同,虽然在结构上可能是同一构件,但为提高耐久性,须采取的防腐蚀措施不同,因此,将浪溅区与水位变动区还是按不同的作用等级单独划分;此外交通水运行业标准还针对结构物在海上有无掩护而分别采取不同的腐蚀作用等级划分方法,更能充分反映不同工况下波浪作用的特点。

港珠澳大桥横跨地处南海的伶仃洋海域,集跨海桥梁、海上人工岛和海底隧道于一身,具备结构形式复杂、所处腐蚀环境恶劣的特点,如照搬现行标准规范来进行腐蚀环境作用等级划分显然不合适。在参考国内外相关标准的基础上,针对港珠澳大桥的结构和环境特点,经系统研究,提出的港珠澳大桥环境作用划分见表 2-11,环境作用等级划分见表 2-12。

港珠澳大桥海洋腐蚀环境划分　　　　表 2-11

区域	无掩护条件(按港工设计水位)		无掩护条件(按天文潮位)	
	计 算 方 法	高程(100 年重现)(m)	计 算 方 法	高程(100 年重现)(m)
大气区	设计高水位加 ($\eta_0 + 1.0m$)	> +7.48	最高天文潮位 加 $0.7H_{1/3}$ 以上	> +6.26
浪溅区	大气区下界至 设计低水位减 η_0	+7.48 ~ -1.78	大气区下界至 最低天文潮位减 $0.2H_{1/3}$	+6.26 ~ -2.10
水下区	水位变动区以下	< -1.78	水位变动区以下	< -2.10

注:1. η_0 值取设计高水位时的重现期 100 年 $H_{1\%}$(波列累积频率为 1% 的波高)波峰面高度。
　　2. 水位变动区范围较小,在耐久性设计可将其并入浪溅区考虑。

港珠澳大桥混凝土结构腐蚀环境划分　　　　表 2-12

结构	腐蚀环境作用等级	部位高程（m）	构件	备注
桥梁	大气区	> +6.26	主塔	氯离子侵蚀
			组合梁桥面板	氯离子侵蚀
			混凝土箱梁	氯离子侵蚀与碳化侵蚀
			桥墩	氯离子侵蚀
	浪溅区	+6.26 ~ -2.10	桥墩	氯离子侵蚀
			通航孔桥承台	氯离子侵蚀
	水下区	< -2.10	非通航孔承台	氯离子侵蚀
			非通航孔桥墩	氯离子侵蚀
			钻孔桩	氯离子侵蚀
隧道	大气区	> +7.48	沉管内侧	碳化侵蚀与氯离子侵蚀
	浪溅区	+7.48 ~ -1.78	海中沉管外侧	氯离子侵蚀
			敞开段与暗埋段	氯离子侵蚀
人工岛	浪溅区	+7.48 ~ -1.78	挡浪墙	氯离子侵蚀

总体来讲,港珠澳大桥混凝土结构腐蚀环境为海水环境,腐蚀作用因素主要以海水氯离子为主,同时要考虑大气环境的碳化作用。港珠澳大桥混凝土结构环境作用等级部位划分遵循以下原则:

（1）港珠澳大桥混凝土结构的不同环境腐蚀部位的划分界限因不同的结构形式,而采取不同划分算法。研究表明,按照设计水位的区域划分对波峰面高度 η_0 的计算方法可以反映人工岛结构（与岸壁式码头相似）对波浪的阻挡效果,但按其计算港珠澳大桥构件（桥墩与承台）对波浪的阻挡效果会使结果偏大,实际情况下桥墩与承台对波浪的阻挡效果要比沉箱与上部附属构件小得多。因此,经分析比较,对于人工岛,按照无掩护条件下的港工设计水位算法划分;对于桥梁等混凝土结构,按照无掩护条件下的天文潮划分。

（2）港珠澳大桥混凝土结构按海水腐蚀环境作用等级划分大气区、浪溅区和水下区三个部位,腐蚀作用严重程度依次为:浪溅区 > 大气区 > 水下区。

（3）港珠澳大桥主体结构包含有近 6km 的沉管隧道,其内、外壁所处的环境不同,对其腐蚀作用等级的划分也应有所区别。海中沉管深埋于海底,其外壁接触海水,海水中氯离子从外壁往内渗透,内壁接触空气,空气中的氧气可由内壁从内往外渗透,沉管外壁氯离子的侵蚀作用与海水环境浪溅区相似,因此沉管外壁按浪溅区划分;沉管壁厚超过 1m,正常情况下海水中的氯离子很难渗透到内壁钢筋处,沉管内部主要受机动车尾气导致的高 CO_2 作用和与外界连通的海水盐雾作用,因此内壁按海洋环境大气区划分;此外,沉管隧道除海中段外,处于海上人工岛连接桥梁的暗埋和敞开段,暗埋段有渗入的海水作用,敞开段与海水距离较近,考虑到沉管的重要性及设计施工的便利,暗埋和敞开段沉管外壁从严考虑,也按浪溅区划分。

(4)海上人工岛主体采用钢圆筒围堰、回填筑岛的方式,岛上混凝土结构主要为挡浪墙和护岛块体结构,为素混凝土构件,需要按照素混凝土结构的要求考虑其耐久性,不用考虑海水环境的氯离子腐蚀作用。

本章参考文献

[1] 中交公路规划设计研究院有限公司.港珠澳大桥工程可行性研究报告[R].2009.

[2] 王胜年.我国海港工程混凝土耐久性技术发展及现状[J].水运工程,2010(10):1-7.

[3] 交通部四航局科研所,南京水利科学研究所.华南海港钢筋混凝土码头锈蚀破坏调查报告[R].1981.

[4] 南京水利科学研究院,连云港港务局.连云港桩基一、二码头上部钢筋混凝土结构破坏情况调查和破坏原因分析报告[R].1986.

[5] 上海交通大学,交通部三航局科研所.华东海港高桩码头钢筋腐蚀损坏情况调查与结构耐久性分析[R].1988.

[6] 交通部一航局科研所.北方地区重力式海工混凝土建筑物耐用年限的调查研究[R].1988.

[7] 交通部第四航务工程局科学研究所.赤湾港码头调查报告[R].1998.

[8] 广州四航工程技术研究院.湛江港一区南一期工程高桩码头防腐工程可行性研究报告[R].1998.

[9] 广州四航工程技术研究院.惠州港汩气码头裂缝调查论证[R].2000.

[10] 南京水科院,宁波港务局.北仑港码头钢筋混凝土构件腐蚀破坏调查与分析[R].1996.

[11] 中交四航工程研究院有限公司.海港工程混凝土结构耐久性寿命预测与健康诊断研究[R].2010.

[12] Papadakis VG, Vayenas CG, Fardis MN. Fundamental modeling and experimental investigation of concrete carbonation [J]. ACI Materials Journal,1991,88(4):363-373.

[13] 洪定海.混凝土中钢筋的腐蚀与保护[M].北京:中国铁道出版社,1998.

[14] 广州四航工程技术研究院.港口工程结构设计使用年限调查专题研究报告[R].2004.

[15] Ganjian E, Pouya HS. Effect of magnesium and sulphate ions on durability of silica fume blended mixes exposed to the seawater tidal zone [J]. Cement Concrete Research,2005,35(7):1332-1343.

[16] Valenza JJ, Scherer GW. Mechanism for salt scaling [J]. Journal of American Ceramic Society,2006,89(4):1161-1179.

[17] Skalny J, Marchand J, Odler I. Sulphate attack on concrete [M]. London:Taylor & Francis,2004.

[18] Ulm FJ, Coussy O., Li KW, Larive C. Thermo-chemo-mechanics of ASR expansion in concrete structures [J]. Journal of Engineering Mechanics-ASCE,2000,126(3):233-242.

[19] Neville A. The confused world of sulfate attack on concrete [J]. Cement Concrete Research,2004,34:1275-1296.

[20] 中华人民共和国交通运输部.JTS 202-2—2011 水运工程混凝土质量控制标准[S].北京:人民交通出版社,2011.

[21] 中华人民共和国住房和城乡建设部,中华人民共和国国家质量监督检验检疫总局. GB/T 50476—2008 混凝土结构耐久性设计规范[S]. 北京:中国建筑工业出版社,2008.

[22] 中华人民共和国交通运输部. JTS 153—2015 水运工程结构耐久性设计标准[S]. 北京:人民交通出版社股份有限公司,2015.

[23] 中华人民共和国交通部. JTG/T B07-01—2006 公路工程混凝土结构防腐蚀技术规范[S]. 北京:人民交通出版社,2006.

第 3 章 基于可靠度理论的混凝土结构耐久性设计

包括跨海桥梁、海底隧道和海上人工岛的港珠澳大桥,国内首次按 120 年设计使用年限设计,结构复杂,构件种类多,正如前一章所述,不同结构所处腐蚀环境不同,即使同一构件,也因部位不同而面临不同等级的腐蚀环境。为解决传统基于经验的耐久性设计方法可靠性不足的问题,对港珠澳大桥采取了基于可靠度理论的耐久性设计方法,即依据与港珠澳大桥相近环境的华南湛江海港长达 20 多年的混凝土材料长期暴露试验和类似环境实体工程调查数据,以氯离子侵入混凝土遵循菲克第二定律建立方程,按近似概率方法,统计分析并确定模型中耐久性参数的特征值和分项系数,从而建立设计使用年限与混凝土结构耐久性技术指标(氯离子扩散系数和保护层厚度)之间的定量关系,依据这一关系,即可实行与 120 年设计使用年限具有对应关系的耐久性设计。

本章介绍港珠澳大桥混凝土结构本身耐久性设计,即基于可靠度理论的混凝土结构耐久性设计方法。

3.1 基于可靠度理论的混凝土结构耐久性设计基本思路

3.1.1 耐久性设计基本方法与思路

港珠澳大桥混凝土结构耐久性设计的基本措施是在材料性能和构件构造设计上满足 120 年设计使用年限的要求。一般来说,结构耐久性采用可靠性设计应具备以下条件:

(1)具有适应的可反映结构材料性能随时间变化的劣化方程及极限状态;

(2)基本变量具有大量可靠的工程数据可供概率统计分析。

港珠澳大桥耐久性要实现可靠性设计,则必须满足以上条件。

第 2 章腐蚀环境分析表明,港珠澳大桥混凝土结构主要腐蚀作用是海水环境氯离子,处于大气环境的结构除要考虑氯离子作用外,也要考虑环境的碳化作用。氯盐腐蚀作用的体现是氯离子在混凝土中的渗透传输,实际上这一渗透传输是一个非常复杂的物理化学过程,其过程受材料自身性能、环境条件影响,并随时间延长呈非稳态变化。关于氯离子在混凝土中的传输,国内外众多研究建立了不同的模型来描述其渗透扩散过程,较有代表性的是意大利的 Collepardi,其近似认为氯离子在混凝土中的渗透扩散符合菲克第二定律 $\frac{\partial C}{\partial t} = D \frac{\partial^2 C}{\partial x^2}$。近些年来通过对受材料、环境影响以及随时间变化影响等研究工作的不断深入,采用菲克第二定律来建立氯离子在混凝土中的传输模型已被较广泛地认可;此外,关于混凝土碳化过程的数学模型也有多种,如基于化学反应机理的模型和直接计算碳化深度的模型等,其中假设二氧化碳(CO_2)在混凝土中的渗透扩散符合菲克第一定律,因而能够将实验室试验和工程条件结合起来,从而可直接计算碳化深度。因此,采用菲克定律来描述氯离子或二氧化碳在混凝土中的传输,则可解析出混凝土中某位置在某时刻的氯离子浓度 $C(x,t)$ 或碳化深度,并可设定钢筋脱钝、锈蚀开裂或影响结构安全等不同耐久性极限状态,从而依据耐久性模型基本方程,得出混凝土结构暴露于海水环境至钢筋开始腐蚀、锈蚀开裂或影响结构安全时所经历的时间。

满足上述具有可反映结构材料性能随时间变化的劣化方程这一条件后,尚应具备方程的求解条件,由于氯离子在混凝土中的渗透传输受材料自身性能、环境及使用荷载等条件多因素影响,过程复杂,导致模型方程中的变量具有很大的不可确定性,必须通过大量试验,获取大量可靠的工程数据,由概率统计分析才能确定。经过前期研究分析,与港珠澳大桥具有相似环境的湛江港暴露试验站和华南海港码头、沿海桥梁等实体工程耐久性腐蚀调查,积累了大量的工程数据,尤其湛江暴露试验站,已积累达25年的长期暴露试验数据,这些数据反映了混凝土材料在实际海水腐蚀环境下的耐久性劣化进程时变规律及影响因素。表3-1是港珠澳大桥和湛江暴露试验站的环境条件对比数据,可以看出,由于港珠澳大桥与湛江暴露试验站同处于我国华南沿海地区,环境条件极其相近,所以湛江长期暴露试验和历次海港实体工程耐久性调查,为港珠澳大桥进行耐久性可靠性设计提供了充分的工程数据。

港珠澳大桥与湛江暴露试验站环境对比 表3-1

环 境 条 件	港珠澳大桥	湛江暴露试验站
年平均气温(℃)	22.3~23.1	23.5
最热月7月平均气温(℃)	28.4~28.8	28.9
最冷月1月平均气温(℃)	14.8~15.9	15.5
年平均相对湿度(%)	77~80	85
海水中氯离子(Cl^-)含量(g/L)	10.76~17.0	15.05
海水酸碱度(pH值)	7.50~8.63	7.84~8.18

国际上尤其欧美及日本等发达国家已积累了多年的跨海湾通道工程的建造经验,较著名的如丹麦的大贝尔特海峡工程、连接丹麦和瑞典的厄勒海峡大桥、加拿大联盟大桥、日本东京湾大桥以及按照英国标准建造的我国香港金马大桥等。近10多年来,我国海工交通基础设施建设发展迅猛,尤其离岸深水港、跨海湾大桥工程,无论建设规模还是建造技术都已达到国际先进行列,如上海洋山港、深圳盐田港、东海大桥、杭州湾跨海大桥、金塘大桥、青岛海湾大桥以及深圳西部跨海通道工程等,围绕这些重大工程,都开展了耐久性新技术、新工艺及新材料的

研究,取得了众多的研究成果,也积累了丰富的可供借鉴的工程经验。

因此,在具备上述条件和工程实践经验基础上,港珠澳大桥可按照可靠性设计方法进行耐久性设计。港珠澳大桥耐久性可靠性设计的基本思路为:

(1)根据第 2 章腐蚀环境分析,针对海洋环境氯离子侵入引起的钢筋锈蚀过程,按菲克第二定律建立可定量分析的数学模型,并确定相应的耐久性极限状态。

(2)利用与港珠澳大桥环境条件基本接近的湛江港暴露试验站及类似工程耐久性调查积累的数据,对模型中各个变量作统计分析,采用近似概率方法确定具有一定失效概率的耐久性可靠指标及各变量的特征值和分项系数。

(3)由耐久性数学模型和概率分析方法得出的各变量特征值及分项系数,解析得出对应设计使用年限的耐久性设计理论值。

(4)耐久性设计需要给出用于施工控制、采用快速模拟试验方法的耐久性质量指标,与上述解析得出对应设计使用年限的耐久性设计理论值具有本质的区别,为此,需要建立耐久性设计理论值与快速模拟测试方法得出的试验值之间的关系,最终确定混凝土结构 120 年使用年限的耐久性设计值。

(5)对于大气区环境下的混凝土结构(包括沉管隧道内侧),除按大气区氯离子侵蚀环境的耐久性设计外,尚应按碳化腐蚀条件进行耐久性设计,两者比较,取耐久性要求高者作为设计值。

3.1.2　华南湛江海洋环境暴露站

港珠澳大桥混凝土结构针对氯离子侵入过程的耐久性设计,主要依据的现场暴露试验数据来自位于湛江港的华南地区海工材料暴露试验站。试验站建于 1986 年,通过连续不断的开展混凝土暴露试验研究,获得了大量宝贵的混凝土耐久性数据。湛江港地处高温高湿地区,对以氯离子腐蚀为主要破坏特征的华南沿海地区混凝土结构耐久性规律具有较好的代表性。

(1)华南湛江暴露站建设背景

由于影响海工结构耐久性的因素十分复杂,结构暴露时间的长短、潮汐变化、环境温度变化、海水的盐度以及混凝土结构物的暴露位置(大气区、浪溅区、水位变动区、水下区)等因素都将对结构的耐久性产生巨大影响。因此,室内试验结果必须与海洋环境中的长期暴露试验结果相结合,才能正确地掌握诸因素对混凝土耐久性影响的真实水平,验证各项提高混凝土结构耐久性的防腐蚀措施的有效可行性。

我国水运行业早在 20 世纪 60 年代即开展了海洋环境暴露试验的研究工作,观测站通常依托码头现有结构设置简易平台,放置少量暴露试件开展定期取样测试研究,但由于场地面积有限,试验规模小,没有形成系统研究,无法获取长期研究数据,成果对实际工程耐久性设计与施工指导性不强。交通部于 20 世纪 80 年代组织开展了一次全国范围的码头调查,结果显示,我国海港码头混凝土结构因氯离子侵入引发钢筋锈蚀,导致构件开裂破坏情况非常严重,其实际使用寿命一般不超过20年。基于上述调查情况,为提高结构的耐久性,交通部于1982年组建海港工程腐蚀暴露试验协作组,借鉴国外发达国家的先进经验,拨出专款在全国修建有代表性的海工材料暴露试验站,分别是位于广东湛江港、海南八所港、辽宁锦州港和华北的天津港暴露试验站。

湛江暴露试验站1986年建成,位于湛江港一区北突堤码头下方,由于地理位置的关系,环境条件对高温高湿情况下以氯离子腐蚀为主要破坏特征的华南沿海地区具有较好的代表性。

(2)华南湛江暴露站基本设置

湛江港暴露试验站位于湛江港一区北 -7.3m 的突堤码头。湛江港是我国西南和中南内陆的主要出海口岸,地处北回归线以南,具亚热带气候特征,常年气温较高,极端最高气温达37.7℃,年平均气温达23.5℃,相对湿度为85%。海浪波型以风浪为主,出现频率为80%。港区全年平均风速为5.2m/s。其潮汐为不规则半日潮,每太阳日发生两次高潮和低潮,平均高潮位3.40m,平均低潮位1.24m,平均潮差2.16m,最大潮差5.45m。海水中氯盐含量2.02%。

试验站总面积395m²,设深水区、浅水区、潮差区、浪溅区和大气区,各区域高程见表3-2。

湛江港暴露试验站各暴露区域高程　　　　表3-2

区域	深水区	浅水区	潮差区	浪溅区	大气区
高程(m)	-5.00	+0.05	+2.13	+4.10	+7.30

(3)暴露试件信息

本章在耐久性设计方法研究过程中,对5批不同暴露龄期、不同配合比的混凝土暴露试验数据进行统计与分析,暴露试件如图3-1、图3-2所示。表3-3列出了湛江港各个批次混凝土试件的暴露时间、暴露年限以及混凝土材料的主要组成特征。

图3-1　浪溅区暴露试件

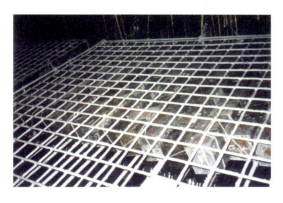 

图 3-2 水位变动区暴露试件

湛江港暴露试验试件批次与暴露时间　　　　　　　表 3-3

开始暴露时间	胶凝材料	胶凝材料用量（kg/m³）	暴露区域	水 胶 比
1987 年	525 # 号普通硅酸盐水泥	302～519	大气区 浪溅区 水变区 水下区	0.40～0.65
1989 年	525 # 号普通硅酸盐水泥与粉煤灰	365～486	浪溅区	0.44～0.60
1990 年	硅酸盐水泥、普通硅酸盐水泥、矿渣、粉煤灰	460	浪溅区	0.50、0.60
1997 年	硅酸盐水泥、Ⅱ级粉煤灰		浪溅区 水变区	0.45、0.30
2002 年	硅酸盐水泥、粉煤灰、矿渣、硅灰	430～480	浪溅区 水变区	共 42 个配合比，以 0.35 水胶比为主，有部分 0.29、0.33 的水胶比

注：# 水泥标号，现改称水泥强度等级。

3.1.3 类似环境实体工程耐久性调查

海洋环境下混凝土结构的腐蚀是一个复杂长期的过程，采用相似环境下的实际工程调查分析和理论分析相结合的方式，可以有效提高工程混凝土结构腐蚀特征分析的可靠性，从而为工程腐蚀环境的划分提供更为科学的依据。

港珠澳大桥工程地处华南地区伶仃洋海域，类似环境实体工程调研选择了广西、广东等地的海港码头作为分析对象，所选工程基本信息见表 3-4。

类似工程调研对象基本信息　　　　表 3-4

	码头名称	建成时间(年)	构件名称	设计保护层厚度(mm)	混凝土标号*
广西	某港区 3 号泊位	1997	胸墙	—	20
	某港区 4 号泊位				
	某原油码头	1999	防浪墙	80	25
			盖板	—	25
			沉箱	50	25
	某散杂货码头	2003	胸墙	70	40
广东	某港 01 号码头	1993	桩帽	50	30
			横梁	60	30
			纵梁	60	30
	某港工作船码头	—	面板	45	30
			横梁	—	30
			桩帽	50	30
	某重件码头	1994	靠船构件	—	—
			横梁	50	30
			纵梁	60	30
	某港 A 泊位	1984	桩帽	60	30
			横梁	50	40
	某港 E 泊位	1986	内边纵梁	50	40
			框架横梁	50	30
	某港 2 号泊位	1985	卸荷板	60	30
	某港 5 号泊位	1988	内边纵梁	50	30
			框架横梁	50	30
	某港 6 号泊位	1994	内边纵梁	50	30
			框架横梁	50	30
	某港 7 号泊位	1996	桩帽	60	30
			横梁	50	30
			纵梁	50	30
	某港 8 号泊位	1996	桩帽	60	30
			横梁	50	30
			纵梁	50	30
	某港 9 号泊位	1992	桩帽	60	30
			横梁	50	30
			纵梁	50	30
	某煤炭码头	1990	纵梁	50	25
			横梁	50	25
			桩帽	50	25

注：* 混凝土标号，现改称混凝土强度等级。

3.1.3.1 混凝土结构外观

调研发现,部分码头在较短的服役时间后,混凝土构件发生了较为严重的锈蚀损坏现象,大于3mm的顺筋方向锈蚀裂缝普遍存在于码头的桩帽、纵横梁部位,并且少数码头的纵横梁锈蚀破坏百分率高达90%以上,如图3-3所示。

图3-3 码头混凝土结构外观

此外,处于浪溅区的码头构件的锈蚀情况比较严重,即桩帽上部、纵横梁构件已经发生了严重的锈蚀,而大气区的码头上部构件的面板和桩帽以下构件则基本完好。

3.1.3.2 保护层厚度

不同构件混凝土保护层厚度的统计箱线图如图3-4所示。从统计结果可知,由于码头工程建设时间的跨度大,混凝土保护层厚度统计标准差较大,实际保护层厚度具有较大的离散性。

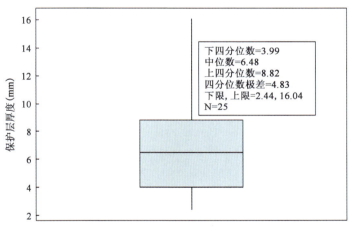

图3-4 保护层厚度标准差箱线图

3.1.3.3 混凝土碳化深度

调研发现,码头各类构件的混凝土碳化情况不足以引起钢筋脱钝锈蚀,其碳化深度为0.5~14.0mm,远未达到混凝土的保护层厚度。浪溅区和大气区的混凝土构件的碳化情况较为明显,并且碳化深度随着高程的增加而增大,面板底部的碳化深度最大。而水位变动区、水下区的各类混凝土构件则基本没有被碳化,这主要是由于处于该区域的构件湿度较大,基本处于饱水状态,不利于 CO_2 的侵入。从以上分析中也可以发现,碳化引起的钢筋锈蚀远没有氯离子导致的锈蚀情况严重。

3.1.3.4 混凝土中氯离子含量

通过对码头不同部位的钢筋混凝土保护层进行取样、磨粉、氯离子滴定分析、氯离子扩散系数计算等,掌握了混凝土结构保护层中氯离子分布情况及氯离子扩散系数的特征。图3-5为不同区域表面氯离子浓度箱线图,从图中可以看出,水位变动区的表面氯离子浓度比浪溅区的普遍高;浪溅区表面氯离子浓度测试数据中小于0.66%(氯离子占混凝土质量的百分含量)的占75%,最大值为0.99%;水位变动区表面氯离子浓度数据中有75%小于0.77%,最大值为1.11%。

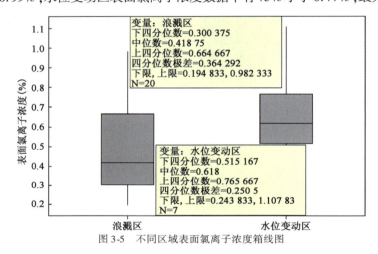

图3-5　不同区域表面氯离子浓度箱线图

图3-6为不同区域扩散系数箱线图,由图可知浪溅区75%的扩散系数小于 $4.7 \times 10^{-12} m^2/s$,最大值为 $5.9 \times 10^{-12} m^2/s$;水位变动区75%的扩散系数小于 $6.4 \times 10^{-12} m^2/s$,最大值为 $6.7 \times 10^{-12} m^2/s$。

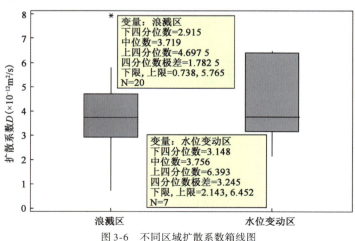

图3-6　不同区域扩散系数箱线图

通过以上调研数据可知,不同码头混凝土构件的技术条件存在较大差异,由于年代不同、执行标准不同,也导致了相关检测数据离散性大,但是也体现出一定的规律,可以为后续的耐久性分析提供参考。此外,对于钢筋的混凝土保护层厚度数据,在考虑施工技术进步、施工质量管理理念发展的情况下,选择2000年前后建设的工程数据进行统计分析,可以指导港珠澳大桥耐久性设计中保护层厚度的计算。

3.2 耐久性设计基本原则

3.2.1 耐久性极限状态

港珠澳大桥混凝土结构所面临的主要腐蚀因素是海水环境的氯离子侵蚀和大气环境的碳化,两种腐蚀破坏的作用机理均为有害介质向混凝土内渗透传输,破坏了钢筋的钝化膜,在氧和水的作用下钢筋发生腐蚀。一般来讲混凝土中钢筋的腐蚀过程分为钢筋开始腐蚀、混凝土保护层胀裂和结构性能明显退化三个阶段,如图3-7所示。

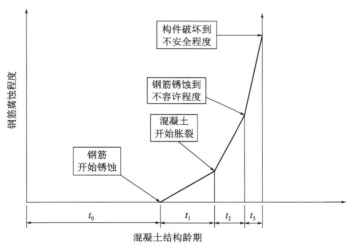

图 3-7　钢筋混凝土结构耐久性分阶段模型

(1)钢筋开始锈蚀。从浇筑混凝土到混凝土碳化层深达钢筋,或氯化物侵入混凝土达到某一临界值时,钢筋钝化膜破坏(去钝化),开始发生锈蚀,但此时只是出现以钢筋锈蚀为特征的材料劣化,混凝土结构的使用和承载力未受影响,也未出现可见的破坏损伤。通常这一阶段是缓慢的物理化学变化过程,这一段时间在结构整个服役寿命期内相对较长,约占混凝土结构使用寿命的70%以上,一般混凝土密实性愈高、保护层厚度越大则钢筋开始腐蚀的时间延长。

(2)混凝土保护层胀裂。钢筋开始腐蚀后其腐蚀产物发生膨胀,体积一般可比钢材体积增大2.5~4倍,随着腐蚀不断发生,腐蚀产物逐渐增加,当腐蚀产物产生的拉应力超过混凝土自身的抗拉强度时就会产生顺筋裂缝。此时出现了以肉眼可见的锈蚀裂缝为特征的外观变化,但钢筋锈蚀截面损失率较低,尚不至于影响结构的承载力。这一阶段经历的时间跟混凝土强度、保护层厚度与钢筋直径的比值、钢筋腐蚀速度等有关,混凝土强度愈高、保护层厚度与钢筋直径比值愈大、混凝土电阻率愈大,则保护层开裂时间也就愈长。

(3)结构性能明显退化。钢筋腐蚀使混凝土保护层开裂后,环境侵蚀介质(CO_2、Cl^-、H_2O、O_2等)将以较快的速度直接作用于钢筋,必然会使钢筋腐蚀加剧,促使混凝土保护层更快损坏。试验结果表明:当混凝土中钢筋发生顺筋锈胀开裂,截面损失率小于5%,钢筋延伸率、钢筋屈服强度、抗拉极限强度都无明显影响;当截面损失率为5%~10%,由于腐蚀不均匀,钢筋屈服强度、抗拉强度及延伸率开始降低;当截面损失率超过10%,钢筋屈服点已不明显,钢筋的各项力学性能严重下降,结构承载力已不满足要求,已影响到结构的使用安全,需要大修。

一般来说,混凝土结构的耐久性极限状态是指结构因耐久性损伤达到某种极限状态,此时出现具有明显标志性变化的混凝土材料劣化或结构某项性能降低,尚不影响结构承载力,结构仍处于正常使用状态,但超过这一状态继续使用时,材料劣化和结构性能退化速度加快,腐蚀造成承载能力降低而影响安全使用和需要投入巨资大修的风险加大。目前,对于耐久性极限状态的定义大都是基于以上不同阶段的某时间点,是将钢筋开始锈蚀,还是混凝土保护层开裂作为耐久性极限状态,需根据结构重要性程度、环境腐蚀风险以及钢筋形态来定。如我国《水运工程结构耐久性设计标准》(JTS 153)将预应力混凝土结构以预应力筋锈蚀发生时的状态作为耐久性极限状态,这是因为对于预应力混凝土结构,因预应力筋应力高,特别是高强钢丝或钢绞线本身截面小,即使腐蚀轻微,截面损失率已较大,而且对应力腐蚀和预应力腐蚀疲劳很敏感,因此对预应力结构,规定其设计使用年限取预应力筋开始腐蚀时间;而对于钢筋混凝土结构以钢筋腐蚀导致保护层出现开裂时的状态作为耐久性极限状态,这是因为对于钢筋混凝土结构,钢筋锈蚀至保护层开裂这段时间,并不影响结构的正常使用和承载力,且不存在应力腐蚀问题。

港珠澳大桥设计使用寿命超过百年,工程规模宏大,是超级标志性工程,同时工程处于腐蚀环境恶劣严酷的伶仃洋海域,腐蚀风险高,对于不可更换的主体结构,一旦腐蚀破坏,会带来难以弥补的安全风险和隐患,需要投入巨额的维修费用,因此,对于港珠澳大桥不可更换的主体钢筋混凝土和预应力混凝土结构,从全寿命周期安全的角度考虑,以钢筋开始锈蚀作为耐久性极限状态。

3.2.2 构件设计使用年限

港珠澳大桥的整体设计使用年限为120年。结构整体使用年限是通过构件设计使用年限的设定来实现的。构件的设计使用年限需要综合考虑构件的重要性和可更换性,针对具体环境作用下的耐久性极限状态来确定。构件设计使用年限的总体确定原则是:①不可更换的构件、难以维护的构件以及结构主要构件至少需要达到结构整体使用年限;②可更换构件、可维修的次要构件的设计使用年限视具体情况可低于总体设计使用年限,但要明确其预定的更换次数和维修次数。

表3-5汇总了港珠澳大桥桥梁结构、隧道结构、人工岛结构的各主要混凝土构件设计使用年限值、耐久性设计的环境作用等级,此外考虑到有限锈蚀极限状态量化难以确定,所有钢筋混凝土构件和预应力混凝土构件均以混凝土内钢筋开始腐蚀(脱钝)作为耐久性失效的极限状态。

港珠澳大桥工程结构构件设计使用年限组成分析　　　　　表3-5

结构	构件	设计使用年限(年)	更换次数	环境作用等级
钢箱梁、钢箱组合梁斜拉桥(通航孔)	主塔	120	—	Ⅲ-D、E、F
	桥面铺装	15	7	Ⅲ-D
	护栏	60	1	Ⅲ-D
	现浇支座垫石、挡块	15	7	Ⅲ-D
	桥墩(辅助墩)	120	—	Ⅲ-E、F
	承台	120	—	Ⅲ-F
	桩基础	120	—	Ⅲ-C
钢箱组合梁、预应力混凝土连续梁(非通航孔)	组合梁桥面板	120	—	Ⅲ-D
	箱梁(接人工岛)	120	—	Ⅲ-F
	箱梁(接人工岛)内侧	120	—	I-B、Ⅲ-D
	桥面铺装	15	7	Ⅲ-D
	桥墩	120	—	Ⅲ-C、E、F
	承台	120	—	Ⅲ-C、F
	桩基础	120	—	Ⅲ-C
隧道	沉管(外侧)	120	—	Ⅲ-F
	沉管(内侧)	120	—	I-B、Ⅲ-D
	暗埋段	120	—	Ⅲ-E
	敞开段	120	—	Ⅲ-E
	防撞墩承台	120	—	Ⅲ-E

3.2.3 基于概率的耐久性设计方法

以既定保证率为目标的设计可以分为全概率方法和近似概率方法。全概率方法是考虑所有设计变量的统计特性,通过明确的设计方程计算失效概率,由此推算保证率。全概率方法需要使用大量的统计计算和数值方法,因此通常作为科学研究方法和确定设计的验算方法。近似概率法是简化的概率设计方法,又称为分项安全系数法,通过对设计方程中设计变量赋予不同的材料安全系数和荷载作用安全系数,使设计方程满足后即达到预定的保证率,该方法计算简便,分项安全系数一经确定便可为工程师所使用,因此是基于概率的主要工程设计方法。考虑到港珠澳大桥耐久性设计的基础工程数据实际情况,为便于设计和使用,采用近似概率法进行耐久性设计。

港珠澳大桥基于概率的耐久性设计基础是湛江暴露试验和工程调查数据,因此,对于氯离子侵蚀采用近似概率方法,在菲克第二定律基本模型的基础上,结合湛江港暴露试验数据分析主要模型参数的统计特征,针对一定的耐久性失效概率,确定这些参数的分项安全系数,由此建立港珠澳大桥工程与120年设计使用年限对应的抗氯离子侵蚀的耐久性设计指标。对于混凝土碳化,则以菲克第一定律为基本模型,针对港珠澳大桥不同结构所处的碳化环境,参考国内外相关成果建立设计方程及确定各变量的分项安全系数,建立抗碳化的耐久性设计指标。

近似概率可靠性设计需要有一定的概率水平的保证,即需要预定目标保证率,而目标保证率(失效概率)与可靠性指标具有对应关系。国际结构混凝土协会 fib Model Code 2006 根据构件失效后果的严重程度,按混凝土内钢筋锈蚀导致耐久性失效的两种状态——正常使用状态(SLS)和极限承载状态(ULS),分别给出的可靠性指标见表3-6[1],其中p_f为可靠指标对应的失效概率。对于重要的混凝土结构,一般把钢筋脱钝作为正常使用极限状态,把钢筋腐蚀引起钢筋截面减小、承载能力降低而破坏作为承载能力极限状态。对于正常使用极限状态,其可靠指标根据作用效应的可逆程度取0~1.5。对于可逆的正常使用极限状态可取小值,对于不可逆的正常使用极限状态取大值。

钢筋锈蚀导致耐久性失效的可靠度指标 β 表3-6

环境条件	失效后果	可靠度分级	SLS 钢筋脱钝	ULS 结构倒塌
碳化环境	轻微	RC1	1.3 ($p_f = 10^{-1}$)	3.7 ($p_f = 10^{-4}$)
碳化环境	中等	RC2		4.2 ($p_f = 10^{-5}$)
碳化环境	严重	RC3		4.4 ($p_f = 10^{-6}$)
海水氯化物	轻微	RC1	1.3 ($p_f = 10^{-1}$)	3.7 ($p_f = 10^{-4}$)
海水氯化物	中等	RC2		4.2 ($p_f = 10^{-5}$)

如果用耐久性对混凝土结构和构件的正常使用性能和安全性的影响作为耐久性选取可靠指标的高低的最终影响因素,耐久性设计的可靠指标水平就与相应的极限状态有直接关系。简单地讲,耐久性设计所取的极限状态越接近结构与构件的正常使用性能和安全性的最低水平,其对应的可靠指标就应该越高;相反,所取的极限状态距离结构和构件的正常使用性能和安全性最低水平越远(即极限状态越保守),相应的可靠指标就可以相对取低值。以钢筋混凝土构件在海洋环境中氯离子诱发钢筋锈蚀为例,耐久性设计可以采用两个极限状态:第一种状态为钢筋表面氯离子浓度累积到临界浓度,即钢筋的脱钝状态;第二种状态为钢筋表面在脱钝

后锈蚀到适量水平。相对来讲,第一种状态还不至于影响结构的安全性,故采用第一种极限状态的可靠性指标可低于采用第二种状态的可靠性指标。

港珠澳大桥设计使用年限为 120 年,且明确混凝土内钢筋开始腐蚀(脱钝)作为耐久性极限状态。钢筋腐蚀属于不可逆过程,所以其可靠指标可在 0 ~ 1.5 范围内取大值。参考 fib Model Code 2006 的规定,取设计目标保证率为 90%,即失效概率为 10%,则耐久性设计的可靠性指标取 $\beta = 1.3$。

3.3 海水腐蚀环境耐久性可靠性设计

3.3.1 氯离子侵入模型

采用菲克第二定律来描述氯离子在混凝土中的非稳态渗透传输:

$$\frac{\partial C}{\partial t} = D \frac{\partial^2 C}{\partial x^2} \tag{3-1}$$

式中:C——混凝土中的氯离子浓度;
t——氯离子在混凝土中的传输时间;
x——距混凝土表面的深度;
D——氯离子在混凝土中的扩散系数。

假定混凝土表面的氯离子浓度 C_s、氯离子扩散系数 D 以及混凝土中初始氯离子浓度 C_0 为定值,则混凝土中任意位置在任意时刻的氯离子浓度分布 $C_{(x,t)}$ 为:

$$C_{(x,t)} = C_0 + (C_s - C_0)\left[1 - \mathrm{erf}\left(\frac{x}{2\sqrt{Dt}}\right)\right] \tag{3-2}$$

式中:$C_{(x,t)}$——龄期为 t 时距结构表面 x 处混凝土的氯离子浓度;
erf——误差函数。

取混凝土内钢筋表面氯离子浓度达到钢筋脱钝的临界浓度 C_{cr} 为耐久性设计极限状态,则耐久性设计方程为:

$$g(x_d, t_{SL}) = C_{cr} - C(x_d, t_{SL}) \geq 0 \tag{3-3}$$

假定混凝土的初始氯离子含量 $C_0 = 0$,则耐久性设计方程可进一步表达为:

$$g = C_{cr} - C_s \cdot \left[1 - \mathrm{erf}\left(\frac{x_d}{2\sqrt{D_{CL}t_{SL}}}\right)\right] \tag{3-4}$$

式中各个参数的意义与单位见表 3-7。

氯离子扩散过程极限状态方程参数表　　　　　　表 3-7

参　数	意　义	单　位
x_d	混凝土保护层厚度计算值	mm
t_{SL}	时间	年
C_{cr}	钢筋锈蚀的临界氯离子浓度设计值	%，占混凝土胶凝材料质量的百分比
C_s	混凝土表面氯离子浓度设计值	%，占混凝土胶凝材料质量的百分比
D_{Cl}	混凝土的氯离子有效扩散系数	mm²/年

3.3.2 模型参数统计分析

3.3.2.1 混凝土保护层厚度

（1）工程保护层厚度调查

工程调查表明，随着我国工程建造技术水平的提高，混凝土保护层厚度的控制水平越来越高。表 3-8 为 1996 年以后建成的码头混凝土结构保护层厚度情况。

混凝土保护层厚度统计（1996 年后建成工程）　　　　　　表 3-8

取　样　点	保护层厚度设计值（mm）	取样数	保护层厚度均值（mm）	保护层厚度标准差（mm）
某原油终端码头（1999 年竣工）	50	90	51.66	2.69
	80	90	80.72	2.44
某港 F 号泊位（2008 年竣工）	60	15	69.80	7.45
	50	15	66.93	5.90
	65	15	63.53	8.16
某港工作船泊位（2008 年竣工）	60	15	50.67	2.19
	50	30	62.50	2.30
	65	30	50.43	4.07
某港 8 号泊位（1996 年竣工）	60	15	59.60	6.88
	50	30	55.37	7.97
	65	15	53.40	7.35
某基地码头（1999 年竣工）	65	90	69.67	6.05
某基地 3 号码头（1997 年竣工）	50	259	55.05	6.28
	60	35	64.57	3.52
	70	35	74.80	3.14
北方某港（2004 年竣工）	50	108	53.19	4.95
	75	54	78.04	4.53
某杂货码头 1 号泊位（2008 年）	40	54	41.78	4.68
	50	108	53.32	5.03

续上表

取 样 点	保护层厚度设计值（mm）	取样数	保护层厚度均值（mm）	保护层厚度标准差（mm）
某杂货码头2号泊位（2007年）	40	54	42.41	4.05
	50	108	53.69	5.14
某油品码头（2007年竣工）	40	54	43.43	4.62
	50	108	53.88	4.87
北方某港（2006年竣工）	70	24	70.00	4.98

（2）保护层厚度统计分析

关于保护层厚度的概率分布模型，普遍认为服从正态分布或对数正态分布，以1999年竣工的某原油终端码头结构混凝土保护层厚度分布（图3-8）为例，看保护层厚度是否服从这两种分布。

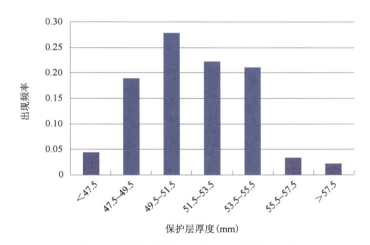

图3-8 某原油终端码头工程保护层厚度分布图

分析以 p 值作为参考标准，验证是否满足某种概率分布。p 值的数学意义是指"出现更不符合假定概率模型的样本的概率"[3]，通常当 $p>0.2$ 时，认为假定概率分布模型是合理的。假定概率分布服从正态分布或对数正态分布，p 值的计算见表3-9和表3-10。

p 值计算（正态分布，均值为51.7mm，标准差为2.69mm） 表3-9

区 间	样本数 (n_i)	模型概率 (P_i)	模型样本数 ($X_i = N \cdot P_i$)	模型偏差 $\left[e_i = \dfrac{(x_i - n_i)^2}{X} \right]$
<47.5	4	0.060 9	5.49	0.402 3
47.5~49.5	17	0.150 2	13.52	0.896 0
49.5~51.5	25	0.265 7	23.92	0.049 0
51.5~53.5	20	0.276 9	24.92	0.972 0
53.5~55.5	19	0.170 0	15.30	0.896 3

续上表

区间	样本数 (n_i)	模型概率 (P_i)	模型样本数 ($X_i = N \cdot P_i$)	模型偏差 $\left[e_i = \dfrac{(x_i - n_i)^2}{X}\right]$
55.5~57.5	3	0.0614	5.53	1.1555
>57.5	2	0.0148	1.33	0.3355
$\sum_i e_i$				4.706
$p = P[X^2_{7-3} > \sum_i e_i]$				0.319(>0.2)

p 值计算(对数正态分布,对数均值为3.94,对数标准差为0.0520)　　表3-10

区间	样本数 (n_i)	模型概率 (P_i)	模型样本数 ($X_i = N \cdot P_i$)	模型偏差 $\left[e_i = \dfrac{(x_i - n_i)^2}{X}\right]$
<47.5	4	0.0562	5.06	0.2204
47.5~49.5	17	0.1574	14.16	0.5679
49.5~51.5	25	0.2737	24.63	0.0056
51.5~53.5	20	0.2711	24.40	0.7943
53.5~55.5	19	0.1620	14.58	1.3426
55.5~57.5	3	0.0613	5.52	1.1484
>57.5	2	0.0184	1.65	0.0722
$\sum_i e_i$				4.151
$p = P[X^2_{7-3} > \sum_i e_i]$				0.386(>0.2)

可见,把保护层厚度模拟成正态分布和对数正态分布都合理。相对而言,对数正态分布的 p 值更大些。

(3)保护层厚度的统计模型

根据上述分析,保护层厚度的统计规律可采用对数正态模型描述,其均值为设计值,标准差为5.26mm。钢筋保护层厚度计算值可以用公式来表示:

$$x_d = x_{nom} - \Delta x \tag{3-5}$$

式中:x_d——耐久性设计要求的最小保护层厚度;

x_{nom}——名义保护层厚度[根据氯离子侵蚀模型,钢筋出现锈蚀的时间与保护层厚度的平方成正比,即保护层厚度对耐久性影响极大,因此,耐久性设计所要求的保护层厚度必须计入施工允许偏差,国际结构混凝土协会fib、欧盟相关规范及英国标准(BS)都将标注于施工图上的保护层厚度称为"名义保护层厚度",规定其数值为耐久性要求的最小厚度与施工允许负偏差的绝对值之和];

Δx——考虑了95%保证率保护层厚度的安全裕度,根据统计得出的我国实际工程保护层厚度标准差,近似取为10mm。

3.3.2.2 混凝土表面氯离子浓度

在海洋环境中,海水中的氯离子在结构不同部位(大气区、浪溅区、水位变动区及水下区等)以不同方式在混凝土构件表面积聚,从而与构件内部混凝土的氯离子形成浓差而向内部传输扩散。研究表明,表面氯离子浓度不仅与具体暴露部位有关,而且和混凝土本身的特性以及暴露时间有关。按上述模型,表面氯离子浓度是由氯离子浓度的深度分布曲线进行拟合而得,因此得到的表面氯离子浓度实际上为混凝土表面的表观氯离子浓度。

欧盟DuraCrete将混凝土表面氯离子浓度与环境条件、水胶比和凝胶材料的关系表示为[2]:

$$C_s = A \frac{w}{b} \tag{3-6}$$

式中:C_s——混凝土表面氯离子浓度的表观值;
  A——常数,与环境条件及胶凝材料组成有关;
  w/b——水胶比。

美国Life-365[4]规定,混凝土表面氯离子浓度与暴露持续时间有关,持续时间越长,其表面氯离子越高。表面氯离子浓度随时间的变化规律为:

$$C_s(t) = C_{s,\max} \frac{bt}{1+bt} \tag{3-7}$$

式中:$C_s(t)$——暴露t年时的表面氯离子浓度;
  $C_{s,\max}$——氯离子浓度极限值;
  b——系数;
  t——暴露时间(年)。

港珠澳大桥混凝土结构耐久性设计中,综合考虑现有统计模型,将表面氯离子浓度的概率模型表示为:

$$C_s(t) = A\left(\frac{w}{b}\right)\frac{bt}{1+bt} \tag{3-8}$$

其中,参数A和b的值可以通过实测数据按最小二乘法拟合得到;用于耐久性设计的C_s的等效平均值可采用其积分平均值:

$$C_s = \frac{1}{T}\int_0^T C_s(t)\mathrm{d}t = A\left[1 - \frac{\ln(1+bT)}{bT}\right]\left(\frac{w}{b}\right) = A'\left(\frac{w}{b}\right) \tag{3-9}$$

A'值作为随机变量处理,其离散性即反映了混凝土表面氯离子的离散性。

（1）暴露试验分析

依据华南湛江暴露试验数据，首先使用式（3-6）的静态模型分析了 2002 年单掺磨细矿渣粉和单掺粉煤灰的数据，假定 A 值的分布为对数正态分布，统计参数计算结果见表 3-11。

2002 年掺加矿渣和粉煤灰的混凝土表面氯离子浓度（%） 表 3-11

胶凝材料	区　域	水 胶 比	A 的均值	A 的标准差
单掺矿渣	浪溅区	0.35	6.556	2.643
	水位变动区	0.35	8.015	1.964
单掺粉煤灰	浪溅区	0.35	9.688	3.959
	水位变动区	0.35	10.254	1.758

为了进一步获得不同掺和料、不同暴露龄期对表面氯离子浓度的影响，通过统计模型式（3-8）对暴露试验中不同胶凝体系的混凝土的表面氯离子浓度进行 A' 值分析。

①掺粉煤灰混凝土

掺粉煤灰的混凝土表面氯离子浓度随时间增长如图 3-9 所示，用于分析的数据样本共 213 个。由图 3-9 可知，随着时间的延长，表面浓度逐渐增大，前 5 年增长幅度较大，后期增长幅度减小，并渐趋平缓。

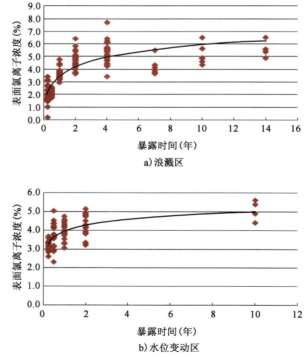

图 3-9　粉煤灰混凝土表面氯离子浓度和暴露时间的关系

对于浪溅区，根据式（3-8），计算出：$b = 1.38, \mu[A] = 17.0, \sigma[A] = 1.80$，则混凝土表面氯离子浓度的均值：

$$E[C_s] = 17.0 \frac{w}{b} \frac{1.38t}{1+1.38t} \quad (3\text{-}10)$$

$E[C_s]$ 随暴露时间而增长的曲线也标注在图 3-9 中。

②掺矿渣粉混凝土

掺矿渣粉混凝土表面氯离子收集数据样本为 118 个,表面氯离子浓度随时间增长的情况如图 3-10 所示,分别计算出 b、等效 A 的均值和标准差(对数正态分布),见表 3-12。

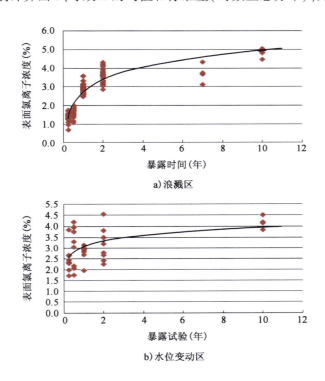

图 3-10 矿渣混凝土表面氯离子浓度和暴露时间的关系

2002 年掺加矿渣和粉煤灰的混凝土表面氯离子浓度(%)　　表 3-12

胶凝材料	区域	b	$\mu[A']$	$\sigma[A']$
单掺矿渣	浪溅区	1.19	13.63	0.96
	水位变动区	15.20	8.91	0.61
单掺粉煤灰	浪溅区	1.38	16.47	1.75
	水位变动区	11.75	11.44	1.42

③双掺粉煤灰和矿渣粉混凝土

考虑到粉煤灰和矿渣粉混掺体系在海工高性能混凝土中的大量应用,收集整理了混掺矿渣粉和粉煤灰的混凝土表面氯离子浓度数据样本共 20 个,其中矿渣粉掺量为 30%,粉煤灰掺量为 20%,水胶比为 0.33。混凝土表面氯离子浓度的拟合计算结果见表 3-13。

双掺矿渣粉和粉煤灰的混凝土表面氯离子浓度(%) 表3-13

暴露条件	混凝土	b	$\mu[A']$	$\sigma[A']$
浪溅区	体系1	0.125	28.44	1.61
	体系2	0.214	31.08	1.02
水位变动区	体系1	7.53	13.56	2.71
	体系2	7.02	7.65	1.12
水下区	体系1	5.14	13.66	2.41
	体系2	85.2	10.61	2.11

(2) 表面氯离子浓度统计分析

由于二十世纪八九十年代进行的暴露试验侧重的混凝土组分主要是单掺粉煤灰和矿渣粉,至2000年后才开始研究混掺粉煤灰和矿渣粉混凝土,因此双掺粉煤灰和矿渣粉的混凝土暴露试验时间较短,数据也较少。研究表明单掺粉煤灰的混凝土表面氯离子浓度比单掺矿渣粉的大,所以针对混凝土胶凝材料组成为粉煤灰-矿渣粉混掺的情况,可依据单掺粉煤灰混凝土的暴露试验数据来确定表面氯离子浓度的统计规律,并采用表3-13的双掺数据进行修正。

表面氯离子浓度A'值取对数正态分布。针对浪溅区混凝土,采用掺粉煤灰混凝土的试验数据;对于水下区和水位变动区,采用混掺粉煤灰和矿渣粉混凝土的数据对粉煤灰混凝土数据进行贝叶斯更新;对于大气区,由于缺乏足够的实测数据,直接采用DuraCrete取值。经统计分析和计算,港珠澳大桥混凝土表面氯离子浓度的设计参数取值见表3-14。

港珠澳混凝土表面氯离子浓度设计参数取值 表3-14

暴露区域	浪溅区	水位变动区	水下区	大气区
A'的均值	16.47	11.57	13.65	5.99
A'的标准差	2.47	1.77	2.04	0.90

3.3.2.3 钢筋锈蚀临界氯离子浓度

临界氯离子浓度为混凝土中钢筋脱钝时对应的氯离子浓度。临界氯离子浓度与钢筋、混凝土的性质及环境均有关系,如钢材种类,混凝土的胶凝材料组成和密实度,环境的温度、湿度,以及混凝土碳化程度等。因钢筋锈蚀过程复杂、影响因素多,造成对钢筋锈蚀临界氯离子的研究较困难。一般认为,耐蚀及不锈钢可显著提高临界氯离子浓度;混凝土密实度越高,临界浓度越高;混凝土发生碳化,氯离子临界浓度降低;环境温度升高,临界氯离子浓度会降低;临界氯离子浓度受湿度影响比较复杂,相对湿度为85%左右时临界氯离子浓度最低,相对湿度低于50%或达到100%时,临界氯离子浓度最高。

欧盟fib Model Code 2006规定,临界氯离子浓度呈beta分布:下限为0.2%(胶凝材料质量),上限为2.0%(胶凝材料质量),平均值取0.6%(胶凝材料质量);其概率密度方程为:

$$f(x) = \frac{\Gamma(\alpha+\beta)}{\Gamma(\alpha)\cdot\Gamma(\beta)}\left(\frac{x-L}{U-L}\right)^{\alpha-1}\left(\frac{U-x}{U-L}\right)^{\beta-1} \tag{3-11}$$

统计参数包括分布上限 U,下限 L 及分布参数 α、β。

(1) 暴露试验分析

根据华南湛江港暴露试验站 1987 年钢筋混凝土暴露试件的破型观测结果,统计了水胶比 $w/b=0.55$ 的混凝土试件在浪溅区环境下钢筋锈蚀前后的氯离子浓度如图 3-11 所示,数据样本数为 80 个。可以看出,临界氯离子浓度呈正态分布,分析得到的均值为 0.65%,标准差为 0.16%。

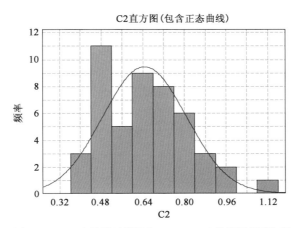

图 3-11 1987 年浪溅区混凝土($w/c=0.55$)临界氯离子浓度

湛江暴露试验是以钢筋混凝土破型后观察钢筋是否锈蚀来确定临界氯离子浓度,一般来说,破型后肉眼可见锈蚀时,钢筋锈蚀已经发生,破型观测时的锈蚀时间滞后于钢筋脱钝,也就是说此时得到的氯离子浓度已高于临界氯离子浓度。表 3-15 列出了 1987 年暴露试验所有破型观测的锈蚀结果(大于临界浓度)和未锈蚀结果(小于临界浓度)。

1987 年暴露试验临界氯离子浓度破型结果($w/b=0.55$) 表 3-15

已锈蚀	0.408 0.414 0.420 0.444 0.462 0.515 0.527 0.539 0.562 0.568 0.574 0.616 0.622 0.639 0.645 0.675 0.687 0.693 0.710 0.722 0.734 0.740 0.752 0.770 0.793 0.805 0.817 0.876 0.894 1.018
未锈蚀	0.385 0.420 0.426 0.438 0.450 0.468 0.485 0.509 0.568 0.586 0.704

为了合理地确定临界氯离子浓度,采用 beta 分布来描述临界氯离子浓度,然后采用最大似然函数(Maximizing Likelihood Function)的方法来建立临界氯离子浓度的统计模型。首先根据试验数据确定 beta 分布的上下界:下界 $L=0.35\%$,上界 $U=0.75\%$,然后确定两个参数 α、β 的值,其似然函数定义为:

$$L = \prod_{i=1}^{m} P[C_{\text{criti}} < x_i] \cdot \prod_{j=1}^{n} P[C_{\text{criti}} < y_j] \tag{3-12}$$

式中:　　m——已锈蚀数据的个数;

　　　　　x_i——已锈蚀数据;

n——未锈蚀数据的个数；

y_j——未锈蚀数据；

$P[C_{criti} < x_i]$——氯离子浓度达到 x_i 时钢筋锈蚀的概率；

$P[C_{criti} < y_j]$——氯离子浓度达到 y_j 时钢筋未锈蚀的概率。

参数 α、β 的取值要保证式(3-13)中的似然函数取得最大值：

$$\begin{Bmatrix} \alpha \\ \beta \end{Bmatrix} = \{\alpha, \beta \quad \max : L\} \tag{3-13}$$

将表 3-15 的数据代入式(3-12)、式(3-13)，通过数值计算得到 $\alpha = 0.39$, $\beta = 0.71$，相应的统计规律如图 3-12 所示，分布均值为 0.49%，标准差为 0.13%。

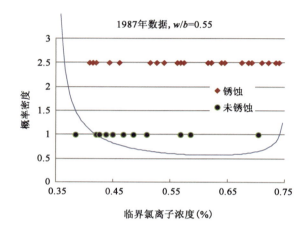

图 3-12　浪溅区临界氯离子浓度的概率分布($w/b = 0.55$)

根据华南湛江港暴露试验和工程调查数据，获得了水胶比为 0.47 的混凝土在浪溅区的临界氯离子浓度，见表 3-16。数据样本数为 58 个，经筛选用于计算样本数为 27 个。利用最大似然函数法确定了临界氯离子浓度 beta 分布的统计规律参数。

临界氯离子浓度试验数据(水胶比为 0.47)　　　　表 3-16

已锈蚀	0.450	0.509	0.576	0.754	0.781	0.957	1.104	0.859	1.130	1.144
未锈蚀	0.414	0.633	0.655	0.766	0.986	0.803				

根据试验数据确定 beta 分布的上下界：下界 $L = 0.40\%$，上界 $U = 1.2\%$。将表 3-15 中的数据代入式(3-12)、式(3-13)，得到 $\alpha = 0.19$, $\beta = 0.32$，概率分布曲线如图 3-13 所示，其均值为 0.70%，标准差为 0.32%。采用同样的方法对水位变动区的有效数据进行分析。确定水位变动区临界氯离子浓度的下界 $L = 0.40\%$，上界 $U = 1.2\%$，$\alpha = 0.24$, $\beta = 0.36$，其均值为 0.72%，标准差为 0.31%。

(2)临界氯离子浓度统计分析

港珠澳大桥混凝土结构采用的是海工高性能混凝土，混凝土的水胶比一般为 0.35 左右，

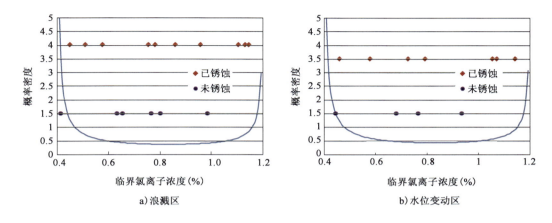

图 3-13　混凝土（$w/b = 0.47$）临界氯离子浓度的概率分布

但是暴露试验的混凝土材料的水胶比都大于 0.35。为了使暴露试验数据合理地用于设计的临界浓度统计模型，数据分析采取如下合理措施：

① 概率统计模型依然采用四参数 beta 分布；

② beta 分布模型中参数 α、β 反映概率分布的形状，上界 U 和下界 L 表示概率分布的范围。上述分析中 α、β 的值见表 3-17。

参数 α、β 数据分析　　　　　　　　　　　表 3-17

区域及水胶比	浪溅区 (0.55)	浪溅区 (0.47)	水位变动区 (0.47)	浪溅区、水位变动区 (0.35)
α 值	0.39	0.19	0.24	0.22
β 值	0.71	0.32	0.36	0.36
α/(α+β)	0.355	0.373	0.40	0.38
下界	0.35	0.4	0.45	0.45
上界	0.75	1.2	1.25	1.25
均值	0.49%	0.70%	0.72%	0.75%
标准差	0.13%	0.32%	0.31%	0.31%

可以看出 α/(α+β) 的值基本为 0.3~0.4，上下界随着水胶比的减小有提高的趋势。由于没有具体数据支撑，为保守起见对港珠澳工程做如下推断：α/(α+β) 定为 0.38，α 为 0.2~0.3，β 为 0.3~0.4；下界 L 为 0.4，上界 U 为 1.2。推断出的浪溅（水位变动）区临界氯离子浓度的概率分布如图 3-14 所示，均值为 0.75%，方差为 0.31%。

将推断结果与 DuraCrete 规定的临界氯离子浓度的均值对比，见表 3-18，可以看出分析结果与 DuraCrete 规定相近。

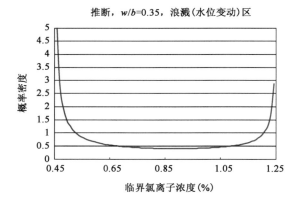

图 3-14 临界氯离子浓度的 beta 概率分布（水胶比 0.35）

与 DuraCrete 规定的临界氯离子浓度的均值对比 表 3-18

暴露条件	水 胶 比					
	0.3	0.35	0.4	0.47	0.5	0.55
DuraCrete 规定	0.9%	—	0.8%	—	0.5%	—
推断临界氯离子浓度	—	0.76%	—	0.70%	—	0.49%

由于缺乏水下区长期暴露试验数据，根据浪溅区与 DuraCrete 具有相似的取值，故参考欧盟 DuraCrete 及 fib 的相关规定并近似推断，水下区临界氯离子浓度的均值推定为 2.0%，服从 beta 分布，下界 $L = 1.0\%$，上界 $U = 3.5\%$，$\alpha = 0.3$，$\beta = 0.45$；对于大气区，根据湛江暴露试验和工程实地调查的数据分析，临界氯离子浓度为对数正态分布，均值为 0.85%，标准差为 0.13%。

根据以上分析结果，港珠澳大桥混凝土结构临界氯离子浓度的概率模型取值见表 3-19。

港珠澳大桥耐久性设计用临界氯离子浓度取值 表 3-19

统计参数	浪溅区/水位变动区	水 下 区	大 气 区
下界 L(%)	0.45	1.0	对数正态分布，均值为 0.85%，标准差为 0.13%
上界 U(%)	1.25	3.5	
参数 α	0.22	0.3	
参数 β	0.36	0.45	

3.3.2.4 氯离子扩散系数

混凝土的氯离子扩散系数是反映氯离子在混凝土内渗透传输能力的最重要指标，氯离子扩散系数与混凝土的密实性、胶凝材料组成以及环境温度、湿度等条件有关。大量研究表明，氯离子扩散系数随混凝土在氯离子环境中暴露时间或年限的增长而降低，近似符合指数衰减规律。即：

$$D(t) = D_i \left(\frac{t_i}{t}\right)^n \tag{3-14}$$

式中:D_i——经历环境作用时间 t_i 后测得的氯离子扩散系数;

n——衰减指数。

在工程实际中,一般取 28d 或 56d 氯离子扩散系数作为耐久性设计的控制指标,即 t_i 为 28d 或 56d。

扩散系数是时间的函数,国内外研究结果表明随着混凝土龄期的延长,在开始的 1~5 年内,扩散系数的降低尤为明显,经过一定的使用年限后,混凝土的水化基本完成,内部微结构基本不再发生变化,以及不同深度梯度氯离子浓度渗透压差趋于平衡,此时氯离子在混凝土中的扩散系数趋于一个恒定的值。美国 life-365 假定,当暴露龄期超过 30 年后,氯离子扩散系数不再减小,如以 28d 作为耐久性控制指标,则式(3-14)写为:

$$\begin{cases} D(t) = D_{28}\left(\dfrac{28}{365t}\right)^n & (t \leqslant 30) \\ D(t) = D_{28}\left(\dfrac{28}{365 \times 30}\right)^n & (t \leqslant 30) \end{cases} \quad (3\text{-}15)$$

式中:D_{28}——统计变量;

n——统计变量,其均值和离散性通过拟合得到。

(1)暴露试验

图 3-15 ~ 图 3-18 是湛江暴露试验获得的混凝土氯离子扩散系数情况,分别显示了位于浪溅区的混凝土在不同水胶比、不同掺和料种类和掺量情况下,氯离子扩散系数随时间的衰减曲线。

图 3-15 是水胶比为 0.50、0.40 与 0.35 的混凝土试件(分别对应 A01、A02、A03)在不同暴露时间测试得出的氯离子扩散系数,由图可知,水胶比减小,扩散系数的衰减值幅度变化不大。

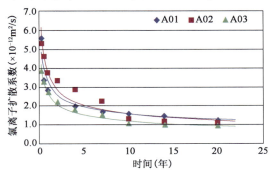

图 3-15　不同水胶比的混凝土扩散系数衰减曲线

图 3-16 是水胶比为 0.35、掺入 Ⅱ 级粉煤灰的混凝土暴露试件的氯离子扩散系数随时间变化曲线,图中 B1、B2、B3、B4 分别对应粉煤灰掺量 30%、35%、40% 和 45%,由图可知粉煤灰掺量对扩散系数衰减影响不大,但是对比图 3-15 可知,掺入粉煤灰后,氯离子扩散系数的衰减幅度明显增加。

图 3-17 为水胶比为 0.35、不同硅灰掺量的混凝土暴露试件的扩散系数随时间变化曲线,S01、S02、S03 分别对应硅灰掺量 3%、4% 和 5%。

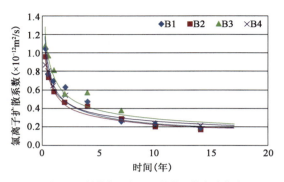

图 3-16 粉煤灰混凝土的扩散系数衰减曲线

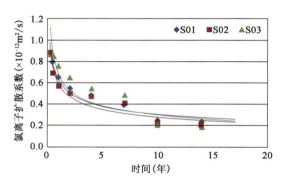

图 3-17 掺硅灰混凝土的扩散系数衰减曲线

图 3-18 为水胶比 0.35、掺入不同掺量矿渣粉后的混凝土扩散系数随时间变化曲线。

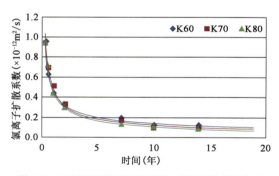

图 3-18 不同矿渣粉掺量的混凝土扩散系数衰减曲线

经过对暴露试验数据整理,筛选出水胶比为 0.35 混凝土暴露试件氯离子扩散系数,暴露时间为 2002 年,总样本数为 75 个。为便于数据分析,式(3-15)可改写成:

$$\ln[D(t)] = n\ln\left(\frac{28}{365t}\right) + \ln(D_{28}) \tag{3-16}$$

把不同时期的氯离子扩散系数与相应的时间点描在对数坐标图上,直线拟合出来的斜率即为衰减指数 n 值。根据暴露试验中单掺粉煤灰(掺量分别为 30%、35%、40% 和 45%)混凝土和单掺矿渣粉(掺量分别为 60%、70% 和 80%)混凝土的数据,按式(3-14)的方法计算出衰减指数,并与 Life-365 模型结果进行了对比,结果见表 3-20。

湛江港暴露试验氯离子浓度衰减指数与 Life-365 模型对比　　表 3-20

模　型	掺　粉　煤　灰				掺　矿　渣　粉		
	30%	35%	40%	45%	60%	70%	80%
Life-365	0.44	0.48	0.52	0.56	0.54	0.60	0.66
浪溅区	0.43(0.917)	0.49(1.044)	0.51(0.923)	0.51(0.711)	0.45(0.569)	0.52(0.605)	0.61(0.747)
水位变动区	0.48(1.258)	0.47(0.934)	0.51(0.940)	—	0.45(0.576)	0.51(0.583)	0.53(0.452)
水下区	0.42(0.900)	0.43(0.720)	0.52(0.976)	—	—	—	—

注:表中括号内数值为按 Life-365 模型计算出 30 年时扩散系数的衰减指数与按照湛江暴露试验数据拟合出的 30 年时的衰减指数的比值。

从比较可以看出:

①单掺粉煤灰混凝土暴露试验得出的氯离子扩散系数衰减指数值 n 与 Life-365 模型比较吻合,Life-365 模型得出衰减值数比湛江暴露试验得出的衰减指数略高,30 年期氯离子扩散系数衰减指数值为湛江暴露试验实测氯离子扩散系数衰减指数值的 90% 以上。

②单掺矿渣粉混凝土 Life-365 暴露试验得出的氯离子扩散系数衰减值 n 与 Life-365 模型相差较大,Life-365 模型得出衰减指数明显比湛江暴露试验得出的衰减指数高,30 年期氯离子扩散系数衰减指数为湛江暴露试验实测氯离子扩散系数衰减指数的 60% 以下,相对于湛江暴露试验,Life-365 模型明显高估了氯离子扩散系数衰减速度,也就是说,Life-365 模型对湛江相似环境混凝土结构耐久性设计是不可靠的。

③混凝土胶凝材料中增加矿物掺和料掺量,无论是粉煤灰还是矿渣粉,都有助于增大衰减指数,相比之下,掺粉煤灰与矿渣粉对增大氯离子扩散指数衰减效果相当。根据暴露试验结果,港珠澳大桥混凝土拟采用耐久性更好的双掺矿渣和粉煤灰的胶凝材料组成(且粉煤灰、矿渣粉混掺,可利用两种材料性能的优势互补,对混凝土工作性和力学性能均有利),如将 20% 粉煤灰替换成 30% 矿渣,对衰减指数的影响应当相近。因此,对于浪溅区和水位变动区以掺 60% 矿渣混凝土的暴露试验数据作为统计分析基础,对于水下区以掺 30% 粉煤灰的结果作为统计分析基础。

(2)扩散系数的统计分析

根据式(3-15),随时间变化的混凝土氯离子扩散系数早龄期(28d 龄期或 56d 龄期)氯离子扩散系数 D_i 和随时间的衰减指数 n 有关。对于早龄期氯离子扩散系数 D_i,依据暴露试验数据分析结果,参考 fib Model Code 的规定,取对数正态分布,其标准差取为均值的 0.2 倍。对于衰减指数 n,依据单掺粉煤灰和单掺矿渣的暴露试验数据,在浪溅区和水位变动区,依据掺 60% 矿渣的暴露试验结果,在水下区依据掺 30% 粉煤灰的暴露试验结果值;在大气区,因为缺乏足够的统计数据,参考规范《水运工程结构耐久性设计标准》(JTS 153—2015)取值。最终港珠澳大桥混凝土结构耐久性设计采用的氯离子扩散系数衰减值见表 3-21。

港珠澳大桥混凝土氯离子扩散性衰减指数的统计模型　　表3-21

设 计 参 数	浪溅区	水位变动区	水下区	大气区
n 的均值	0.471	0.456	0.438	0.66
n 的标准差	0.0286	0.0294	0.0294	0.099
D_{28} 标准差	\multicolumn{4}{c}{$0.20 D_{28}$平均值}			

3.3.3　耐久性设计参数取值

采用近似概率分析方法,式(3-4)设计方程可表达为:

$$G = C_{cr,D} - C_{s,d}\left[1 - \mathrm{erf}\left(\frac{x_d}{2\sqrt{D_{28,d} \cdot \eta_d \cdot t_{SL}}}\right)\right]$$

$$= \frac{C_{cr}}{\gamma_c} - \gamma_s C_s \left\{1 - \mathrm{erf}\left[\frac{x_d^{nom} - \Delta x_d}{2\sqrt{(\gamma_D D_{28}) \cdot (\gamma_\eta \eta) \cdot t_{SL}}}\right]\right\} \tag{3-17}$$

式中:下标带有 d 的为变量设计值,无下标 d 的为变量特征值;

C_{cr}——混凝土中钢筋锈蚀的临界氯离子浓度特征值(%);

γ_c——临界浓度的分项系数;

C_s——混凝土表面氯离子浓度的特征值(%);

γ_s——混凝土表面氯离子浓度的分项系数;

D_{28}——实际暴露环境条件下混凝土28天氯离子扩散系数(m^2/s);

γ_D——扩散系数的分项系数;

η——氯离子扩散系数的衰减率,由下式表示:

$$\eta = \begin{cases} \left(\dfrac{28}{365 t_{SL}}\right)^n & (t_{SL} \leqslant 30) \\ \left(\dfrac{28}{365 \times 30}\right)^n & (t_{SL} > 30) \end{cases} \tag{3-18}$$

γ_η——衰减率的分项系数;

t_{SL}——暴露时间(s);

x_d^{nom}——耐久性设计保护层厚度的名义值(mm);

Δx_d——保护层厚度安全裕度(mm)。

3.3.3.1　设计变量特征值

设计变量的特征值对应变量 p 的分位点值。对于荷载作用,大多数情况下实际荷载值低于特征值,p 取为90%或95%分位;对于抗力项,大多数情况下抗力高于特征值,则 p 通常取为5%或10%分位;当变量离散性不大时,也可以将均值取为特征值。研究考虑到各个变量的离散性和可靠度指标(相对于结构安全可靠指标)数值较小($\beta = 1.3$),使用各个随机变量的平均

值为特征值(代表值),以下给出各个设计变量的特征值:

(1) 保护层厚度

保护层厚度的设计值在近似概率分析中使用安全裕度来表达:

$$x_d = x_{nom} - \Delta x \tag{3-19}$$

式中:x_{nom}——保护层厚度特征值,是应考虑施工允差的保护层厚,也叫作名义保护层厚度。

(2) 混凝土表面氯离子浓度

混凝土表面氯离子浓度的设计值:

$$C_{s,d} = A'\left(\frac{w}{b}\right) \cdot \gamma_{cs} \tag{3-20}$$

混凝土表面氯离子浓度属于环境作用,所以考虑了时间作用的常数 A' 为表面氯离子浓度的特征值,采用均值作为特征值,具体数值见表 3-22。

混凝土表面氯离子浓度模型 A' 的特征值(%)　　　　表 3-22

部　位	浪溅区	水位变动区	水下区	大气区
A' 的特征值(%)	16.47	11.57	13.65	5.99

(3) 混凝土氯离子扩散系数

氯离子扩散系数的表达式包含两个统计变量:28d 氯离子扩散系数 D_{28} 和扩散系数衰减率 η。28d 氯离子扩散系数的设计值表达为:

$$D_{28,d} = D_{28} \cdot \gamma_D \tag{3-21}$$

式中:D_{28}——28d 氯离子扩散系数特征值,取为统计分布的均值。

衰减指数 n 为正态分布,则氯离子扩散系数衰减率 η 为对数正态分布,其对数均值(λ_η)和对数标准差(ξ_η)分别为:

$$\lambda_\eta = \ln\frac{28}{365t} \cdot \mu_n \tag{3-22}$$

$$\xi_\eta = -\ln\frac{28}{365t} \cdot \sigma_n \tag{3-23}$$

式中:μ_n、σ_n——n 的均值和标准差。

扩散系数衰减率 η 的设计值为:

$$\eta_d = \eta_n \cdot \gamma_\eta \tag{3-24}$$

式中:η_n——衰减指数的特征值;

γ_η——分项系数。

由于 n 的离散性很小,因此以 η 的均值作为其特征值,见表 3-23。

混凝土氯离子扩散性衰减指数的特征值　　　　表 3-23

部　位	浪溅区	水位变动区	水下区	大气区
η 的特征值(均值)	0.060 9	0.066 7	0.066 7	0.046 9

(4)临界氯离子浓度

临界氯离子浓度的设计值：

$$C_{cr,d} = \frac{1}{\gamma_c} C_{cr} \qquad (3\text{-}25)$$

临界氯离子浓度采用均值作为特征值，根据分析结果，临界氯离子浓度特征值见表3-24。

临界氯离子浓度的特征值(%) 表3-24

部位	浪溅区/水位变动区	水下区	大气区
特征值	0.75	2.00	0.85

3.3.3.2 设计变量的分项系数

近似概率方法通过确定各设计变量的分项系数来满足设计的目标可靠度指标。确定分项系数的过程可概括为：

(1) 确定设计变量的特征值 $x_{sp,i}$；

(2) 通过一阶线性化(FORM)方法，根据极限状态方程确定设计点 x_i^* 的位置及敏感系数 α_i；

(3) 将极限状态面平移，使其与标准化坐标原点的距离为目标可靠度指标，此时平移后的设计点上标准化的设计变量 $y_i^* = \alpha_i \beta$；

(4) 计算平移后设计点的值：

$$x_i^* = F_{xi}^{-1}[\Phi(y_i^*)] \qquad (3\text{-}26)$$

(5) 计算分项系数：

$$\gamma_i = \frac{x_i^*}{x_{sp,i}} \qquad (3\text{-}27)$$

因保护层厚度是几何函数，采用安全裕度作为其分项系数，根据前述分析，保护层厚度的分项系数为10mm。其他参数的分项系数采用上述一阶线性化方法(FORM)确定。不同暴露部位的分项系数计算结果见表3-25~表3-28。

浪溅区分项系数 表3-25

参数	C_{cr} (%)	C_s (%)	η (-)	D_{28} ($\times 10^{-12}$ m²/s)
特征值	0.750	5.440	0.061	3.000
敏感系数 a_i	-0.881	0.196	0.282	0.327
标准化 y_i	-1.145	0.255	0.366	0.425
设计点 x_i	0.450	5.717	0.064	3.255
分项系数	1.665	1.051	1.049	1.085

水位变动区分项系数　　　　　　　　　　　　　　　　表3-26

参　数	C_{cr} (%)	C_s (%)	η (-)	D_{28} ($\times 10^{-12}$ m²/s)
特征值	0.750	3.820	0.067	3.00
敏感系数 a_i	-0.000 7	0.395	0.609	0.688
标准化 y_i	-0.000 1	0.513	0.792	0.894
设计点 x_i	0.623	4.212	0.076	3.537
分项系数	1.203	1.103	1.132	1.179

水下区分项系数　　　　　　　　　　　　　　　　表3-27

参　数	C_{cr} (%)	C_s (%)	η (-)	D_{28} ($\times 10^{-12}$ m²/s)
特征值	2.000	4.500	0.0743	3.00
敏感系数 a_i	-0.779	0.380	0.336	0.370
标准化 y_i	-1.013	0.493	0.436	0.481
设计点 x_i	1.005	4.944	0.079	3.288
分项系数	1.990	1.099	1.063	1.096

大气区分项系数　　　　　　　　　　　　　　　　表3-28

参　数	C_{cr} (%)	C_s (%)	η (-)	D_{28} ($\times 10^{-12}$ m²/s)
特征值	0.940	1.980	0.023 2	3.00
敏感系数 a_i	-0.276	0.359	0.845	0.284
标准化 y_i	-0.359	0.467	1.099	0.369
设计点 x_i	0.796	2.165	0.037	3.221
分项系数	1.18	1.09	1.61	1.07

3.3.4 耐久性设计结果

使用式(3-17)的设计方程,根据上述计算分析得出的各设计变量的特征值以及分项系数,对不同暴露部位和不同暴露环境下满足120年设计使用年限的混凝土结构氯离子扩散系数计算值和保护层厚度的关系进行计算,计算结果如图3-19和图3-20所示。

根据计算结果,港珠澳大桥混凝土结构的耐久性主要设计参数的合理取值区间见表3-29。

港珠澳大桥不同暴露部位混凝土结构耐久性指标要求　　　　表3-29

使用年限	暴露环境	水胶比	氯离子扩散系数① ($\times 10^{-12}$ m²/s) 28d	氯离子扩散系数① ($\times 10^{-12}$ m²/s) 56d	混凝土保护层厚度② (mm)	涉及构件
120年	大气区	0.35	3~4	2~2.5	31~36	大气区箱梁,桥塔,桥墩,隧道内表面
	浪溅区	0.35	3~4	2.1~2.6	74~85	桥墩,承台,隧道外表面

续上表

使用年限	暴露环境	水胶比	氯离子扩散系数① ($\times 10^{-12} m^2/s$) 28d	氯离子扩散系数① ($\times 10^{-12} m^2/s$) 56d	混凝土保护层厚度②(mm)	涉及构件
120年	水位变动区	0.35	3~4	2.1~2.6	68~77	桥墩,承台
	水下区	0.35	3~4	2.2~2.6	57~66	承台,钻孔桩

注:①氯离子扩散系数为理论计算值,与质量控制用的混凝土氯离子快速试验值不同。
②表中的保护层厚度为耐久性最小保护层厚度 x_d^{min},没有计入施工允差,也没有计入直接接触流动海水冲磨作用的裕量。

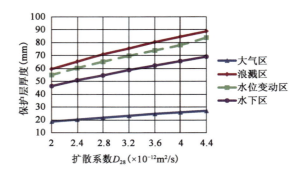

图3-19 满足120年设计使用年限的保护层和28d氯离子扩散系数

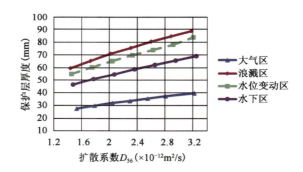

图3-20 满足120年设计使用年限的保护层和28d氯离子扩散系数

需要说明的是,上述计算得到的混凝土氯离子扩散系数,是基于实际环境下长期暴露试验和工程调查数据得出的耐久性参数理论值,与工程设计用于施工质量控制的实验室快速测试的氯离子扩散系数并非同一个概念。为了使上述理论数据用于实际工程,尚需建立耐久性参数理论值与实验室快速测试值之间的相关关系。

根据港珠澳大桥工程不同结构形式的混凝土构件所处的环境作用等级,综合考虑结构设计、施工条件及裂缝控制等因素,计算得出对应不同暴露部位的混凝土构件满足120年设计使用年限的保护层厚度与混凝土抗氯离子渗透性能指标理论值。经计算,表3-30给出了港珠澳大桥混凝土构件混凝土氯离子扩散系数和保护层厚度理论设计值。考虑到水位变动区范围较小,并且浪溅区和水位变动区的构件为同一构件,按照最严酷情况设计,表中的浪溅区和水位变动区取同一设计值。

港珠澳大桥混凝土结构 120 年耐久性设计参数理论控制指标 表 3-30

构件名称	部位/环境	设计使用年限(年)	环境作用等级	耐久性极限状态	最小保护层厚度①(mm)	最大理论扩散系数②($\times 10^{-12} m^2/s$) 28d	最大理论扩散系数②($\times 10^{-12} m^2/s$) 56d
组合梁桥面板	大气区	120	Ⅲ-D	(a)	45	3.8	2.7
箱梁	内侧/大气区	120	Ⅲ-D/I-B	(a)	45	3.0	2.0
箱梁	外侧/浪溅区	120	Ⅲ-F	(a)	75	3.0	2.0
桥墩	内侧/大气区	120	Ⅲ-D	(a)	50	3.3	2.3
桥墩	外侧/大气区	120	Ⅲ-E	(a)	50	3.3	2.3
桥墩	浪溅区、水位变动区	120	Ⅲ-F	(a)	80	3.3	2.3
承台	浪溅区、水位变动区	120	Ⅲ-F	(a)	80	3.3	2.3
承台	水下区	120	Ⅲ-C	(a)	65	3.5	2.5
钢管桩	水下区	120	Ⅲ-C	(a)	60	3.5	2.5
钻孔灌注桩	水下区	120	Ⅲ-C	(a)	65	3.5	2.5
通航孔桥主塔	大气区	120	Ⅲ-E	(a)	50	3.8	2.7
通航孔桥主塔	浪溅区	120	Ⅲ-F	(a)	80	3.3	2.3
沉管	内侧/大气区	120	Ⅲ-D/I-B	(a)	50	3.3	2.3
沉管	浪溅区②	120	Ⅲ-F	(a)	70	3.3	2.3

注：①表中的保护层厚度为满足混凝土最大氯离子扩散系数的情况下，耐久性要求的最小保护层厚度 x_d，没有计入施工允差。
②表中的氯离子扩散系数为理论推定值，不同于表征混凝土抗氯离子渗透性能的试验指标。

3.4 基于暴露试验时间反演的耐久性质量控制指标

第 3.3 节和第 3.4 节分析表明，港珠澳大桥混凝土构件(包括大气区构件和沉管内侧)应按氯离子腐蚀进行耐久性设计。上述通过耐久性寿命预测模型计算得到的混凝土氯离子扩散系数设计值为理论计算值，对应于实际环境下混凝土氯离子扩散系数长期衰减曲线上面的 28d 或 56d 的扩散系数，由于模型关键参数的取值来源于大量暴露试验数据，所以也相当于长期暴露试验得出的扩散系数衰减曲线上的短期扩散系数。而现场质量控制采用的混凝土抗氯离子渗透性能指标为短期加速试验方法下测试得出的电通量或者扩散系数，与扩散系数设计值存在较大差异，即氯离子扩散系数设计值与相同龄期(28d 或 56d)实验室快速测试的质量控制值并非同一个概念。为了将基于可靠度的耐久性设计计算结果应用于工程的耐久性设计和现场质量控制，尚需研究现场耐久性质量控制方法与混凝土长期耐久性的关联，进而建立现场质量控制值与耐久性寿命的对应关系。

3.4.1 不同试验方法比较

目前对混凝土氯离子渗透传输性能的快速测试分为直接测试法和间接测试法。直接测试法是根据氯离子在混凝土中渗透传输的基本原理,将试件置于含氯离子的环境介质中(如一定氯离子浓度的溶液),氯离子浓度差作用下向混凝土内部渗透传输,一定时间后测定在试件不同深度的氯离子浓度,由此推算混凝土的氯离子扩散过程;间接方法则是测定混凝土试件的电通量和电阻率等数值,间接评定氯离子在混凝土内的渗透扩散性能。各种方法各有其优缺点,测量得到的氯离子扩散系数(或间接指标)之间也存在一定的相关性。

3.4.1.1 混凝土氯离子渗透性试验方法及其原理

(1)电通量法

依据标准:美国 ASTMC1202[5];国标 GB/T 50082。

试件准备:直径 100mm、厚度 50mm 的圆饼;真空饱水,饱和 $Ca(OH)_2$。

试验方法:真空饱水后混凝土试样侧面密封,放置并紧固于 3.0% NaCl 溶液和 0.3mol/L NaOH 溶液盐池之间,盐池电极连接 60V 恒压直流电源的负极和正极;随时间记录回路电流值,最后对该时间-电流值进行积分,得出在试验的 6h 内通过的总电量值,并依据该电量值评定试件混凝土的抗渗透性。试验装置如图 3-21 所示。

试验时间:6h。

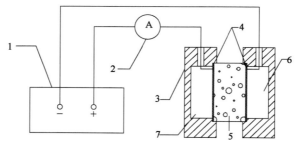

图 3-21 电通量试验装置示意图

1-直流稳压电源;2-电流表;3-试验槽;4-紫铜垫板和铜网;5-混凝土试件;6-3% NaCl 溶液;7-0.3mol/L NaOH 溶液

电通量试验方法最早由 Whiting[6]提出,也称为快速氯离子渗透试验(RCPT)方法,1991年被美国材料试验协会指定为标准试验方法 ASTM C1202——混凝土抗氯离子渗透能力法。后被交通行业标准《海港工程混凝土结构防腐蚀技术规范》(JTJ 275—2000)[7]引入中国,目前已经成为国内混凝土耐久性快速检测的一种标准方法,主要用于现场混凝土的质量控制,但是这种方法不适用于掺入钢纤维或者亚硝酸盐等导电离子的混凝土,并且外部电压偏高(60V),试验过程中容易发热而导致温度升高,影响测试结果。

(2)浸泡试验法

依据标准:欧洲 NT Build 443[8];行业标准 JTS 257-2。

试件准备:直径大于 75mm、厚度 60mm 的圆柱;饱和 Ca(OH)$_2$ 溶液。

试验方法:混凝土试件侧面和非测试面密封,放置于浓度为 165g/L 的 NaCl 浓溶液中,静置 35 天;然后取出试件进行不同深度的磨粉取样;使用酸溶法分析样品中氯离子的浓度;根据测定的氯离子浓度回归得到氯离子在混凝土中的稳态扩散系数。

试验时间:40d。

1991 年丹麦的 AEC 实验室[9]首先提出了混凝土氯离子表观扩散试验,该试验方法的理论基础为菲克第二定律,其后被标准化为 NT Build443[10]。该试验方法与实际工程中浸泡于海水中的混凝土结构较为相似,测定的混凝土氯离子扩散系数可用于氯盐环境中混凝土耐久性设计,或对已建混凝土结构耐久性进行评估,但是该试验方法耗时较长,试验操作较为烦琐。

(3)快速电迁移方法(RCM 法)

依据标准:欧洲 NT Build 492[11];国标 GB/T 50082。

试件准备:直径 100mm、厚度 50mm 的圆柱;真空饱水或 Ca(OH)$_2$ 溶液。

试验方法:混凝土试件两端置于 10% NaCl 溶液和 0.3mol/L NaOH 溶液之间(或者 5% NaCl 和 0.2mol/L NaOH 溶液之间),外加电压 10~60V,测试 6~96h 后劈开试件,通过开裂面上显色试验来得到氯离子侵入深度;根据氯离子侵入深度计算混凝土的非稳态氯离子扩散系数。试验装置如图 3-22 所示。

试验时间:6~96h,通常 24h。

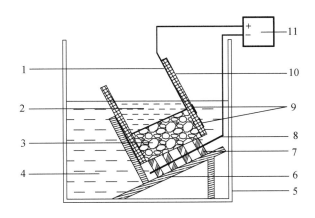

图 3-22 RCM 试验装置示意图

1-阳极;2-阳极溶液;3-试件;4-阴极溶液;5-电解水槽;6-有机玻璃支架;7-阴极架;8-阴极;9-不锈钢管卡;10-橡胶套筒;11-直流稳压电源

该方法由 Tang[12] 率先提出,其后于 1999 年收入北欧标准 NT Build 492。该方法具有理论基础清晰、试验时间短、操作简便等优点,但是存在肉眼观察渗透深度存在偏差、混凝土内部集料边缘对测试结果有影响等问题。

(4)电阻率方法

依据标准:欧洲标准推荐方法 CHLORTEST—2005[13]。

试件准备:厚度 50mm;真空饱水。

试验方法:混凝土试件两端交流电极中,交流电频率为 50~100kHz,施加的交流电流达到 40mA;测量交流电压,计算电阻率。试验装置如图 3-23 所示。

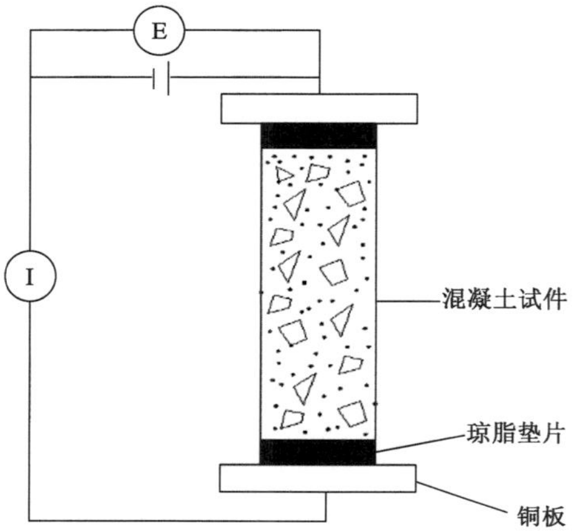

试验时间:10s。

电阻率方法操作简便、快速,可重复测量,能够实现对混凝土构件的无损测试,但是测试结果受外部环境的影响较大,此外不能直接用于混凝土耐久性的设计计算。

图 3-23 混凝土电阻测量示意图

3.4.1.2 试验方法可靠性分析

试验可靠性包括试验结果的可重复性(repeatability)和可重现性(reproducibility)两个方面。可重复性指在同一批次试件的试验中,试验结果的离散性;可重现性指不同批次试件试验结果之间的离散性。可重复性和可重现性根据统计范围的不同可以有所差别,例如在同一实验室(single-operator)和不同实验室之间(multi-laboratory)的统计结果会有所差别。表 3-31 汇总了 ASTM C1202 标准提供的数据和欧洲 CHLORTEST 科研项目的研究成果中,对以上的试验方法进行的可重复性和可重现性的评价。

氯离子渗透性试验方法可靠性比较　　　　表 3-31

试验方法	测量参数	可重复性偏差(%)	可重现性偏差(%)
电通量法	电通量(C)	18	51
浸泡试验法	氯离子扩散系数 D_c (m^2/s)	20	28
	混凝土表面氯离子浓度 C_s (%)	18	22
	氯离子侵入常数 K_c ($m/s^{1/2}$)	9	14
快速电迁移法	氯离子扩散系数 D_c (m^2/s)	15	24
电阻率法	电阻率 ρ ($\Omega \cdot m$)	11	25

根据不同试验方法的优缺点,结合港珠澳大桥混凝土耐久性质量控制的需要,分析各种试

验方法的适用性,结果见表3-32:

港珠澳大桥氯离子渗透性试验方法建议　　　　表3-32

试验方法	优　点	缺　点	建　议
电通量法	操作简单,试验时间短,有工程应用	间接测试方法,对某些配比评价有偏差	质量控制辅助方法
浸泡试验法	直接方法,较为成熟,其测量值接近混凝土氯离子扩散系数的真值	操作复杂,时间长,不能作为现场试验方法	校准试验方法,用于其他方法结果的校正和真值的确定
快速电迁移法	直接方法,应用广泛,与浸泡法相关性好,设备较为简单,试验时间适中	结果有一定离散性	质量控制主要方法
电阻率法	试验设备简单,测试效果稳定,测试时间短,且能对同一试件反复测试	工程应用较少,与浸泡法相关性研究不充分	质量控制备选方法

(1)电量法较为成熟,操作简单,试验时间较能为工程界接受,工程中常作为混凝土氯离子渗透性能的标准试验方法,但电量法是间接测试方法,反映的是混凝土孔隙溶液的导电能力,受孔隙溶液中离子成分和浓度影响较大,评价含有大掺量矿物掺和料混凝土时有偏差;港珠澳大桥混凝土中含有较大掺量的矿物掺和料,因此电量法不作为主要质量控制方法。

(2)浸泡法较为成熟,其测量值作为混凝土氯离子扩散系数的真值广为工程界接受,是重要工程必需进行的标准试验;其测试时间较长,使用的分析、测试设备较为复杂;该方法可作为港珠澳大桥工程混凝土氯离子渗透性的校准试验方法,用以校准快速试验方法和其他试验方法的测量值,但不作为现场质量控制方法。

(3)快速电迁移法工程应用广,与浸泡法的相关性较好,其本身的可靠性(可重复性和可重现性)能够为工程界接受,其试验设备较为简单,试验时间(一般24h)适中,可以作为质量检测的标准方法;在试验值与浸泡法进行相关性分析和校正后,其数值可作为港珠澳大桥混凝土结构耐久性设计和预测使用。

(4)电阻率法试验设备简单,测试效果稳定,测试时间短,且能对同一试件反复测试,是理想的质量控制标准试验方法;根据现有的研究结果,电阻率法和浸泡法氯离子扩散系数的相关性较好;只是目前国内相关研究不多,尚无标准测试设备,暂不作为港珠澳大桥工程混凝土质量控制方法。

3.4.2 暴露试验的时间反演

港珠澳大桥选择快速氯离子迁移系数法(RCM法)作为现场混凝土耐久性质量的检测方法。为了建立RCM法扩散系数与耐久性设计得出的扩散系数设计值的关系,以暴露试验数据为基础,开展了暴露试验的扩散系数时间反演分析,具体思路如下:

实际环境下的混凝土氯离子扩散系数随着时间延长逐渐衰减,符合指数衰减规律。根据长期暴露试验获得的、不同暴露时间的混凝土氯离子扩散系数,可以推导出扩散系数与时间的回归曲线,利用该曲线计算28d和56d龄期时的数值,可视作长期性能曲线上面的短期耐久性取值,即相当于耐久性设计中提出的氯离子扩散系数理论设计值;将原长期暴露试验的混凝土复原,即按原始暴露试验的配合比重新成型制作混凝土试件按电迁移法进行快速氯离子扩散系数测试,得出快速RCM法测试值(28d或56d),通过比较分析长期暴露试验反演至相同龄期(28d或56d)的氯离子扩散系数回归值与快速RCM法测试值(28d或56d)之间的关系,可以得出扩散系数设计值与现场质量控制值的相互关系,从而在耐久性设计模型中引入扩散系数的试验方法转换系数,得出对应120年使用寿命的混凝土耐久性现场质量控制值。长期暴露试验反演示意图如图3-24所示。

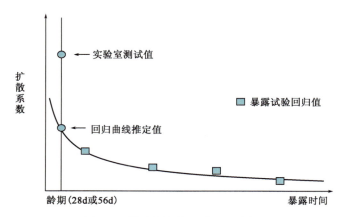

图 3-24 暴露试验时间反演过程示意图

针对港珠澳大桥工程,先后开展了两次暴露试验的时间反演分析,试验结果见表3-33和表3-34。

混凝土复原试验 RCM 法与暴露试验扩散系数回归值(龄期28d或56d)　　表3-33

编号	水胶比	RCM法扩散系数($\times 10^{-12} m^2/s$)		暴露试验扩散系数回归值($\times 10^{-12} m^2/s$)	
		28d	56d	28d	56d
90K3	0.5	14.96	13.62	7.550	5.315
90K5	0.5	7.94	6.16	3.994	2.687
97PO	0.45	10.25	7.46	5.538	4.807
97HO	0.3	8.62	7.37	4.153	3.474
97HC	0.3	11.09	7.61	6.563	4.562
04K70	0.35	5.40	3.29	1.763	1.245
04W33	0.33	5.32	4.55	1.359	1.035
04KS3	0.35	3.38	1.88	1.470	1.071
04C	0.35	9.05	7.36	5.478	4.519

续上表

编　号	水　胶　比	RCM 法扩散系数($10^{-12}m^2/s$)		暴露试验扩散系数回归值($10^{-12}m^2/s$)	
		28d	56d	28d	56d
04B1	0.35	9.00	4.39	2.208	1.685
04B3	0.35	6.68	3.42	2.762	2.080
04SO1	0.35	3.44	2.02	1.322	1.154
04SB1	0.35	5.29	3.24	1.505	1.161

高性能混凝土复原试验 RCM 法与暴露试验扩散系数回归值　　　　表 3-34

混凝土类型		RCM 法扩散系数($\times 10^{-12}m^2/s$)		暴露试验扩散系数回归值($\times 10^{-12}m^2/s$)	
		28d	56d	28d	56d
单掺粉煤灰	A1	6.93	1.27	1.55	1.18
	A2	5.24	3.01	1.26	1.02
	A3	7.02	3.32	1.24	1.03
	B1	7.28	3.69	1.71	1.34
	B2	5.24	3.90	1.31	1.07
	B3	6.68	3.42	1.64	1.33
掺硅灰	S01	5.32	3.36	1.23	1.04
	S02	6.27	2.61	0.95	0.82
	S03	5.61	1.46	1.43	1.20
单掺磨细矿渣粉	K60	4.46	2.92	1.57	1.03
	K70	3.56	3.36	1.81	1.26
	K80	5.39	3.78	2.01	1.20
掺矿渣粉和硅灰	KS5	3.47	2.71	0.58	0.49
	KS4	3.57	2.23	0.59	0.48
	KS3	3.22	3.15	0.73	0.62
掺粉煤灰和硅灰	S1	5.06	1.52	1.97	1.41
	S2	4.88	1.32	1.86	1.25
	S3	2.25	1.43	1.41	1.05
	SB1	5.29	3.24	1.52	1.16

首先通过复原试验研究了不同水胶比、不同活性掺和料体系下的混凝土暴露试验回归值与 RCM 法测试值的关系；然后针对港珠澳大桥采用海工高性能混凝土体系，重点研究了水胶比为 0.35、采用粉煤灰、磨细矿渣粉和硅灰等活性掺和料的高性能混凝土 10 年龄期的暴露试验扩散系数与 RCM 法测试值的关联。

图 3-25 和图 3-26 分别为 28d 和 56d 龄期时，RCM 法扩散系数与暴露试验回归扩散系数的关系图。

从图可以得出，两者之间并无良好的相关关系，分析其原因，应该是曲线建立的时候没有

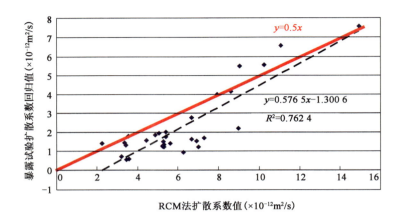

图 3-25 RCM 法扩散系数测试结果与暴露试验法扩散系数回归值的关系（28d 龄期）

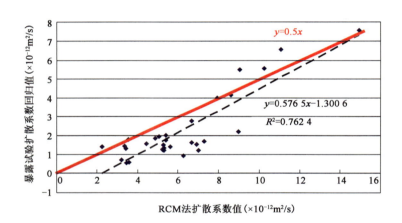

图 3-26 RCM 法扩散系数测试结果与暴露试验法扩散系数回归值的关系（56d 龄期）

区分不同水胶比和活性掺和料的影响,但是从数据分布看,大部分的数据点位于 $y=0.5x$ 的曲线以下,尤其是对于使用粉煤灰或者磨细矿渣粉的混凝土,RCM 法扩散系数与暴露试验回归扩散系数的比值基本都大于 2。因此,针对港珠澳大桥所采用的混掺粉煤灰和磨细矿渣粉的海工高性能混凝土体系,可以偏安全地将扩散系数的试验方法转换系数取为 2。耐久性设计指标与实验室质量控制指标之间的关系见式(3-28)。

$$D_{RCM} = k_t \cdot D_0 \tag{3-28}$$

式中：D_{RCM}——采用快速氯离子迁移系数法测试得出的耐久性指标(RCM 法值)；

D_0——用于耐久性设计的理论扩散系数或长期暴露试验逆向推导值；

k_t——扩散系数的试验方法转换系数,近似取 2。

3.4.3 耐久性质量控制指标

根据复原试验建立的快速试验扩散系数与暴露试验扩散系数之间的定量关系,就可以利用耐久性设计计算得出的满足120年设计使用年限要求的混凝土结构"理论扩散系数-保护层厚度"的关联数值,提出港珠澳大桥混凝土结构不同构件的现场耐久性质量控制指标,即快速氯离子迁移系数法(RCM法)的氯离子扩散系数控制指标,见表3-35。

港珠澳大桥混凝土构件耐久性质量控制指标值　　　　　表3-35

构件名称	设计使用年限（年）	部位/环境	最小保护层厚度（mm）	最大氯离子扩散系数（×10^{-12}m^2/s） 28d	最大氯离子扩散系数（×10^{-12}m^2/s） 56d
组合梁桥面板	120	大气区	45	7.5	5.5
箱梁	120	内侧/大气区	45	6.0	4.0
箱梁	120	外侧/浪溅区	75	6.0	4.0
桥墩	120	内侧/大气区	50	6.5	4.5
桥墩	120	外侧/大气区	50	6.5	4.5
桥墩	120	浪溅区、水位变动区	80	6.5	4.5
承台	120	浪溅区、水位变动区	80	6.5	4.5
承台	120	水下区	65	7.0	5.0
钻孔灌注桩混凝土	120	水下区	65	7.0	5.0
通航孔桥主塔	120	大气区	50	7.5	5.5
通航孔桥主塔	120	浪溅区	80	6.5	4.5
沉管	120	大气区	50	6.5	4.5
沉管	120	水下区-浪溅区	70	6.5	4.5

上述耐久性设计中,由于同一构件存在横跨水下区、水位变动区、浪溅区和大气区的情况(非通航孔桥墩等),为便于实施,按照最严酷的环境作用等级设计混凝土的最大氯离子扩散系数,环境作用的差异通过最小保护层厚度取值来体现。此外,此处设计的混凝土最小保护层厚度未考虑施工偏差,若减小保护层厚度取值,需按照耐久性设计模型重新核算,相应提高混凝土氯离子扩散系数要求。

对于部分一侧浸泡海水、一侧中空的结构构件(桥墩、海中沉管),考虑氧和氯离子供应条件都具备,按照最严酷的浪溅区工况来进行设计。

3.5 碳化环境耐久性可靠性设计

3.5.1 碳化模型

根据菲克第一定律,混凝土碳化模型为:

$$x_c(t_{SL}) = \sqrt{2k_e k_c (k_t R_{ACC}^{-1} + \varepsilon_t) \cdot C_{CO_2}} \cdot \sqrt{t_{SL}} \cdot W_t \tag{3-29}$$

将钢筋脱钝作为耐久性极限状态,并认为混凝土碳化脱钝等同于碳化深度到达钢筋表面,则设计方程如下:

$$g[x_d, x_c(t_{SL})] = x_d - x_c(t_{SL}) \tag{3-30}$$

上述式中各个参数的意义与单位见表3-36。

碳化极限状态方程参数表　　　　　　　　　　表3-36

参　数	意　义	单　位
x_d	混凝土保护层厚度计算值	mm
x_c	碳化深度	mm
t_{SL}	时间	年
k_e	湿度影响系数	—
k_c	养护时间影响系数	—
k_t	回归系数	—
R_{ACC}^{-1}	干燥混凝土抗快速碳化能力的倒数	$(mm^2/年)/(kg/m^3)$
ε_t	自然碳化与加速碳化回归误差	$(mm^2/年)/(kg/m^3)$
C_{CO_2}	大气中二氧化碳浓度	kg/m^3
W_t	气候影响函数	—

模型中各参数进一步说明如下:

(1)保护层厚度设计值 x_d

混凝土构件最外层钢筋的保护层厚度,为耐久性设计要求的最小厚度。

(2)湿度影响系数 k_e

考虑湿度对 CO_2 扩散性能和混凝土抗碳化能力的影响,以温度为20℃、相对湿度为65%的环境条件作为标准状态,湿度影响系数可表达为:

$$k_e = \left(\frac{1 - h^f}{1 - h_0^f} \right)^g \tag{3-31}$$

式中:h——碳化层相对湿度,采用工程选址附近气象站的气象资料,取天平均值;

h_0——参考湿度,就是测量混凝土抗碳化能力时的相对湿度,采用加速碳化法测量混凝土抗碳化能力的标准环境条件相对湿度65%;

f、g——指数,试验拟合参数,取5.0和2.5。

(3)养护时间影响系数 k_c

为考虑养护对抗碳化能力的影响而采用的系数。其中防止混凝土表面干燥而采取的措施都综合考虑在内。养护条件对混凝土的抗碳化能力影响很大,根据大量实验数据和贝叶斯公式,得到养护时间影响系数与养护时间之间的变化规律为:

$$k_{c} = \left(\frac{t_{c}}{7}\right)^{b_{c}} \quad (3-32)$$

式中：t_c——养护天数；

b_c——回归系数，参考值为 -0.567。

(4) 抗快速碳化能力的倒数 $R_{ACC,0}^{-1}$

抗碳化能力是在标准条件下（20℃，65% RH）采用加速试验（ACC）测得。一般加速试验和自然条件下抗碳化能力之间的近似关系为：

$$R_{NAC,0}^{-1} = k_{t} R_{ACC,0}^{-1} + \varepsilon_{t} \quad (3-33)$$

式中：$R_{NAC,0}^{-1}$——自然碳化的抗碳化能力倒数；

ε_t——误差项，参考值取315.5，单位为 $10^{-11} (m^2/s)/(kg/m^3)$；

k_t——回归系数，参考值取1.25。

加速碳化试验得出的抗碳化能力与混凝土的水胶比及胶凝材料组成有关，表3-37给出了 $R_{ACC,0}^{-1}$ 的参考值。

$R_{ACC,0}^{-1}$ 参考值 $[\times 10^{-11} (m^2/s)/(kg/m^3)]$ 表3-37

$R_{ACC,0}^{-1}$	W/C_{eqv}					
	0.35	0.40	0.45	0.50	0.55	0.60
P·Ⅱ42.5R	—	3.1	5.2	6.8	9.8	13.4
掺粉煤灰硅酸盐水泥	—	0.3	1.9	2.4	6.5	8.3
掺硅灰硅酸盐水泥	3.5	5.5	—	—	16.5	—
矿渣水泥	—	8.3	16.9	26.6	44.3	80

(5) 二氧化碳浓度 C_{CO_2}

二氧化碳浓度为大气本身二氧化碳浓度与其他渠道排放至环境中二氧化碳浓度之和，其他二氧化碳来源于隧道或者类似结构中的排放源。

对于暴露在海洋气候中的混凝土构件，CO_2 浓度取大气 CO_2 浓度。fib model code 2006 规定大气中二氧化碳含量符合正态分布，其均值和标准差分别为 $0.00082 kg/m^3$ 和 $0.0001 kg/m^3$。

封闭环境中需要考虑 CO_2 排放源及排放量。港珠澳大桥工程中隧道构件处于相对封闭环境中，交通排放的 CO_2 浓度可将隧道内部 CO_2 浓度提到较高的水平上。相关文献报道[13]城市地铁中的 CO_2 浓度在交通高峰可以达到 $2000 \times 10^{-6} kg/m^3$。

(6) 气候影响函数 W

主要考虑混凝土表面干湿状态造成的细观气候条件，表达为：

$$W = \left(\frac{t_0}{t}\right)^{\frac{(P_{SR} \cdot ToW)^{b_w}}{2}} \quad (3-34)$$

式中:t_0——混凝土暴露在大气中的初始龄期(年);

ToW——混凝土表面的湿润时间,为一年内(365d)降水强度大于2.5mm的天数占全年天数的比例,由气象统计数据决定;

p_{SR}——有风影响的降水概率,对于竖向表面,根据当地的气象资料确定,对于水平构件的表面取1,对于室内构件取0;

b_w——回归指数,参考值取0.446。

3.5.2 耐久性设计参数取值

采用近似概率方法,碳化耐久性设计方程可表达为:

$$g[x_d, x_{c,d}(t_{SL})] = x_d - x_{c,d}(t_{SL})$$

$$= x_d - \sqrt{2k_{e,d}k_{c,d}(k_{t,d}R_{ACC,0,k}^{-1}\gamma_R + \varepsilon_{t,d}) \cdot C_{s,d}} \cdot \sqrt{t_{SL}} \cdot W_t = 0$$

(3-35)

式中各变量下标带有 d 的表示为该变量的设计值。

因湛江长期暴露试验和近似环境工程调查工程数据样本量有限,参考 fib Model Code 2006 及国内相关混凝土碳化研究成果,结合港珠澳大桥实际环境,按 $\beta = 1.3$ 的可靠指标水平,对式(3-35)中各个变量进行校准,直接使用校准后的分项系数和设计值。

(1)保护层厚度设计值

$$x_d = x_{nom} - \Delta x \quad (3-36)$$

式中:x_{nom}——保护层厚度的名义值;

Δx——保护层的安全裕度。

保护层厚度的统计分析及参数取值同 3.3.2.1。

(2)环境影响系数设计值 $k_{e,d}$

$$k_{e,d} = \left(\frac{1 - h_k^f/\gamma_{RH}}{1 - h_0^f}\right) \quad (3-37)$$

式中:h_k——环境湿度的设计值,取环境湿度的年平均值;

γ_{RH}——环境湿度的分项系数,取 1.3。

(3)养护系数设计值 $k_{c,d}$

取养护系数的平均值,一般按标准养护取 1.0。

(4)回归系数设计值 $k_{t,d}$

取其平均值 1.25。

(5) 抗快速碳化能力的倒数设计值 $R_{\text{ACC},0,k}^{-1}$

设计值取其平均值；其分项安全系数为 γ_R，取 1.5。

(6) 回归误差设计值 $\varepsilon_{t,d}$

取其平均值。

(7) 混凝土表面 CO_2 浓度设计值 $C_{s,d}$

对于暴露在大气中的混凝土构件取 8.2×10^{-4} kg/m³；对于隧道内部的混凝土构件取 32.8×10^{-4} kg/m³。

(8) 设计使用年限 t_{SL}

对于港珠澳大桥，取 120 年。

(9) 气候影响系数设计值 $W_{t,d}$

对于港珠澳大桥构件，结合工程气象条件计算分析，近似取 1.0。

3.5.3 耐久性设计结果

结合港珠澳大桥实际环境，针对碳化环境大气区构件、箱梁内侧及沉管隧道内侧，耐久性各参数见表 3-38，将各参数代入式(3-35)，计算结果见表 3-39。

表 3-38 港珠澳大桥混凝土构件碳化计算参数列表

参　　数	构件部位	单　位	数　值
保护层安全裕度 Δx	大气区构件及箱梁内侧	mm	10
	沉管（内侧）	mm	10
湿度设计值 h_d	大气区构件及箱梁内侧	—	77%
	沉管（内侧）	—	85%
湿度分项系数 γ_{RH}	箱梁/沉管	—	1.3
湿度影响系数 $k_{e,d}$	大气区构件及箱梁内侧	—	1.100
	沉管（内侧）	—	0.992
养护条件系数 $k_{c,d}$	14 天养护	—	1.0
回归系数 $k_{t,d}$	自然碳化与加速碳化回归关系	—	1.25
混凝土抗碳化能力 $R_{\text{ACC},d}^{-1}$	箱梁（C50,CEM I）	mm²/year/(kg/m³)	977.61
	沉管（C50,+ FA）	mm²/year/(kg/m³)	315.36
混凝土抗碳化能力分项系数 γ_R	—	—	1.50
误差项 $\varepsilon_{t,d}$	—	mm²/year/(kg/m³)	315.5
气候函数 $W(t_{SL})$	室内环境	—	1.0
二氧化碳浓度 $C_{CO_2,d}$	沉管	kg/m³	32.8×10^{-4}
	大气区构件及箱梁内侧	kg/m³	8.2×10^{-4}

港珠澳大桥混凝土结构120年碳化设计计算结果 表3-39

构件部位	环境	使用年限(年)	混凝土		保护层厚度(mm)
			强度等级	w/b	计算值
大气区构件、箱梁(内侧)	大气CO_2	120	C50	0.30~0.35	31
沉管(内侧)	高浓度CO_2	120	C50	0.30~0.35	38

注：表中保护层厚度为最外侧钢筋耐久性最小保护层厚度。

表3-39为按碳化腐蚀环境和计算模型，设计计算出的港珠澳大桥处于碳化腐蚀环境下，满足120年设计使用年限要求的混凝土构件保护层厚度理论值。实际上港珠澳大桥处于海水环境，上述处于碳化腐蚀作用下的混凝土构件同时也受到环境的氯离子腐蚀，根据耐久性设计总体原则，对于同时遭受氯离子和碳化腐蚀作用的混凝土结构，应分别进行碳化和氯离子侵蚀的耐久性设计，两者比较，取耐久性要求高者作为设计值。对比表3-30可以看出，同时满足120年设计使用年限条件下，碳化设计计算得出的理论保护层厚度远小于氯离子腐蚀设计的理论保护层厚度，即同时存在碳化和氯离子侵蚀作用的大气区混凝土构件，氯离子腐蚀是主要耐久性控制因素。因此，港珠澳大桥混凝土构件（包括大气区构件和沉管内侧）应按氯离子腐蚀进行耐久性设计。

本章参考文献

[1] Fédération International du Béton. Model code for service life design [R]. Bulletin 34. Lausanne: *fib*; 2006.

[2] DuraCrete. Probabilistic performance based durability design: modeling of degradation [R]. DuraCrete Project Document BE95-1347/R4-5. The Netherlands; 1998.

[3] Pearson K. Notes on regression and inheritance in the case of two parents [J]. Proceedings of the Royal Society of London, 1895, 58: 240-242.

[4] Bentz ZP, Thomas MDA. Life 365 Service Prediction Model™, User Manual, 2001.

[5] ASTM C1202, Standard Test Method for Electrical Indication of Concrete's Ability to Resist Chloride Ion Penetration, West Conshohocken, PA, March 1997.

[6] Whiting, D., Rapid Determination of the Chloride of the chloride permeability of concrete, Research Report FHWA/RD-81/119, 1981.

[7] 中华人民共和国行业标准. JTJ 275—2000 海港工程混凝土结构防腐蚀技术规范[S]. 北京: 人民交通出版社, 2000.

[8] NT Build 443, Concrete hardened: Accelerated chloride penetration, Nordtest Method, 1995.

[9] AEC Laboratory, Concrete Testing, Vedbek, Denmark, May 1991.

[10] 元强. 水泥基材料中氯离子传输试验方法的基础研究[D]. 中南大学博士学位论文, 2009.

[11] NT Build 492, Concrete, Mortar and cement-based repair materials: Chloride migration coefficient from non-steady migration experiments, Nordtest Method, 1999.

[12] Tang L., Nilsson, L., Rapid determination of the chloride diffusivity in concrete by applying an electrical field, ACI Materials Journal 1992, 89(1):49-53.

[13] CHLORTEST, Resistance of concrete to chloride ingress, Deliverable D23, Project No. GRD1-2002-71808, 2006.

第4章　长寿命海工高性能混凝土配制

港珠澳大桥采取了岛、桥、隧道等多种结构形式,结构上的不同要求以及不同的施工工艺,对混凝土的强度、工作性及体积稳定性都有不同或更严格的要求;同时大桥处于恶劣的海水腐蚀环境中,要实现工程120年的设计使用寿命,作为构成工程结构主体最重要的混凝土材料,其本身必须要具备足够的抵御环境侵蚀的能力。因此,港珠澳大桥主体结构混凝土材料的配制,应针对具体结构对象,在满足其结构要求的强度和施工工艺要求的工作性前提下,最大限度地提高其抗环境侵蚀的能力,同时应控制其不出现影响使用和耐久性的危害性裂缝。从理论上讲,混凝土配合比参数对混凝土某些性能的影响是矛盾的,如掺粉煤灰、矿渣粉等活性矿物掺和料对混凝土耐久性有利,但掺量较大时会显著降低混凝土的早期强度;降低混凝土的水胶比可以提高混凝土的强度和耐久性,但过小的水胶比对混凝土的工作性和抗裂性等均有不利的影响;增加胶凝材料用量对混凝土的和易性和质量均匀性有利,但胶凝材料用量增大会导致混凝土开裂风险增加。港珠澳大桥混凝土耐久性、强度、工作性及抗裂性能等综合性能要求高,在混凝土材料配制上,需要解决好各配合比参数对混凝土性能影响的矛盾,确保混凝土的各项性能和谐统一。

4.1　主体结构混凝土性能

4.1.1　港珠澳大桥主体结构混凝土性能要求

港珠澳大桥主体工程由长约23km的海上桥梁、近6km的海底沉管隧道和两个长约650m的海上人工岛构成,因海上人工岛是由钢圆筒围堰,围堰内填砂处理成岛,岛上混凝土结构主要为岛壁护坡素混凝土块体,岛上桥隧转换和隧道明挖暗埋段按桥梁和隧道考虑,因此,长寿命海工高性能混凝土配制与应用应重点针对海上混凝土桥梁和沉管隧道。

4.1.2　桥梁结构混凝土性能

总长近23km的海上桥梁由九州航道桥、江海直达航道桥、青州航道桥等三座分通航孔桥和其余非通航孔桥组成,桥梁构件类型多,综合考虑结构受力、耐久性及便于施工和质量控制等因素,不同构件混凝土性能指标要求见表4-1。

桥梁结构混凝土性能要求 表 4-1

区段	部位	腐蚀环境	浇筑工艺	最低强度等级	氯离子扩散系数($\times 10^{-12} m^2/s$) 28d	氯离子扩散系数($\times 10^{-12} m^2/s$) 56d	坍落度(mm)
非通航孔桥	钻孔灌注桩	水下区	现浇	C30	≤7.0	≤5.0	160~220
非通航孔桥	承台	水下区	预制	C45	≤7.0	≤5.0	160~220
非通航孔桥	承台	浪溅区	预制	C45	≤6.5	≤4.5	160~220
非通航孔桥	桥墩	浪溅区/水位变动区	预制	C50	≤6.5	≤4.5	160~220
非通航孔桥	桥墩	大气区	预制	C50	≤6.5	≤4.5	160~220
非通航孔桥	箱梁	浪溅区	预制	C55	≤6.0	≤4.0	160~220
非通航孔桥	箱梁	大气区	预制	C55	≤6.0	≤4.0	160~220
非通航孔桥	组合梁	大气区	预制	C45	≤7.0	≤5.5	160~220
通航孔桥	钻孔灌注桩	水下区	现浇	C30	≤7.0	≤5.0	160~220
通航孔桥	承台	浪溅区/水位变动区	现浇	C45	≤6.5	≤4.5	160~220
通航孔桥	桥墩	浪溅区	现浇	C50	≤6.5	≤4.5	160~220
通航孔桥	主塔	浪溅区	现浇	C50	≤6.5	≤4.5	160~220
通航孔桥	主塔	大气区	现浇	C50	≤7.5	≤5.5	160~220

（1）混凝土的工作性

海上桥梁构件类型众多，海上作业难度大，安全风险高，且质量不易控制，因此，对于承台、桥墩等数量众多的构件采用工厂法预制、海上现场拼装的方式施工，钻孔灌注桩及体量较大的通航孔桥承台、桥墩等采取现场浇筑的方式施工。无论是工厂预制还是海上现场浇筑，对混凝土的和易性都有较高的要求，要求混凝土易于浇筑、填充密实，又不至于泌水离析，设计采用大流动性混凝土，混凝土坍落度为160~220mm。

（2）强度

不同构件的混凝土设计强度等级按照其设计使用年限内所承受的荷载，通过计算其承载能力所应具备的强度，同时应考虑在海水环境中耐久性要求的最低强度等级，取同时满足两者要求的最低强度等级作为强度设计值。

（3）耐久性

如本书第3章所述，区别于传统基于经验和标准规范的设计方法，港珠澳大桥采取了基于可靠度理论的耐久性设计方法，即依据与港珠澳大桥相近环境的华南湛江海港长达20多年的混凝土材料长期暴露试验和类似环境实体工程耐久性调查数据，按近似概率方法进行耐久性设计，由建立的可靠性设计模型方程，计算得出与120年设计使用年限具有定量关系混凝土结构耐久性技术指标——氯离子扩散系数和保护层厚度。对于同一构件位于不同腐蚀环境部位，按照最严酷环境的氯离子扩散系数要求进行混凝土配合比设计。

4.1.3 沉管混凝土性能

近6km长的沉管隧道，单节段尺寸为37.96m×11.4m×22.5m（图4-1），采用位于珠海桂山岛的预制场工厂化预制（图4-2）。因结构受力复杂、预制安装施工难度大、耐久性及抗裂要求高，其性能规定必须综合考虑结构受力、材料及施工等综合因素影响。

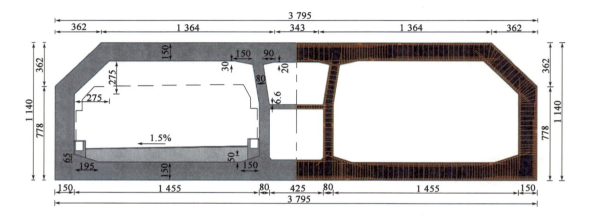

图4-1 沉管节段截面图（尺寸单位：cm）

图4-2 沉管预制场布置三维图

（1）工作性

沉管截面及混凝土体量大、钢筋及各种预埋件密集，采用一次性全断面浇筑成型，混凝土浇筑量大、持续时间长，对混凝土和易性、凝结时间等施工性要求极高。按预制浇筑工艺要求，混凝土搅拌出机需经100m长距离泵送至浇筑现场，经振捣应充分填充沉管结构内部，不会因流动性差造成振捣不密实、蜂窝等缺陷，也不能因流动性过大造成泌水、离析及砂斑、砂线。混凝土的凝结时间应与浇筑工序相协调，如在凝结时间的控制上，应保持适中的塑性时间，必须避免混凝土初凝时间及重塑时间过短造成上下层混凝土覆盖不及时而形成冷缝，也要避免混凝土初凝时间过长而影响后续施工。沉管混凝土具体工作性要求见表4-2。

沉管混凝土工作性能要求　　　　　　表4-2

新拌出机混凝土性能		经泵送至浇筑现场混凝土性能			
坍落度（mm）	扩展度（mm）	坍落度（mm）	扩展度（mm）	重塑时间（h）	初凝时间（h）
200~220	400~450	180~220	350~450	≥8	≥12

（2）强度

混凝土高的强度和高的抗裂性从材料角度来讲往往是矛盾的，考虑沉管混凝土采用的是后期强度仍有较大发展的大掺量矿物掺和料体系，通过设计优化，将混凝土28d C45作为强度控制指标，56d C60作为强度验收指标，这样既满足了沉管结构的受力要求，也有利于结构控裂；此外，因工厂化预制的顶推工艺要求，混凝土3d左右应具有一定的抗弯、抗拉能力，因此混凝土强度指标中增加了3d的要求。具体混凝土强度规定见表4-3。

沉管混凝土性能指标要求　　　　　　表4-3

强度要求（MPa）			扩散系数设计值（×10^{-12}m^2/s）		抗水压渗透等级	绝热温升	干缩	抗裂安全系数
3d	28d	56d	28d	56d	28d	7d	90d	
C25	C45	C50	≤6.5	≤4.5	>P14	<43℃	<300με	≥1.15

（3）耐久性

沉管深埋于海底，处外海腐蚀环境，属120年使用期内不可更换构件，耐久性从严设计。鉴于沉管外壁海水渗入，而空气从内壁透入，沉管外壁按腐蚀最严重的浪溅区设计；沉管壁厚超过1.5m，内壁主要是受隧道内盐雾和汽车尾气的碳化腐蚀，故沉管内壁按海洋环境大气区考虑。按第3章所述的方法对沉管混凝土结构耐久性进行设计，具体混凝土耐久性规定见表4-3。

（4）体积稳定性

沉管埋于深达40m的海底，抗渗和防裂要求高，不能出现危害性裂缝。水化热与收缩是影响混凝土结构抗裂性能的两个主要因素，降低混凝土的水化温度可降低混凝土结构的温度梯度及降温速率，降低混凝土的收缩总量可提高混凝土结构的稳定性，因此配制低热低收缩的海工高性能混凝土是提高沉管结构抗裂性能的根本性措施。沉管混凝土体积稳定性要求见表4-3。

4.2　混凝土原材料

工程建设首选工程周边地区的原材料。在港珠澳大桥初步设计阶段即开展了原材料的调研工作，包括料源、生产工艺、材料品质、产量和储量以及运距等。在工程施工开始前，结合施工工艺的调整，对工程周边混凝土原材料情况又针对性地进行了补充调研和考察。同时，对国内近些年兴建的工程如浙江金塘大桥、青岛海湾大桥、杭州湾跨海大桥、贵广铁路工程等国内类似重大工程项目的混凝土原材料品质标准、检测方法等进行调研,结合国内外标准,针对港珠澳大桥工程特点,按"质量从严、标准适度"的原则对混凝土原材料性能进行规定,为工程施工现场的质量控制提供依据。

4.2.1 工程周边混凝土原材料

(1)水泥

水泥调研主要集中在珠三角地区具备P·Ⅱ 42.5或P·Ⅱ 52.5型号水泥生产能力,采用新型干法生产线,有较大生产能力,水泥质量稳定及污染、能耗少的厂家。

广东省水泥生产企业采用新型干法工艺的约占70%,"粤秀""金羊""海螺"、东莞"华润""华润红水河""鱼峰"水泥品质稳定,生产设备先进,P·Ⅱ 42.5或P·Ⅱ 52.5型号水泥产量较大。各个厂家水泥抽样检验的物理性能指标见表4-4。

水泥物理性能指标　　　　　表4-4

品牌	品种等级	标准稠度用水量(%)	比表面积(m^2/kg)	72h水化放热量(kJ/kg)	3d强度(MPa)		28d强度(MPa)	
					抗折	抗压	抗折	抗压
水泥-1	P·Ⅱ 42.5R	25.0	428	256.3	7.0	32.0	9.4	53.5
水泥-2	P·Ⅱ 52.5R	24.8	423	283.0	7.4	34.6	10.4	55.7
水泥-3	P·Ⅱ 42.5R	25.8	432	265.6	6.3	32.4	9.5	56.0
水泥-4	P·Ⅱ 42.5R	28.4	373	252.0	6.1	31.4	10.0	53.4
水泥-5	P·Ⅱ 42.5R	25.9	412	255.4	6.6	33.6	9.3	52.7
水泥-6	P·Ⅱ 42.5	29.2	412	253.7	6.5	30.3	9.0	50.1
水泥-7	P·Ⅱ 42.5	25.0	428	249.6	6.2	31.4	9.5	53.2

(2)粉煤灰

珠三角地区Ⅰ级F类粉煤灰产量较少,大部分电厂供应的都是Ⅱ级F类灰,且粉煤灰的供应量由整个城市的用电量决定,一般用电旺季5~11月产量较大。珠三角地区附近Ⅰ或Ⅱ级质量稳定、供应量大的粉煤灰厂家有珠江电厂粉煤灰、黄埔电厂粉煤灰、沙角电厂粉煤灰、台山电厂粉煤灰、恒运电厂粉煤灰、漳州电厂粉煤灰。珠三角地区大型工程建设项目众多,对优质粉煤灰的需求量庞大,容易在施工过程中出现粉煤灰供应紧缺的现象。省外的福建漳州电厂以及江苏镇江谏壁电厂均能提供Ⅰ级粉煤灰,具有产量大、质量稳定的特点,可通过海船运输至工程所在地。

各种粉煤灰抽样检验的性能指标见表4-5。

(3)磨细矿渣粉

珠三角地区使用最广、品质比较稳定、供应量较大的矿渣粉生产厂家有广东韶钢嘉羊新型材料有限公司、广西柳钢台泥新型材料有限公司以及东莞华润水泥有限公司。大部分厂家矿渣粉生产线的粉磨设备均采用进口的现代化立式辊压(又称碾压)磨机,生产的矿渣粉具有细度高、颗粒级配合理、产品活性高、质量波动小以及产品能耗低、生产效率高的特点。北方地区沿海省份钢厂如河北首钢、唐钢,江苏沙钢以及上海宝钢等大型钢铁企业,均配备大型立磨矿渣粉生产线,可保证大量的矿渣粉供应。各种矿渣粉抽样检测的性能指标见表4-6,从所调研的各种矿渣渣粉质量检测情况来看,大部分厂家的矿渣粉均满足S95级矿渣粉的标准要求,也有部分厂家矿渣粉的7d活性或比表面积不满足S95级矿粉要求。

粉煤灰性能指标　　　　　　　　　　　表4-5

生产厂家	细度(%)	需水量比(%)	SO_3(%)	烧失量(%)
粉煤灰-1	20	101	0.64	0.99
粉煤灰-2	8	99	1.87	2.55
粉煤灰-3	7	94	0.65	0.78
粉煤灰-4	6.9	96	0.71	2.33
粉煤灰-5	13	92	0.25	1.18
粉煤灰-6	9.9	86	0.67	2.57
粉煤灰-7	6.4	96	1.58	1.21

矿渣粉性能指标　　　　　　　　　　　表4-6

生产厂家	比表面积(m^3/kg)	流动度比(%)	SO_3(%)	烧失量(%)	活性指数(%)	
					7d	28d
矿渣粉-1	410	99	0.09	0.49	84	99
矿渣粉-2	374	100	0.08	0.55	86	110
矿渣粉-3	431	96	0.11	0.48	90	98
矿渣粉-4	465	99	0.4	0.30	63	98
矿渣粉-5	432	99	0.2	0.30	76	105
矿渣粉-6	436	100	0.5	1.87	59	97
矿渣粉-7	444	99	0.5	1.54	61	98

(4)外加剂

珠三角地区在海工混凝土结构中常用的聚羧酸高效减水剂有广州西卡建筑材料有限公司生产的Sika3310c、Sika3350,广州四航材料有限公司生产的四航HSP-V,广州富斯乐有限公司生产的施佳330D,广州巴斯夫有限公司生产的GleniumSP-8CN,山东华伟银凯建材有限公司生产的NOF-AS,江苏博特新材料有限公司生产的JM-PCA,南京瑞迪高新技术公司生产的HLC-IX。

各种聚羧酸减水剂抽样检测的性能指标见表4-7,各种减水剂均满足国家标准《混凝土外加剂》(GB 8076—2008)中高性能减水剂性能指标要求。

聚羧酸高效减水剂性能指标　　　　　　　　　　　　　　　　　表 4-7

生产厂家	减水率（%）	常压泌水率比（%）	含气量（%）	凝结时间差(min) 初凝	凝结时间差(min) 终凝	抗压强度比(%) 3d	抗压强度比(%) 7d	抗压强度比(%) 28d
减水剂-1	29.2	2	2.2	+45	+50	244	210	190
减水剂-2	33.3	0	3.2	+25	+40	202	176	157
减水剂-3	31.9	5	1.0	+115	+115	253	230	193
减水剂-4	28.1	8	3.1	+45	+60	234	212	182
减水剂-5	32.0	15	4.6	+15	—	171	157	130
减水剂-6	27.2	0	1.6	+267	—	210	188	187
减水剂-7	26.3	2	36	100	—	152	175	190

（5）河砂

珠三角地区常用的河砂主要是西江砂、北江砂及东江砂。西江砂在珠三角地区用量最大，广州市有50%以上混凝土搅拌站使用西江砂，主要产地是肇庆西江，具有货源充足、品质稳定、水运便利的特点。东江砂使用量仅次于西江砂，主要产地为东江流域增城新塘镇、东莞桥头镇、惠州博罗县。广州、东莞部分混凝土拌和站，四航局东江口预制构件厂等均使用的是东江砂，具有货源充足、水运便利的特点。北江河砂主要产地为清远横荷镇，使用量与西江、东江相比较少，且北江冬季隶属枯水区，只可在清明至立秋期间进行水运。

除了以上三大流域的河砂外，珠三角地区还有其他零星的河流、水库等有河砂出产，如新会区潭江、茂名沙琅江、中山市神湾长江水库等地出产的河砂。总体来讲，西江砂及东江砂在珠三角地区用量最大，但东江流域不少地方目前都严禁开采河砂，产量无法保证。

各种河砂抽检样品性能指标见表4-8。

河砂性能指标　　　　　　　　　　　　　　　　　　表 4-8

产地	规格	细度模数	含泥量(%)	泥块含量(%)	氯离子含量(%)	碱活性(%)
砂-1	中砂	3.0	0.4	0.2	0.000 7	0.04
砂-2	中砂	2.4	1.2	0.5	0.006 0	0.01
砂-3	中砂	3.7	1.2	0.4	0.000 2	0.01
砂-4	中砂	2.7	0.4	0.8	0.000 5	0.01
砂-5	中砂	2.8	1.8	1.0	0.000 5	0.02
砂-6	中砂	2.6	0.7	0.1	0.006 0	0.02

（6）碎石

珠三角地区碎石普遍为花岗岩及部分变质花岗岩，石场分布多且广；近些年来，随着对工程质量的重视，碎石的生产质量也在不断提高，部分石场如珠海桂山牛头岛石场、珠海桂山岛中心洲石场、珠海洪湾华实石场、珠海洪湾邦建石场、佛山松柏石场、清远潖江口石场、惠州燊泰基、新会泰盛石场、新会白水带石场采用反击破或圆锥破工艺，石子针片状颗粒含量少、粒型好。

各种碎石抽样检测性能指标见表4-9,除了部分石场的碎石压碎值略大,不满足国家标准《建设用碎石、卵石(GB/T 14685—2011)》中Ⅰ类碎石外,其余碎石均为Ⅰ类碎石。

碎石性能指标　　　　　　　表4-9

产地	针片状颗粒含量（%）	压碎值（%）	紧密堆积空隙率（%）	氯离子含量（%）	含泥量（%）	碱活性（%）
碎石-1	2	11	37	0.0003	0.5	0.01
碎石-2	2	11	38	0.0003	0.5	0.01
碎石-3	0.8	3	37	0.0002	0.4	0.03
碎石-4	2.3	3	39	0.0003	0.4	0.03
碎石-5	0.1	2	39	0.0004	0.3	0.02
碎石-6	0.5	5	37	0.0001	0.4	0.01
碎石-7	2	5	37	0.0002	0.4	0.01
碎石-8	3	4	39	0.0005	0.4	0.02

4.2.2 类似工程原材料质量控制

杭州湾跨海大桥处于杭州湾海洋环境,属于腐蚀最严峻的环境条件之一,其设计使用寿命要求大于或等于100年,环境条件恶劣、保护层不足、氯离子渗透导致的钢筋锈蚀是混凝土结构破坏的最主要原因。为保证大桥的100年使用寿命,组织编制了《杭州湾跨海大桥专用技术规范》,其中专门对海工耐久混凝土的原材料选择及施工质量控制进行了规定。如规范规定应避免使用早强、水化热较高和高C_3A含量的水泥;矿物掺和料应符合国家标准《高强高性能混凝土用矿物外加剂》(GB/T 18736—2002)的规定;在满足强度需要的前提下,混凝土中的粉煤灰掺量可达到胶凝材料的50%。

青岛海湾大桥是我国北方第一座特大型桥梁工程。桥梁结构处于北方微冻地区的近海或海洋环境,环境为作用等级从中等程度(C级)至严重程度(E级)的氯盐腐蚀环境,为了确保结构使用寿命达到100年的设计年限,组织制定了《青岛海湾大桥海工高性能混凝土设计与施工技术规范》,对海工高性能混凝土的原材料质量指标检验作了特有的规定,要求粗集料含泥量不大于0.5%。

金塘大桥是舟山大陆连岛工程中规模最大的跨海大桥,环境腐蚀类型为Ⅲ类海水氯化物引起钢筋锈蚀的近海或海洋环境,作用等级从中等程度(C级)至极端严重程度(F级),结构设计使用年限为100年。大桥所处海域环境类似于杭州湾跨海大桥,混凝土破坏的最主要原因是氯离子渗透导致的钢筋锈蚀。《金塘大桥专用施工技术规范》规定水泥熟料的C_3A含量宜控制在6%~12%,大体积混凝土宜采用C_2S含量相对较高的水泥;应防止碱-集料反应的发生,水泥中的碱含量(按Na_2O当量计)宜低于0.6%;粗集料压碎指标不大于10%;矿渣粉比表面积350~500m^2/kg等。

贵广高速铁路混凝土原材料技术指标及施工质量控制按照《客运专线高性能混凝土暂行技术条件》(铁科技[2005]101号)进行。其中规定水泥中的碱含量(按 Na_2O 当量计)对于 C40 强度等级以下的混凝土宜低于 0.8%,高于 C40 的宜低于 0.6%,熟料中的 C_3A 含量非氯盐环境下不应超过 8%,氯盐环境下不应超过 10%;低于 C50 混凝土用粉煤灰的 7d、28d 活性指数分别大于 65% 和 70%;粗集料紧密空隙率宜小于 40% 等。

在国内同类型重大工程中,使用的大多是硅酸盐水泥或普通硅酸盐水泥,并根据工程特点,对水泥熟料中 C_3A 含量、比表面积、碱含量以及氯离子含量等提出了不同要求。类似工程对所用水泥具体性能指标要求见表 4-10。

类似工程对水泥性能指标要求　　　　　表 4-10

项　目	青岛海湾大桥	杭州湾大桥	金塘大桥	贵广铁路
水泥种类	P·Ⅰ、P·Ⅱ、P·O	P·Ⅱ	P·Ⅱ	P·Ⅰ、P·Ⅱ、P·O
熟料中的 C_3A 含量	6%~12% 大体积混凝土≤8%	6%~12%	6%~12%	非氯盐环境≤8% 氯盐环境 10%
比表面积(m^2/kg)	≥300	≥300	≤350	≤350
碱含量(%)	—	—	≤0.6	低于 C40≤0.8 高于 C40≤0.6
氯离子含量(%)	≤0.03	≤0.03	≤0.03	≤0.10(钢筋混凝土) ≤0.06(预应力混凝土)

青岛海湾大桥与金塘大桥要求使用 F 类粉煤灰,杭州湾大桥和贵广铁路未对粉煤灰类型提出要求。类似工程对所用粉煤灰具体性能指标要求见表 4-11,各工程对粉煤灰细度、需水量比、烧失量以及氯离子含量等要求差别不大。

类似工程对粉煤灰性能指标要求　　　　　表 4-11

项　目	青岛海湾大桥	杭州湾大桥	金塘大桥	贵广铁路
粉煤灰种类	F 类,Ⅰ级或优质Ⅱ级	—	F 类	—
细度(45um 筛余,%)	≤12	≤8	—	C50 及以上≤12 C50 以下≤20
需水量比(%)	≤100	≤100	≤100	C50 及以上≤100 C50 以下≤105
烧失量(%)	≤5.0	≤5.0	≤3.0	C50 及以上≤5.0 C50 以下≤3.0
氯离子含量(%)	≤0.02	≤0.02	—	≤0.02

在矿渣粉的质量规定中,各工程对使用矿渣粉的比表面积、流动度比、28d 活性指数等分别提出不同要求,但对 SO_3 含量、烧失量以及氯离子含量等有害物质含量的限定基本一致,具体见表 4-12。

第4章 长寿命海工高性能混凝土配制

类似工程对矿粉性能指标要求　　表 4-12

项　目	青岛海湾大桥	杭州湾大桥	金塘大桥	贵广铁路
比表面积(m^2/kg)	400~440	360~440	360~440	350~500
流动度比(%)	≥90	≥100	≥100	≥100
SO_3 含量(%)	≤4.0	—	≤4.0	≤4.0
烧失量(%)	≤3.0	≤5.0	≤5.0	≤1.0
氯离子含量(%)	≤0.02	—	≤0.02	≤0.02
28d 活性指数(%)	≥95	≥100	≥95	7d: ≥75 28d: ≥95

各工程均推荐使用河砂,不推荐使用人工砂、山砂,禁止使用海砂,对河砂性能指标要求基本一致,其中青岛海湾大桥、杭州湾大桥以及金塘大桥均处于氯盐腐蚀环境,对河砂中氯离子含量限定较高,而处于内陆的贵广铁路对河砂的氯离子含量未做限定,具体见表 4-13。

类似工程对河砂性能指标要求　　表 4-13

项　目	青岛海湾大桥	杭州湾大桥	金塘大桥	贵广铁路
表观密度(kg/m^3)	>2 500	—	—	—
含泥量(%)	≥2.0	≤2.0	≤2.0	≤2.0
泥块含量(%)	≤0.5	≤0.5	≤0.5	≤0.5
坚固性[质量损失(5 次循环)](%)	≤8	≤8	≤8	≤8
碱-集料反应膨胀率(%)	<0.1	<0.1	<0.1	<0.1
云母含量(%)	≤1.0	≤2.0	≤2.0	≤0.5
轻物质含量(%)	≤1.0	—	—	≤0.5
硫化物及硫酸盐含量(折算成 SO_3)(%)	≤0.5	—	—	≤0.5
水溶性氯离子含量(%)	≤0.02	≤0.02	≤0.02	—

各重点工程均推荐使用碎石,根据各地碎石材质与碎石生产工艺针对表观密度、堆积密度与堆积空隙率提出了不同要求,对碎石的强度、吸水率、泥块含量、碱活性、SO_3 含量等要求基本一致,而对含泥量、针片状颗粒含量、压碎指标、坚固性等则根据各工程具体混凝土类型提出了不同要求。类似工程对所用碎石具体性能指标要求见表 4-14。

类似工程对碎石性能指标要求　　表 4-14

项　目	青岛海湾大桥	杭州湾大桥	金塘大桥	贵广铁路
表观密度(kg/m^3)	>2 500	—	>2 600	—
松散堆积密度(kg/m^3)	>1 450	>1 500	>1 500	>1 500
堆积空隙率(%)	≤43(松散)	—	≤45(松散)	≤40(紧密)
岩石抗压强度/混凝土强度等级	≥2	≥2	≥2	≥1.5 C50 以上≥2
吸水率(%)	<2.0	—	<2.0	<2.0

续上表

项　目	青岛海湾大桥	杭州湾大桥	金塘大桥	贵广铁路
含泥量(%)	≤0.5	≤0.5	≤0.5	C50以下≤1.0 C50及以上≤0.5
泥块含量(%)	≤0.25	≤0.25	≤0.25	≤0.25
针片状颗粒含量(%)	≤8	≤10	C50以下≤10 C50及以上≤8	C50以下≤10 C50及以上≤8
压碎指标(%)	≤14	≤12	C50≤10 C50及以上≤8	岩石类别、混凝土强度等级而定
坚固性质量损失(5次循环)(%)	≤8	≤8	C50以下≤8 C50及以上≤5	素混凝土≤8 预应力混凝土≤5
碱-集料反应膨胀率(%)	<0.1	<0.1	<0.1	<0.1
硫化物及硫酸盐含量(折算成SO_3)(%)	<0.5	<0.5	<0.5	<0.5

各重点工程均推荐使用聚羧酸减水剂,青岛海湾大桥、杭州湾大桥与金塘大桥要求减水率大于25%、含气量不超过4.0%或3.0%,而贵广铁路要求减水剂不小于20%、含气量根据混凝土是否需要抗冻分别大于3.0%和4.5%。对于减水剂氯离子含量的要求,海洋腐蚀环境的青岛海湾大桥、杭州湾大桥与金塘大桥明显高于贵广铁路。对于掺减水剂混凝土收缩率的要求,各重点工程的要求基本一致。类似工程对所用减水剂具体性能指标要求见表4-15。

类似工程对减水剂性能指标要求　　表4-15

项　目	青岛海湾大桥	杭州湾大桥	金塘大桥	贵广铁路
减水率(%)	>25	>25	>25	≥20
含气量(%)	≤4.0	≤3.0	≤3.0	≥3.0 ≥4.5(抗冻混凝土)
泌水率比(%)	≤90	≤90	≤90	≤20(常压) ≤90(压力)
氯离子含量(%)	≤0.01	≤0.01	≤0.01	≤0.2
收缩率比(%)	≤135	≤135	≤135	≤135

4.2.3　港珠澳大桥混凝土原材料指标要求

根据浙江金塘大桥、青岛海湾大桥、杭州湾跨海大桥、贵广铁路工程等国内类似重大工程对混凝土原材料指标要求以及本工程拟用原材料性能测试结果,参考国内外混凝土原材料相关标准,经综合分析,提出港珠澳大桥工程长寿命高性能混凝土的原材料控制技术指标,为工程施工原材料质量控制提供依据。

(1)水泥的技术要求

用于港珠澳大桥工程的水泥首先必须质量稳定,在满足结构要求的混凝土配制强度同时,还需满足混凝土的耐久性要求,同时应有利于提高混凝土抗裂性能。宜采用强度等级不低于42.5级,质量符合国家标准《通用硅酸盐水泥》(GB 175—2007)的Ⅰ和Ⅱ型低碱硅酸盐水泥(代号P·Ⅰ和P·Ⅱ),不得使用立窑水泥。

水泥中C_3A的3d水化热分别是C_3S的3.7倍和C_2S的17.7倍,7d水化热则分别约为C_3S的7倍和C_2S的37倍;C_3A的收缩率大约是C_3S和C_2S的3倍。因此对于大体积长寿命海工高性能混凝土,选择水泥时不能以强度作为唯一指标,还需控制水泥中的铝酸三钙含量。港珠澳大桥各类结构混凝土用水泥中C_3A含量宜控制在6%~12%,对于大体积混凝土结构,宜低于8%。

水泥磨细后细颗粒增多,过大的水泥比表面积会加快水泥的水化速率,增加水泥的早期水化热,增大混凝土干缩。水泥过细对大体积混凝土抗裂不利。根据多个类似大型重点工程的成功经验,水泥比表面积不超过400m^2/kg为宜,对大体积混凝土宜不超过350m^2/kg。

限制水泥的含碱量,主要是为防止发生混凝土碱-集料反应。工程实践表明,不管集料是否存在碱活性,高含碱量会引起收缩,导致混凝土开裂。美国垦务局的R. Burrows对此进行了大量的工程调查和试验研究,发现经长期使用的混凝土板开裂是由高碱含量引起的收缩导致而非碱-集料反应,并建议为防止混凝土开裂,水泥中的碱含量应不超过0.6% Na_2O当量。出于控制混凝土中水溶性氯离子含量的考虑,要求水泥中氯离子含量不超过0.06%。

综上分析,港珠澳大桥各类混凝土结构用水泥除满足《通用硅酸盐水泥》(GB 175—2007)的一般要求外,还需满足表4-16指标要求。

水泥性能指标要求　　　　表4-16

序号	项 目	技 术 要 求
1	型号及强度等级	强度等级不低于42.5的P·Ⅰ、P·Ⅱ
2	比表面积(m^2/kg)	≤400(大体积混凝土≤350)
3	游离氧化钙含量(%)	≤1.0
4	碱含量(%)	≤0.60
5	熟料中的C_3A含量	6%~12%,大体积混凝土不应超过8%
6	氯离子含量(%)	≤0.06

(2)粉煤灰的技术要求

粉煤灰是燃烧煤粉后收集到的灰粒,亦称飞灰,按煤种分类可分为C类和F类,C类粉煤灰中CaO、MgO含量较高,在混凝土中容易引起有害的膨胀。本工程混凝土应使用由无烟煤或者烟煤煅烧收集且组分均匀、各项性能指标稳定的F类原状灰。

按细度、需水量比和烧失量,粉煤灰可分为Ⅰ级、Ⅱ级和Ⅲ级,其品质对混凝土的性能有较大的影响。Ⅲ级粉煤灰细度偏大、含碳量过高,混凝土需水量大、坍落度损失快,并对混凝土抗渗、抗裂、耐久性能等具不良影响。Ⅰ级粉煤灰性能优异,鉴于工程周边Ⅰ级粉煤灰产量不高,且研究表明,适当放宽粉煤灰的质量标准,即使采用Ⅱ级粉煤灰,只要质量稳定,对混凝土的性能没有不良影响。因此本工程混凝土选用Ⅰ级或准Ⅰ级粉煤灰,其中准Ⅰ级粉煤灰除了需水量比放宽至不大于100%外,其余的细度、烧失量、SO_3含量、游离氧化钙、含水量等指标均满足Ⅰ级粉煤灰要求。

港珠澳大桥各类混凝土结构用粉煤灰需满足《用于水泥和混凝土中的粉煤灰》(GB/T 1596—2005)规定的F类Ⅰ级粉煤灰以及表4-17规定的准Ⅰ级粉煤灰要求。

粉煤灰性能指标要求　　　　　　　　　　　　　　　　　　　　　表4-17

序号	名称	技术要求	
1	类型	F类	
2	等级	Ⅰ级	准Ⅰ级
3	需水量比(%)	≤95	≤100
4	细度(%)	≤12	
5	氯离子含量(%)	≤0.02	
6	烧失量(%)	≤5.0	
7	含水率(%)	≤1.0	
8	SO_3含量(%)	≤3.0	
9	游离氧化钙含量(%)	≤1.0	
10	安定性(mm)	≤5.0	

(3)矿渣粉的技术要求

矿渣粉是冶炼生铁时从高炉中排出的废渣经粉磨形成的粉状渣,主要化学成分是SiO_2、Al_2O_3、CaO、Fe_2O_3等,可分为S105、S95和S75三个等级。

粒化高炉矿渣粉越细,活性越高,混凝土越容易开裂。在一定范围内,掺矿渣粉混凝土的水化温升与收缩随矿渣粉的掺量的增加而增大。为充分发挥矿渣粉的火山灰效应,在提高混凝土强度与耐久性的同时,尽量降低混凝土水化温度与收缩,矿渣粉7d活性不宜低于75%、28d活性不宜低于95%,比表面积以不超过500m^2/kg为宜,大体积混凝土宜不超过440m^2/kg。

本工程海工高性能混凝土用矿渣粉应符合国家标准《用于水泥与混凝土中的磨细高炉矿渣粉》(GB/T 18046—2008)中S95级矿渣粉的要求,比表面积控制在400~500m^2/kg,具体性能指标要求见表4-18。

矿渣粉性能指标要求　　　　　　　　　　　　　　　　　　　　　表4-18

序号	名称	技术要求
1	型号规格	S95
2	SO_3含量(%)	≤4.0
3	烧失量(%)	≤3.0
4	氯离子含量(%)	≤0.06

续上表

序号	名 称		技 术 要 求
5	比表面积(m²/kg)		400~500,大体积混凝土400~440
6	流动度比(%)		≥95
7	含水率(%)		≤1.0
8	活性指数(%)	7d	≥75
		28d	≥95

(4)减水剂的技术要求

聚羧酸系减水剂是性能优异的新型减水剂,具有掺量低、减水率高、保坍性好、适应性强等特点,并可综合改善混凝土的力学性能、耐久性能和抗裂性能。本工程采用聚羧酸减水剂配制海工高性能混凝土,应满足《混凝土外加剂》(GB/T 8076—2008)中高性能减水剂的要求。

(5)细集料技术要求

细集料应选用级配合理、质地均匀坚固、吸水率低、孔隙率小的洁净天然中粗河砂,不宜使用人工砂、山砂,不得使用海砂。细集料性能指标应符合现行国家标准《建设用砂》(GB/T 14684—2011)及表4-19的规定。

河砂性能指标要求 表4-19

序号	项 目		指标
1	含泥量(按质量计,%)		≤2.0
2	泥块含量(按质量计,%)		≤0.5
3	有害物质含量	云母(按质量计,%)	≤0.5
4		轻物质(按质量计,%)	≤0.5
5		有机物含量(比色法)	合格
6		硫化物及硫酸盐含量(按SO_3质量计,%)	≤0.5
7		氯离子含量(%)	≤0.02
8	表观密度(kg/m³)		≥2 500
9	坚固性(质量损失)(%)		≤8
10	松散堆积密度(kg/m³)		≥1 400
11	孔隙率(%)		≤44

(6)粗集料的技术要求

级配良好的粗集料间的空隙率较低,能够减少填充空隙的胶材用量,从而有利于大体积混凝土抗裂。粗集料中含泥量过多对混凝土强度、干燥收缩、抗冻、徐变、抗渗及和易性能都将产生不利影响,尤其会增加混凝土收缩,使抗拉强度降低。碱-集料反应能引起混凝土体积膨胀、开裂,严重影响工程质量。

如前所述,港珠澳大桥混凝土耐久性、强度、工作性及抗裂性能等综合性能要求高,而粗集料的质量对于混凝土配合比优化尤为重要。选用级配合理、粒形良好、质地均匀坚固、线膨胀系数小的洁净碎石,规定采用反击破工艺生产,使碎石具有良好的粒形,并使得混合级配其紧密堆积空隙率不大于40%。粗集料最大公称粒径不应大于25mm,其余指标应符合现行国家标准《建设用卵石、碎石》(GB/T 14685—2011)及表4-20的规定。

碎石性能指标要求　　　　　　表4-20

序号	项目	混凝土强度等级 < C60	混凝土强度等级 ≥ C60
1	含泥量(按质量计,%)	≤0.5	≤0.5
2	泥块含量(按质量计,%)	≤0.2	≤0.2
3	坚固性(质量损失,%)	≤8	≤5
4	压碎值指标(%)	≤12	≤10
5	针片状颗粒含量(按质量计,%)	≤7	
6	表观密度(kg/m^3)	≥2 600	
7	吸水率(%)	≤2	
8	有机物含量	合格	
9	氯离子含量(%)	≤0.02	
10	硫化物及硫酸盐含量(按SO_3质量计,%)	≤0.5	

注:1. 压碎值指标试验方法按《建设用卵石、碎石》(GB/T 14685—2011)进行。
2. 氯离子含量参考《建设用砂》(GB/T 14684—2011)中砂中氯化物含量检测方法。

4.3 配合比参数对混凝土性能的影响

港珠澳大桥工程建设难度大,结构受力复杂,所处海洋腐蚀环境严酷,工程主体混凝土结构必须能够长期承受使用环境中各种物理、化学因素的作用。混凝土材料除强度和耐久性外,同时还要兼顾混凝土的工作性能、抗裂性能以及环保性能等,保证混凝土的各项性能在实体结构中达到统一与和谐。

配合比参数决定着混凝土各项性能的发展,港珠澳大桥长寿命海工高性能混凝土配合比参数是在长期暴露试验基础上,通过研究胶凝材料体系、水胶比、浆集比、集料粒径与级配等因素对混凝土性能影响规律而确定。

4.3.1 胶凝材料体系的影响

4.3.1.1 耐久性

在水胶比均为0.35的条件下,配制纯硅酸盐水泥混凝土、单掺30%粉煤灰混凝土、单掺

50%矿渣粉混凝土以及混掺25%粉煤灰与35%矿渣粉的混凝土,利用快速电迁移法测得各种混凝土氯离子扩散系数变化规律如图4-3所示。

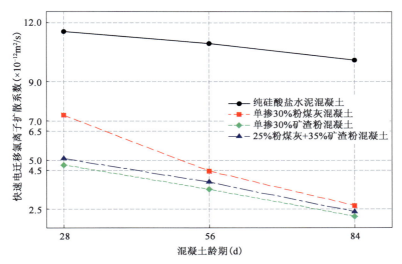

图4-3 不同胶凝材料体系混凝土的快速电迁移氯离子扩散系数

快速电迁移试验测得混凝土抗氯离子渗透性变化规律表明,在28~84d龄期内,掺活性矿物掺和料混凝土(无论是单掺粉煤灰、矿渣粉或是两者混掺)的氯离子扩散系数明显小于纯硅酸盐水泥混凝土;单掺矿渣粉混凝土氯离子扩散系数最小,其变化规律与混掺粉煤灰、矿渣粉基本一致,单掺矿渣粉与混掺粉煤灰、矿渣粉混凝土抗氯离子渗透性明显优于单掺粉煤灰的混凝土。

图4-4是水胶比均为0.35、胶凝材料用量相同的不同胶凝材料体系混凝土,暴露于海洋环境浪溅区5年后表观氯离子扩散系数随龄期变化规律。从图中可以看出,随着龄期增长,各种混凝土表观氯离子扩散系数逐渐降低,掺入矿物掺和料可显著降低不同龄期混凝土的表观氯离子扩散系数,提高混凝土抗氯离子渗透性及长期耐久性;在纯硅酸盐水泥、单掺35%粉煤灰、单掺50%矿渣粉混凝土中,单掺矿渣粉混凝土虽然90d龄期表观氯离子扩散系数略大于单掺粉煤灰混凝土,但其后氯离子扩散系数迅速衰减,在1年龄期时已远低于单掺粉煤灰混凝土,与混掺粉煤灰、矿渣粉混凝土氯离子扩散系数比较接近,并在1~5年龄期内氯离子扩散系数变化规律与混掺粉煤灰、矿渣粉混凝土基本一致,其长期耐久性优于单掺粉煤灰混凝土与纯硅酸盐水泥混凝土;混掺粉煤灰与矿渣粉体系混凝土在90d龄期至5年龄期暴露试验的表观氯离子扩散系数均小于其他几种体系,且氯离子扩散系数衰减最快,长期耐久性优于其他混凝土,长期暴露试验证明,混掺大掺量粉煤灰和矿渣粉的混凝土显示了优异的耐久性。

粉煤灰和矿渣粉混掺,可充分发挥矿渣粉和粉煤灰之间的"互补效应",从3个方面对混凝土的抗氯离子渗透性产生影响。首先,微集料效应使水泥石结构和界面结构更加致密,大大降低了混凝土的孔隙率及孔径,侵蚀介质难以进入混凝土内部。其次,矿渣粉与粉煤灰的活性成分与水泥水化产物发生二次反应,生成了强度更高、性能稳定、结构致密的低碱度C-S-H凝胶,减少了水泥石中不稳定晶体 Ca(OH)$_2$ 的数量及其在水泥石-集料界面过渡区上的富集与定向排列,优化了界面结构和水化产物的组成。另外,矿渣粉与粉煤灰混凝土对氯离子有较大的固化能力,有利于降低氯离子在混凝土中的渗透速度。

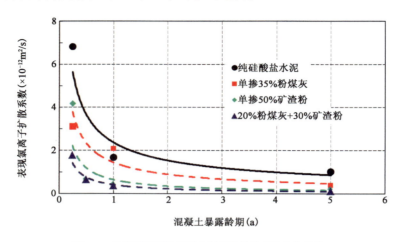

图 4-4　长期暴露试验混凝土氯离子扩散系数变化规律

粉煤灰和矿渣粉混掺显著提高了混凝土抗氯离子渗透性,是配制长寿命海工高性能混凝土的首选胶凝材料体系。

4.3.1.2　水化热及开裂敏感性

混凝土胶凝材料体系水化放热性能以及开裂敏感性能是影响混凝土结构因温度应力而产生裂缝的重要因素。从图 4-5 可以看出,掺入粉煤灰、矿渣粉可显著降低胶凝材料体系的水化放热量,并且水化放热量随着矿物掺和料掺量提高而降低。

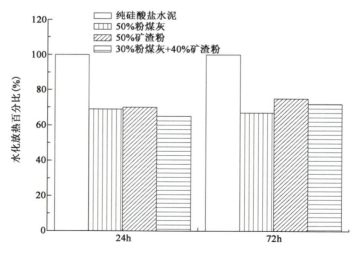

图 4-5　胶凝材料体系水化放热

采用净浆制作小圆环约束试件,测定其收缩过程的开裂时间,比较不同胶凝材料体系的开裂敏感性,其试验原理如图 4-6 所示。以纯硅酸盐水泥小圆环试验开裂时间为基准,各种类型胶凝材料体系开裂时间与纯硅酸盐水泥体系开裂时间之比如图 4-7 所示,可以看出掺入矿物掺和料可显著延迟胶凝材料体系开裂时间,降低开裂敏感性,提高混凝土的抗裂性能。因此,采用大掺量粉煤灰和矿渣粉的胶凝材料体系,也有利于提高混凝土的抗裂性能。

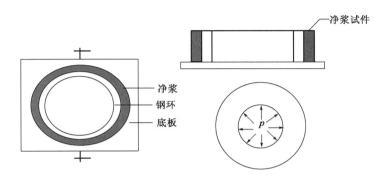

图 4-6 小圆环净浆约束试验

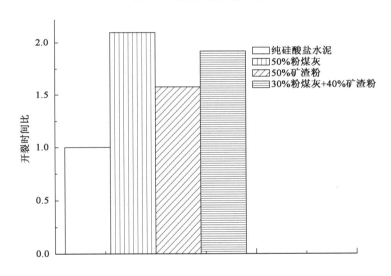

图 4-7 胶凝材料体系开裂时间

4.3.1.3 强度

不同胶凝材料体系对混凝土强度的影响如图 4-8 所示。相同水胶比情况下,纯硅酸盐水泥混凝土早期抗压强度高于掺矿物掺和料的混凝土,但 28d 及至 1 年后,其强度与各种掺矿物掺和料混凝土的强度相差不大,在合适的掺量范围内,不同矿物掺和料对混凝土早期强度有影响,但后期强度影响不大。粉煤灰、矿渣粉等矿物掺和料的水分反应需要水泥水化所产生的氢氧化钙来激发,早期的水化反应比水泥慢得多,因此表现为纯硅酸盐水泥混凝土的强度比掺入了粉煤灰、矿渣粉的高。在 28d 以后,粉煤灰与矿渣粉的潜在活性在水泥水化产物作用下逐渐增强,改善了硬化浆体的微观结构,混凝土结构更加均匀与密实,表现为混凝土强度提高并接近纯硅酸盐水泥混凝土。

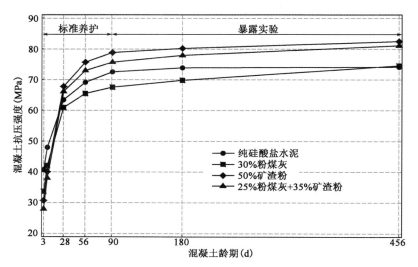

图 4-8　不同胶凝材料体系混凝土强度

4.3.1.4　节能减排

水泥生产需要消耗大量的煤炭、石灰石原料以及电力能源,是工业部门中排放 CO_2 的大户。据统计,每生产 1t P·Ⅱ 硅酸盐水泥,产生的 CO_2 排放量约为 0.8t。因为粉煤灰、矿渣粉等活性矿物掺和料是由火力发电和钢铁企业等工业废料加工而成,用这些矿物掺和料替代水泥,可降低混凝土中水泥的用量,从而降低 CO_2 排放量。港珠澳大桥工程规模宏大,整个工程混凝土用量约为 300 万 m³,胶凝材料体系中大掺量粉煤灰、矿渣粉等矿物掺和料,不仅显著提高混凝土耐久性及抗裂性,而且将混凝土生产的 CO_2 排放量降低 40% ~ 65%,在提高混凝土性能和保证工程质量的同时,也发挥了重要的节能减排作用,环境效益显著。

4.3.2　水胶比的影响

4.3.2.1　强度

与普通混凝土水灰比影响强度规律相同,掺粉煤灰、矿渣粉等掺和料的混凝土各龄期强度均随水胶比增大而有规律地降低。胶凝材料体系为混掺 25% 粉煤灰与 35% 矿渣粉、水胶比在 0.29 ~ 0.41 范围变化的混凝土抗压强度如图 4-9 所示。混掺大掺量粉煤灰与矿渣粉体系,对于强度等级为 C50 与 C55 的混凝土,保证混凝土强度满足配制要求,但又不会因强度富余太多而增加混凝土开裂风险,其最佳水胶比宜控制在 0.32 左右。对于强度等级为 C45 的混凝土,其最佳水胶比宜控制在 0.35 左右。对于强度等级为 C30 的混凝土,其最佳水胶比宜控制在 0.41 左右。

第4章 长寿命海工高性能混凝土配制

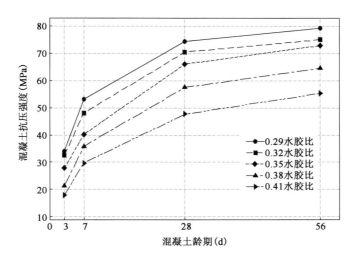

图 4-9 不同水胶比混凝土抗压强度

4.3.2.2 耐久性

胶凝材料体系为混掺 25% 粉煤灰与 35% 矿渣粉,水胶比在 0.29~0.41 范围变化的混凝土,快速电迁移氯离子扩散系数变化规律如图 4-10 所示,可见,混凝土各龄期氯离子扩散均随水胶比增大而有规律的增大,即随着水胶比增大,混凝土的抗氯离子渗透性能降低。

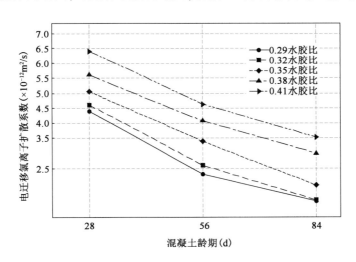

图 4-10 不同水胶比混凝土抗氯离子渗透性

4.3.3 浆体比例的影响

4.3.3.1 工作性

混凝土浆体比例是指单位体积混凝土中,胶凝材料、拌和水、外加剂以及空气所占体积之和的百分比。浆体在混凝土中的作用,主要是填充集料堆积形成的空隙并充分包裹和隔离集料,使新拌混凝土具有稳定的流动与变形性能,是决定混凝土工作性的重要因素。

对于坍落度为200mm±20mm且混掺大掺量粉煤灰和矿渣粉的大流动度混凝土,浆体比例对工作性的影响见表4-21。浆体比例低于30%时,新拌混凝土出现了浆体包裹不住集料的现象,显得集料过多而浆体过少,虽然混凝土坍落度较大,但坍落扩展度很小,混凝土流动性差,经过泵送后几乎没有流动性,容易堆积在钢筋表面,必须用振捣棒振动混凝土才能流动。浆体比例大于35%时,新拌混凝土流动性好,但浆体显得富余,高频振捣时间稍长,表面就易出现浮浆。浆体比例在30%~35%范围内,新拌混凝土以及泵管输送至现场混凝土的黏聚性、流动性良好,最适宜现场施工。

浆体比例对混凝土工作性影响　　　　　　　　　　表4-21

浆体比例	<29%	29%~34%	>34%
混凝土流动性	经泵送后坍落度、坍扩度下降明显	经泵送后坍落度、坍扩度略有下降	经泵送后坍落度、坍扩度轻微下降
混凝土黏聚性	黏聚性不良	黏聚性较好	浆体富余多,振捣易出现浮浆
混凝土保水性	保水性不良	保水性较好	保水性一般

注:浆体比例=(胶凝材料体积+拌和水体积+外加剂体积+空气体积)/单位混凝土体积×100%。

4.3.3.2 抗裂性能

对于水胶比较低、混掺大掺量粉煤灰与矿粉的长寿命海工高性能混凝土,浆体比例是影响混凝土抗裂性能的关键因素。

对水胶比为0.32~0.36、胶凝材料用量为360~450kg/m³、粉煤灰与矿粉掺量之和为50%~65%、砂率为39%~42%的各组混凝土进行收缩试验,浆体比例变化对混凝土干燥收缩影响的如图4-11所示。受胶凝材料用量、胶凝材料体系、水胶比以及砂率等因素影响,虽然浆体比例与混凝土干燥收缩之间无明显的线性相关性,但大致遵循浆体比例增大,混凝土干燥收缩也增大的规律。

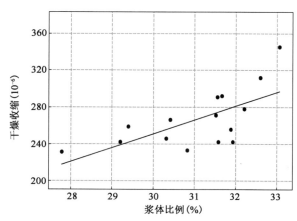

图4-11　浆体比例与混凝土干燥收缩

对于胶凝材料体系为25%粉煤灰+35%矿渣粉、水胶比为0.35的混凝土,变化胶凝材料用量以改变浆体比例,采用温度应力试验测得浆体比例与抗裂安全系数之间关系如图 4-12 所示。温度应力试验的抗裂安全系数为混凝土轴心抗拉强度与室温应力的比值,抗裂安全系数越大,混凝土因温度收缩原因开裂的风险越低,混凝土抗裂性能越强。在胶凝材料组成与水胶比均不变的条件下,浆体比例与抗裂安全系数具有良好的线性相关性,随着浆体比例的增大,抗裂安全系数降低,混凝土抗裂性能降低。

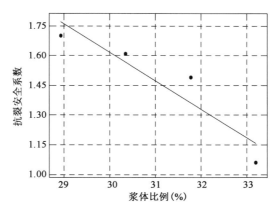

图 4-12　浆体比例与抗裂安全系数

4.3.4　集料粒径和级配

4.3.4.1　工作性

集料粒径和级配决定着混凝土中集料的比表面积、紧密堆积空隙率等指标,理想的集料粒径和级配,可使混凝土紧密堆积的空隙率很小,可以采用较少的浆体比例(较小的单位体积用水量和胶凝材料用量)而获得理想的和易性。理论上连续级配集料形成的空隙率比单粒径级配集料形成的空隙率小,集料粒径越大,紧密堆积空隙率越小,集料需要润湿、包裹的表面积越小,配制相同坍落度混凝土所需要的浆体比例越低。但是,对于实际工程来讲,粗集料粒径的选择还要针对构件实际配筋情况进行合理选择。一般相关工程标准规定,粗集料最大粒径不大于钢筋最小间距的 3/4。港珠澳大桥沉管、桥梁承台、箱梁等构件结构受力复杂,配筋密集,如沉管管壁钢筋最密处的钢筋间距仅为 60mm,因此,为保证混凝土能够完全填充结构内部各个部位,宜选择最大粒径不超过 20mm 的连续级配碎石。

4.3.4.2　耐久性

集料粒径和级配对混凝土耐久性的影响,主要通过影响集料与胶凝材料浆体之间界面过渡区以及界面过渡区微裂缝数量,从而对混凝土抗氯离子渗透性产生影响。界面过渡区孔隙率高、强度较小,是混凝土的薄弱环节,影响着混凝土的刚度、强度及耐久性。集料粒径越大,连通性的界面过渡区以及过渡区微裂缝越多,混凝土耐久性越差。

保持混凝土水胶比及胶凝材料组成不变,利用最大粒径分别为20mm、25mm以及31.5mm连续级配碎石配制混凝土,在400~440kg/m³范围内改变胶凝材料用量,使混凝土坍落度均为200mm±20mm,集料最大粒径对混凝土28d与56d龄期快速电迁移氯离子扩散系数的影响如图4-13所示。集料粒径增大,胶凝材料用量及浆体比例降低,集料在混凝土中所占比例增大,混凝土氯离子扩散系数增大。碎石最大粒径为31.5mm的混凝土,其相同龄期测得氯离子扩散系数不仅明显高于其他两种碎石粒径的混凝土,且其氯离子扩散系数的离散程度也增大。配制长寿命海工高性能混凝土不宜选择最大粒径超过25mm的碎石。

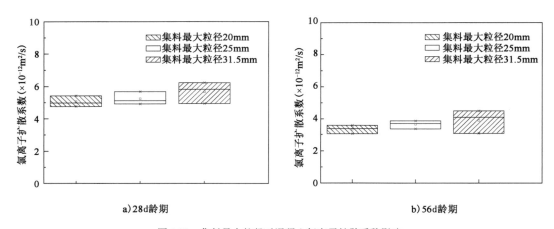

图4-13　集料最大粒径对混凝土氯离子扩散系数影响

4.3.4.3　抗裂性能

理想的集料粒径和级配,可以使得采用较小的浆体比例和胶凝材料用量而获得较好的和易性,从而对混凝土抗裂性能产生有利的影响。在混凝土坍落度相近的条件下,混凝土水胶比及胶凝材料组成不变,增大碎石最大粒径可降低混凝土浆体比例以及胶凝材料用量,降低混凝土收缩,提高混凝土抗裂安全系数,从而提高混凝土的抗裂性能。

4.4　主体结构长寿命海工高性能混凝土的配制

在系统研究掌握上述配合比参数对混凝土性能影响规律的基础上,针对不同构件具体的混凝土性能要求,通过室内试拌及必要的现场模型试验,以耐久性、强度等主要性能为重点,兼顾工作性、抗裂性以及经济性等协调发展,使各项性能在实体构件中达到统一与和谐,优选出满足具体构件性能要求的基准配合比。施工过程中,可根据具体情况,对基准配合比进行调整优化,形成最终用于实际施工的工程配合比。

4.4.1　混凝土配制原则

港珠澳大桥主体构件混凝土按照经验计算法进行配合比设计,配合比设计总体执行以下原则：

(1) 混凝土的配制强度仍按传统的以95%保证率达到设计强度的原则确定。

(2) 混凝土的配制耐久性指标达到设计值也要求有95%的保证率。

港珠澳大桥混凝土结构提出了基于可靠度的混凝土耐久性质量控制指标。为达到设计目标，保证施工中混凝土的氯离子扩散系数满足耐久性控制指标的要求，在长寿命海工高性能混凝土配制过程中应按照95%保证率进行氯离子扩散系数的试配。目前国内外缺乏对工程氯离子扩散系数的数据统计，为了获得工程氯离子扩散系数的标准差，在工程前期研究和工地实验室配合比试验中，利用试验研究和工地实验室数据，统计分析混凝土氯离子扩散系数的标准偏差。

采用RCM方法测得45组混凝土在28d及56d龄期快速电迁移氯离子扩散系数的分布规律分别如图4-14所示。混凝土氯离子扩散系数分布基本符合正态分布规律，具体的统计数据见表4-22，混凝土在28d以及56d龄期的氯离子扩散系数标准偏差分别为$0.61 \times 10^{-12} m^2/s$、$0.43 \times 10^{-12} m^2/s$。由于该标准差来源于港珠澳大桥工地实验室和工程用原材料，在长寿命海工高性能混凝土配合比设计中，可以作为混凝土计算配制氯离子扩散系数具有95%保证率的依据。

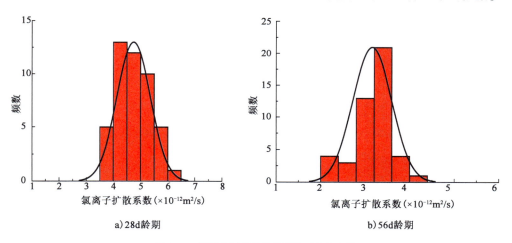

a) 28d龄期　　　　　　　　　　　　b) 56d龄期

图4-14　混凝土氯离子扩散系数正态分布图

混凝土氯离子扩散系数分布规律　　　　　　表4-22

龄　　期	氯离子扩散系数（$\times 10^{-12} m^2/s$）			
	最　大　值	最　小　值	算术平均值	标准偏差
28d	6.22	3.71	4.74	0.61
56d	4.16	2.04	3.16	0.43

因此，港珠澳大桥长寿命海工高性能混凝土的配制氯离子扩散系数可按下式确定：

$$D_{cu,0} = D_{cu,k} - 1.645\sigma$$

式中：$D_{cu,0}$——混凝土施工配制氯离子扩散系数；

$D_{cu,k}$——设计要求的混凝土氯离子扩散系数标准值；

σ——实际统计的混凝土氯离子扩散系数标准差。

(3) 在胶凝材料组成中，采用混掺粉煤灰和磨细矿渣粉取代硅酸盐水泥或普通硅酸盐水泥，粉煤灰和矿渣粉总量宜为50%~70%，其中粉煤灰的掺量不宜大于25%。

(4) 确定水胶比。

(5) 确定单位体积胶凝材料用量和用水量。

(6) 确定砂率。

配合比设计，考虑95%保证率的不同耐久性设计工况混凝土配制氯离子扩散系数见表4-22。与混凝土强度设计一样，需保证混凝土结构满足耐久性要求，但又不能因氯离子扩散系数太小过于降低混凝土水胶比而增加混凝土开裂风险，对于工况1，其最佳水胶比宜选择在0.32~0.35范围。对于工况2与工况3，其最大水胶比不宜超过0.38，而工况4的最大水胶比不宜超过0.41。

4.4.2 高性能混凝土试配制

根据上述长寿命海工高性能混凝土配制原则和配合比参数对混凝土性能影响规律，对不同构件的混凝土进行试配，通过配合比参数调整，最终利用最少的胶凝材料及浆体率、尽量少的水泥和尽量多的矿物掺和料，确保混凝土各种性能满足设计要求。

(1) 承台混凝土

承台是处于水下区、水位变动区和浪溅区腐蚀环境的大体积混凝土构件，具有较高的抗氯离子渗透性要求，承台也属于典型的大体积混凝土结构，需要控制胶凝材料水化热以及收缩，承台混凝土性能要求见表4-23。

承台混凝土性能指标要求　　　　　　　　表4-23

构件	腐蚀环境	强度等级	氯离子扩散系数($\times 10^{-12} m^2/s$)		坍落度(mm)
			28d	56d	
承台	浪溅区、水变区	C45	≤6.5	≤4.5	180~220

按上述海工长寿命高性能混凝土配制原则，首先确定混凝土配制强度和配制氯离子扩散系数，然后由水胶比与强度及氯离子扩散系数之间的关系，确定合适的试配水胶比；因承台属于大体积混凝土，需要控制胶凝材料水化热以及收缩，在配合比设计中应该掺入大掺量的矿物掺和料，使用尽量低的浆体比率，以尽量降低胶凝材料的用量；混凝土拌和物是大流动度混凝土，其输送距离不长，对混凝土泵送性能要求不高。根据上述分析和计算，初步确定混凝土试配配合比参数为：水胶比0.34~0.36，胶凝材料用量390~410kg/m^3，矿物掺和料用量55%~65%，采用引气型缓凝减水剂控制混凝土中含气量为3%~4%。经试配和调整，承台混凝土配合比见表4-24。

承台混凝土初步配合比 表4-24

强度等级	编号	胶凝材料(kg/m³)	水胶比	水泥(%)	粉煤灰(%)	矿粉(%)	砂率(%)	密度(kg/m³)	坍落度(mm)
C45	CT-1	390	0.36	45	20	35	40	2370	185
	CT-2	400	0.35	40	25	35	39	2365	190
	CT-3	410	0.34	35	25	40	39	2365	180

承台试配混凝土性能见表4-25,其3d抗压强度大于20MPa,28d抗压强度大于50MPa,28d与56d氯离子扩散系数满足承台性能指标要求,抗裂安全系数也满足要求。

承台混凝土试拌性能 表4-25

编号	抗压强度(MPa)				氯离子扩散系数(×10⁻¹² m²/s)		抗裂安全系数
	3d	7d	28d	56d	28d	56d	
CT-1	25.1	35.9	59.2	61.4	5.1	3.3	1.4
CT-2	24.8	30.9	57.7	63.3	5.0	3.5	1.5
CT-3	22.6	31.5	58.1	64.1	4.6	2.9	1.2

注:抗裂安全系数为温度应力试验混凝土轴心抗拉强度与室温应力的比值。

(2)桥墩混凝土

桥墩是处于浪溅区、大气区腐蚀环境的大体积混凝土构件,具有严格的抗氯离子渗透性及抗裂性要求。桥墩混凝土强度等级高于承台,在混凝土施工性能要求方面与承台一致。桥墩的性能要求见表4-26。

桥墩混凝土性能指标要求 表4-26

构件	腐蚀环境	强度等级	氯离子扩散系数(×10⁻¹² m²/s)		坍落度(mm)
			28d	56d	
桥墩	大气区、浪溅区	C50	≤6.5	≤4.5	180~220

按照与承台混凝土相同的办法,初步确定桥墩混凝土试配配合比参数为:水胶比0.31~0.33,胶凝材料用量430~450kg/m³,矿物掺和料掺量为50%~60%,控制混凝土含气量2%~3%,墩柱混凝土配合比见表4-27。

墩柱混凝土配合比 表4-27

强度等级	编号	胶凝材料(kg/m³)	水胶比	水泥(%)	粉煤灰(%)	矿粉(%)	砂率(%)	密度(kg/m³)	坍落度(mm)
C50	D-1	430	0.33	50	20	30	41	2400	195
	D-2	440	0.32	45	20	35	40	2395	200
	D-3	450	0.31	40	25	35	40	2395	205

对试配的桥墩混凝土进行性能测试,见表4-28,3d抗压强度大于25MPa,28d抗压强度大于60MPa,满足设计强度要求,28d与56d氯离子扩散系数也满足承台耐久性性能指标要求,但D-3配合比的抗裂安全系数不满足要求。

墩柱混凝土性能指标　　　　　　　　　　　表 4-28

编号	抗压强度(MPa)				氯离子扩散系数($\times 10^{-12} m^2/s$)		抗裂安全系数
	3d	7d	28d	56d	28d	56d	
D-1	27.8	52.8	65.6	69.8	4.9	3.0	1.4
D-2	27.9	43.4	66.7	71.7	5.2	3.3	1.3
D-3	29.3	46.1	67.5	72.8	4.5	2.9	1.1

注:抗裂安全系数为温度应力试验混凝土轴心抗拉强度与室温应力的比值。

(3) 主塔混凝土

主塔也是处于浪溅区、大气区腐蚀环境的大体积混凝土构件,需要有严格的抗氯离子渗透性及抗裂性要求。主塔混凝土强度等级及耐久性指标与墩柱相同,但其混凝土需进行高扬程、长距离输送,对混凝土泵送性能要求高。主塔混凝土性能指标要求见表 4-29。

主塔混凝土性能指标要求　　　　　　　　　　　表 4-29

构件	腐蚀环境	强度等级	氯离子扩散系数($\times 10^{-12} m^2/s$)		坍落度(mm)
			28d	56d	
主塔	大气区、浪溅区	C50	≤6.5	≤4.5	180~220

针对主塔混凝性能要求,在墩柱混凝土配合比基础上,增大胶凝材料用量并略微提高水胶比,以增强混凝土可泵性,增大水泥在胶凝材料中所占比例,以确保混凝土强度。试配配合比参数为:水胶比 0.32~0.34,胶凝材料用量 450~470 kg/m³,矿物掺和料用量 45%~55%,控制混凝土含气量 2%~3%,混凝土配合比见表 4-30。

主塔混凝土配合比　　　　　　　　　　　表 4-30

强度等级	编号	胶凝材料(kg/m³)	水胶比	水泥(%)	粉煤灰(%)	矿粉(%)	砂率(%)	密度(kg/m³)	坍落度(mm)
C50	T-1	450	0.34	55	20	25	42	2 395	215
	T-2	460	0.33	50	20	30	42	2 395	220
	T-3	470	0.32	45	20	35	42	2 395	220

主塔混凝土试拌性能见表 4-31,其抗压强度和 28d 与 56d 氯离子扩散系数均满足设计性能指标要求。与墩柱混凝土相比,因胶凝材料用量增加,混凝土抗裂性能整体下降,只有 T-2 配合比的抗裂安全系数满足要求,施工时需要加采取必要的裂缝控制措施。

主塔混凝土性能指标　　　　　　　　　　　表 4-31

编号	抗压强度(MPa)				氯离子扩散系数($\times 10^{-12} m^2/s$)		抗裂安全系数
	3d	7d	28d	56d	28d	56d	
T-1	30.1	50.4	65.4	68.8	4.9	3.1	1.0
T-2	28.8	49.7	68.2	73.2	4.7	3.1	1.2
T-3	28.0	46.6	69.2	72.2	5.0	2.8	1.1

注:抗裂安全系数为温度应力试验混凝土轴心抗拉强度与室温应力的比值。

(4) 箱梁混凝土

非通航孔桥箱梁大部分处于大气区,岛桥、桥岸结合部位部分箱梁处于浪溅区。大气区或浪溅区箱梁采取相同的混凝土性能要求,要求具有较高的抗氯离子渗透性。箱梁混凝土强度等级为 C55,在港珠澳大桥主体构件中强度等级最高,但因其主要在工厂内预制,无须高扬程泵送。箱梁混凝土性能指标要求见表 4-32。

箱梁混凝土性能指标要求   表 4-32

构件	腐蚀环境	强度等级	氯离子扩散系数($\times 10^{-12}\mathrm{m^2/s}$)		坍落度(mm)
			28d	56d	
箱梁	大气区、浪溅区	C55	≤6.0	≤4.0	180~220

在主塔混凝土基础上,可降低胶凝材料用量,并适当降低水胶比。经分析和计算,试配混凝土的配合比参数为:水胶比 0.31~0.33,胶凝材料用量 440~460kg/m³,矿物掺和料用量 45%~55%,控制混凝土含气量 2%~3%,混凝土配合比见表 4-33。

箱梁混凝土配合比   表 4-33

强度等级	编号	胶凝材料(kg/m³)	水胶比	水泥(%)	粉煤灰(%)	矿粉(%)	砂率(%)	密度(kg/m³)	坍落度(mm)
C55	L-1	440	0.33	55	20	25	42	2410	220
	L-2	450	0.32	50	20	30	42	2410	210
	L-3	460	0.31	45	20	35	43	2410	205

箱梁混凝土试拌性能见表 4-34,其抗压强度和 28d、56d 氯离子扩散系数满足设计性能指标要求。三组配合比中,L-3 配合比抗裂安全系数不满足要求。

箱梁混凝土性能指标   表 4-34

编号	抗压强度(MPa)				氯离子扩散系数($\times 10^{-12}\mathrm{m^2/s}$)		抗裂安全系数
	3d	7d	28d	56d	28d	56d	
L-1	34.4	54.1	72.2	75.1	4.6	2.5	1.2
L-2	32.1	51.9	74.3	77.1	4.4	2.7	1.2
L-3	31.9	49.3	70.3	76.2	4.4	2.5	1.1

注:抗裂安全系数为温度应力试验混凝土轴心抗拉强度与室温应力的比值。

(5) 沉管混凝土

沉管是处于水下 30 多米、承受高水压作用的大体积混凝土结构,对混凝土的抗氯离子渗透性、抗水压渗透性以及抗裂性能具有最严格要求。沉管结构复杂、钢筋与预埋件密集,采用长距离泵送工艺进行全断面浇筑,对混凝土施工性要求极高。沉管工厂化流水线作业,对混凝土 3d 龄期及 56d 龄期强度均具有较高要求。沉管管段混凝土性能指标要求见表 4-35。

沉管是港珠澳大桥工程中对混凝土综合性能要求最高的构件,针对沉管混凝土性能特点,经综合分析和计算,试配混凝土配合比参数为:水胶比 0.34~0.36,胶凝材料用量 400~

420kg/m³,粉煤灰、矿渣粉矿物掺和料掺量50%~60%,控制混凝土含气量1.5%~2.5%,经试拌、调整和配合比优化,最后确定水胶比0.35、胶凝材料用量420kg/m为基本配合比,在此基础上变化胶凝材料组成再进行试拌和,试拌和沉管混凝土配合比见表4-36。

施工图设计阶段沉管管段混凝土性能指标要求　　　　　表4-35

强度要求(MPa)			氯离子扩散系数设计值($\times 10^{-12}$m²/s)		抗压渗透等级	绝热温升	干缩 90d	密度 (kg/m³)	坍落度 (mm)	初凝时间 (h)
3d	28d	56d	28d	56d	28d	7d				
≥25	≥45	≥50	≤6.5	≤4.5	>P14	<45℃	<300με	2390±35	200±20	10~12

沉管混凝土初步配合比　　　　　表4-36

编号	胶凝材料 (kg/m³)	水胶比	水泥 (%)	粉煤灰 (%)	矿渣粉 (%)	砂率 (%)	密度 (kg/m³)	含气量 (%)	坍落度 (mm)
CG-1	420	0.35	40	25	35	40	2395	2.0	210
CG-2	420	0.35	45	25	30	40	2395	1.7	215
CG-3	420	0.35	50	20	30	40	2400	1.6	220

表4-37为三组试拌混凝土的性能测试结果,可以看出,三组试拌混凝土的工作性能、强度、氯离子扩散系数、抗水压渗透等级、绝热温升以及干燥收缩均满足设计要求,其中编号CG-2混凝土抗裂性能最好,CG-3混凝土水泥所占比例最高,其绝热温升与干燥收缩也于其余两组配合比,其抗裂安全系数也低于两组配合比,不满足要求。

沉管混凝土试拌性能　　　　　表4-37

编号	抗压强度(MPa)			氯离子扩散系数 ($\times 10^{-12}$m²/s)		抗水压渗透等级	绝热温升 (℃)	干缩(10^{-6})	抗裂安全系数
	3d	28d	56d	28d	56d	28d	7d	90d	
CG-1	26.4	57.1	61.8	5.0	2.2	>P12	39.3	242	1.4
CG-2	28.8	59.9	65.3	4.7	2.5	>P12	41.5	240	1.5
CG-3	33.8	55.5	62.4	4.5	2.7	>P12	43.2	265	1.0

注:抗裂安全系数为温度应力试验混凝土轴心抗拉强度与室温应力的比值。

4.4.3 混凝土施工配合比

(1)混凝土基准配合比

港珠澳大桥规模宏大,工程分为岛遂工程(设计施工总承包)、桥梁CB03、桥梁CB04、桥梁CB05等不同标段,各标段施工为不同的工程承包单位。港珠澳大桥混凝土综合性能要求高,为保证混凝土的质量和耐久性,统一混凝土配制标准,根据上述混凝土试配制的结果,选择各项性能满足设计要求并具有最优抗裂性能的配合比,针对各标段工程的不同特点,通过现场预拌和足尺模型试验,按照构件的实际施工工艺以及施工条件,对混凝土构件生产浇筑施工全过程进行模拟,全面检验混凝土拌和物性能和强度、耐久性及抗裂性等综合性能。在此基础上对配合比进行必要的调整、优化,最终形成满足设计要求且综合性能优异的基准配合比,该基准配合比作为各施工标段确定混凝土施工配合比的依据,结果见表4-38。

典型构件混凝土基准配合比 表4-38

构件	强度等级	胶凝材料（kg/m³）	水胶比	水泥（%）	粉煤灰（%）	矿渣粉（%）	砂率（%）	密度（kg/m³）
承台	C45	400	0.35	40	30	30	40	2 365
墩柱	C50	430	0.33	45	25	30	41	2 390
主塔	C50	460	0.33	50	20	30	42	2 395
箱梁	C55	440	0.33	55	20	25	42	2 410
沉管	C45/C50	420	0.35	45	25	30	43	2 395

（2）施工配合比

港珠澳大桥工程量大,不同施工标段采用的原材料会有差异,各自的施工装备、工艺及质量控制措施各有差别,在实际施工过程中,施工单位可根据各自原材料、设备等具体情况,在满足设计和基本质量控制要求的前提下,对基准配合比进行适当调整。经各标段配合比调整后,港珠澳大桥不同混凝土构件施工用配合比见表4-39。

典型构件混凝土施工配合比 表4-39

构件名称	施工标段	强度等级	胶凝材料用量（kg/m³）	水胶比	水泥（%）	粉煤灰（%）	矿渣粉（%）	砂率（%）	减水剂（%）
承台	CB03	C45	440	0.34	46	25	29	41	0.80
承台	CB04	C45	450	0.32	42	29	29	41	1.00
承台	CB05	C45	450	0.32	50	30	20	41	0.95
墩柱	CB03	C50	492	0.30	47	24	29	41	0.80
墩柱	CB04	C50	468	0.31	52	20	28	40	1.00
墩柱	CB05	C50	475	0.29	55	25	20	38	1.10
主塔	CB03	C50	477	0.31	55	28	17	35	
箱梁	CB03	C55	470	0.30	60	15	25	41	1.10
沉管	岛隧项目	C45	420	0.35	45	25	30	43	1.00

本章参考文献

[1] 王胜年,等.港珠澳大桥120年使用寿命的混凝土结构耐久性对策研究[A].第八届全国混凝土耐久性学术交流会,杭州,2012:71-80.

[2] 孟凡超,刘晓东,等.港珠澳大桥主体工程总体设计[A].第十九届全国桥梁学术会议论文集(上册).人民交通出版社,2010:57-77.

[3] 刘晓东.港珠澳大桥总体设计与技术挑战[A].第十五届中国海洋(岸)工程学术讨论会论文集.海洋出

版社,2011:17-20.

[4] 李英,陈越.港珠澳大桥岛隧工程的意义及技术难点[J].工程力学,2011,28:67-77.

[5] 中交四航工程研究院有限公司.港珠澳大桥混凝土结构耐久性设计研究[R].广州,2013:61-62.

[6] 李黎,等.水泥产品品种与能耗及CO_2排放量的数量关系研究[A].中国建材产业发展研究论文集,北京, 2010:173-185.

[7] P. Kumar Metha, Paulo J. M. Monteiro. Concrete microstructure, properties, and materials[M].覃维祖,等, 译.北京:中国电力出版社,2008:80-83.

[8] 中国土木工程学会标准.混凝土结构耐久性设计与施工指南(2015年修订版)[S].北京:中国建筑工业出版社,2005.

第 5 章　混凝土耐久性质量控制措施

"质量控制"是工程实现设计目标的重要过程。正是因为"质量控制"的重要，各国、不同行业都对混凝土工程制定了系统、严格的质量控制标准，一般来讲重大工程也都有其专门的质量控制技术规定。经过多年不断的技术进步和工程建设经验积累，我国在工程质量控制方面已形成了一套系统完善的标准方法，随着设计施工技术水平的提高，工程质量控制措施和能力也得到了加强。

港珠澳大桥是迄今我国最大的海上交通基础设施建设工程，作为以传统技术和材料为主的土木建设工程，应该说现行的质量控制措施的大部分方法及标准在港珠澳大桥建设中总体适用，但港珠澳大桥地处外海，按 120 年设计使用年限设计，其建设标准高和工程技术难度大得到国际公认，需要针对港珠澳大桥的具体技术特点，对现行质量控制方法标准部分规定作必要的调整和完善，此外，传统的主要侧重于工程力学行为、质量事后确认的控制措施，在以耐久和安全并重的港珠澳大桥工程中已不适用，如靠留样待测来评定硬化混凝土的质量，而至规定龄期测试评定时，混凝土已浇筑成永久工程，出现质量问题难以补救。耐久性不仅是材料本身的问题，要与环境结合起来考虑，尤其对于新制备的混凝土构件，早期材料内部结构尚不健全，尚不能确定何时接触海水而不至于影响其抗蚀能力。钢筋混凝土保护层厚度是影响混凝土结构耐久性的关键因素，我国水运及公路等不同行业对其质量控制规定尚不能一致，不同保护层厚度检测方法的可靠性也参差不齐。

5.1　现行混凝土耐久性质量控制措施的总体分析

混凝土质量控制是工程建设的重要环节，不同行业标准规范从各方面对施工过程中混凝土的质量控制进行了明确规定，但其组成架构、标准内容及涵盖的耐久性措施等方面不尽相同。作为以传统技术和材料为主的土木建设工程，现行各行业规范关于混凝土质量控制措施的大部分方法在港珠澳大桥建设中总体适用，但港珠澳大桥按 120 年设计使用年限设计，主体工程地处高温、高湿和高盐的海水环境下，水文条件复杂，腐蚀环境的恶劣程度是别的工程或行业不能比拟的，因此需要针对港珠澳大桥的具体技术特点，对现行质量控制方法标准部分规定作必要的调整和完善。

国家标准《混凝土质量控制标准》（GB 50164—2011）从原材料质量控制、混凝土性能要求、配合比控制、生产控制水平、生产与施工质量控制及混凝土质量检验方面对施工混凝土耐久性质量控制进行了规定。水运工程标准《水运工程混凝土质量控制标准》(JTS 202-2—2011)从混凝土组成材料控制、混凝土配合比控制、混凝土施工过程质量控制及硬化混凝土质量控制等方面对施工混凝土耐久性质量控制进行了规定。《公路工程混凝土结构防腐蚀技术规范》(JTG/T B07-01—2006)从混凝土原材料选择、混凝土的施工要求、质量检验与验收等方面对提高高性能混凝土耐久性提出了指标要求。各行业标准都从混凝土原材料到硬化混凝土质量检验的全过程对高性能混凝土耐久性控制作出了全面的要求,总体上适用于港珠澳大桥工程的混凝土耐久性质量控制,但是某些关键性的内容需结合港珠澳大桥特定条件和结构部位进行优化调整。

因此,在港珠澳大桥初步设计阶段,对珠三角地区混凝土原材料从料源、生产工艺、材料品质、产量和储量以及运距等方面展开调研工作,同时对国内类似重大工程项目的混凝土原材料品质标准、检测方法等进行调研,针对港珠澳大桥工程特点,按"质量从严、指标可行"的原则对混凝土原材料性能指标进行合理可行规定。之后,在系统研究掌握配合比参数对混凝土性能影响规律的基础上,针对不同构件具体的混凝土性能要求,通过大量室内试拌试验及现场模型试验,结合我国大量的双掺技术的海工高性能混凝土配合比的实践以及长期暴露试验的验证,确定大掺量粉煤灰与粒化高炉矿渣粉混掺为配制长寿命海工高性能混凝土的基本途径,并以耐久性、强度等主要性能为重点,兼顾工作性、抗裂性以及经济性等协调发展,优选出满足具体构件性能要求的基准配合比,对混凝土配合比设计的耐久性指标配制,给出了耐久性指标的保证率设计方法。针对施工实体混凝土成熟度控制、钢筋保护层厚度控制、水胶比控制等混凝土耐久性质量控制的关键核心问题,开展大量试验研究,得出满足港珠澳大桥混凝土结构耐久性设计要求的耐久性质量控制关键技术,提出了适合于现场混凝土质量控制的方法,尤其提出大体积混凝土的裂缝控制的指导原则,形成了大桥专用的《混凝土耐久性质量控制技术规程》《大体积混凝土质量控制技术规程》等,以指导全桥混凝土耐久性质量控制。

5.2 混凝土全过程质量控制要素

5.2.1 原材料质量控制

在港珠澳大桥初步设计阶段,对珠三角地区混凝土原材料从料源、生产工艺、材料品质、产量和储量以及运距等方面展开调研工作,同时对国内类似重大工程项目的混凝土原材料品质标准、检测方法等进行调研,结合国内外标准,针对港珠澳大桥工程特点,按"质量从严、指标可行"的原则对混凝土原材料性能进行规定,并通过大量的室内混凝土试验研究,给出了适合于现场控制的原材料控制指标,为工程施工现场的质量控制提供合理可行的依据。

5.2.1.1 水泥质量控制

各个行业标准均要求遵循国家标准《通用硅酸盐水泥》(GB 175—2007)有关水泥的指标要求，不同行业对某些指标诸如熟料 C_3A 含量、水泥比表面积、碱含量等有特殊的要求。本工程用水泥在满足结构要求的混凝土配制强度同时，还需满足混凝土的耐久性要求，同时应有利于提高混凝土抗裂性能。因此宜采用强度等级不低于 42.5 级，质量符合国家标准《通用硅酸盐水泥》(GB 175—2007) 的 I 和 II 型低碱硅酸盐水泥（代号 P·I 和 P·II），不得使用立窑水泥。对于大体积长寿命海工高性能混凝土，选择水泥时不能以强度作为唯一指标，还需控制水泥中的铝酸三钙含量。港珠澳大桥各类结构混凝土用水泥中 C_3A 含量宜控制在 6%~12% 以内，对于大体积混凝土结构，宜低于 8%。水泥磨细后细颗粒增多，过大的水泥比表面积会加快水泥的水化速率，增加水泥的早期水化热，增大混凝土干缩。水泥过细对大体积混凝土抗裂不利。根据多个类似大型重点工程的成功经验，水泥比表面积不超过 400m^2/kg 为宜，对大体积混凝土宜不超过 350m^2/kg。为防止由于碱-集料反应造成的混凝土开裂，规定水泥中的碱含量应不超过 0.8% Na_2O 当量。出于控制混凝土中水溶性氯离子含量的考虑，要求水泥中氯离子含量不超过 0.06%。水泥温度过高，对混凝土拌和物的性能不利，且会直接导致混凝土拌和物出机温度的增高，进而对混凝土结构的温度控制不利，因此规定水泥温度高于 55℃ 不宜直接用于拌和混凝土。

5.2.1.2 矿物掺和料质量控制

各个行业标准对混凝土结构用粉煤灰需满足《用于水泥和混凝土中的粉煤灰》(GB/T 1596—2005)规定的指标要求。粉煤灰按煤种分类可分为 C 类和 F 类，C 类粉煤灰中 CaO、MgO 含量较高，在混凝土中容易引起有害的膨胀。本工程混凝土应使用由无烟煤或者烟煤煅烧收集且组分均匀、各项性能指标稳定的 F 类原状灰。粉煤灰按细度、需水量比和烧失量，可分为 I 级、II 级和 III 级，其品质对混凝土的性能有较大的影响，I 级粉煤灰性能优异，鉴于工程周边 I 级粉煤灰产量不高，且根据港珠澳大桥初步可行性研究阶段成果表明，适当放宽粉煤灰的质量标准，即使采用 II 级粉煤灰，只要质量稳定，对混凝土的性能没有不良影响。因此本工程规定混凝土选用 I 级或准 I 级粉煤灰，其中准 I 级粉煤灰除了需水量比放宽至不大于 100% 外，其余的细度、烧失量、SO_3 含量、游离氧化钙、含水量等指标均满足 I 级粉煤灰要求。

粒化高炉矿渣粉是冶炼生铁时从高炉中排出的废渣经粉磨形成的粉状渣，可分为 S105、S95 和 S75 三个等级。各个行业标准混凝土用粒化高炉矿渣粉均要求符合国家标准《用于水泥与混凝土中的磨细高炉矿渣粉》(GB/T 18046—2008)中 S75 级以上矿渣粉指标要求。矿渣粉越细，活性越高，使得混凝土早期收缩增大，混凝土越容易开裂。在一定范围内，掺矿渣粉混凝土的水化温升与收缩随矿渣粉的掺量的增加而增大。为充分发挥矿渣粉的火山灰效应，在提高混凝土强度与耐久性同时，尽量降低混凝土水化温度与收缩，粒化高炉矿渣粉7d活性不宜低于75%、28d活性不宜低于95%，比表面积以不超过500m²/kg为宜，大体积混凝土宜不超过440m²/kg。

5.2.1.3 集料质量控制

细集料应选用级配合理、质地均匀坚固、吸水率低、空隙率小的洁净天然中粗河砂，不宜使用人工砂、山砂，不得使用海砂。细集料性能指标应符合现行国家标准《建设用砂》（GB/T 14684—2011）的规定。

级配良好的粗集料间的空隙率较低，能够减少填充空隙的胶材用量，从而有利于大体积混凝土抗裂。粗集料中含泥量过多对混凝土强度、干燥收缩、抗冻、徐变、抗渗及和易性能都将产生不利影响，尤其会增加混凝土收缩，使抗拉强度降低。碱-集料反应能引起混凝土体积膨胀、开裂，严重影响工程质量。

如前所述，港珠澳大桥混凝土耐久性、强度、工作性及抗裂性能等综合性能要求高，而粗集料的质量对于混凝土配合比优化尤为重要。选用级配合理、粒形良好、质地均匀坚固、线膨胀系数小的洁净碎石，规定采用反击破工艺生产，使碎石具有良好的粒型，并使得混合级配其紧密堆积空隙率不大于40%。粗集料最大公称粒径不应大于25mm，其余指标应符合现行国家标准《建设用卵石、碎石》（GB/T 14685—2011）。鉴于大桥周边集料的实际状况，考虑到参照《建设用砂》（GB/T 14684—2011）、《建设用卵石、碎石》（GB/T 14685—2011）标准测试快速碱-硅酸反应进行集料碱活性检测时，当快速碱-硅酸反应测试14d膨胀率检测结果为0.1%～0.2%时，按规范中的碱-硅酸反应测试方法需要进行长达6个月的试验，这将直接对大桥建设进度产生不利影响。同时，考虑到本工程海工高性能混凝土采用了大量的活性矿物掺和料，利于抑制碱-硅酸反应的实际情况。因此，规定参照《预防混凝土碱骨料反应技术规范》（GB/T 50733—2011）中抑制集料碱-硅酸反应活性有效性试验方法进行快速判定，从而不影响工程的进度。

5.2.1.4 外加剂质量控制

聚羧酸系减水剂是性能优异的新型减水剂，具有掺量低、减水率高、保坍性好、适应性强等特点，并可综合改善混凝土的力学性能、耐久性能和抗裂性能。本工程要求采用聚羧酸减水剂配制海工高性能混凝土，应满足《混凝土外加剂》（GB/T 8076—2008）对高性能减水剂的要求，并在前期初步可行性研究阶段的基础上，规定本工程宜使用聚羧酸类高效液态减水剂及对减水率要求，同时考虑到此类减水剂多具有引气效果，且其引入的多为大气泡，对混凝土耐久性不利，因此对单掺入具有引气效果的聚羧酸减水剂时混凝土的含气量做出了规定；而对于大体积混凝土，结合实际的施工工艺通过在减水剂中掺入缓凝剂减少其早期水化放热速度，减少裂缝的产生。

5.2.2 混凝土配合比设计

在系统研究掌握配合比参数对混凝土性能影响规律的基础上,针对不同构件具体的混凝土性能要求,通过大量室内试拌试验及现场模型试验,结合我国大量的双掺技术的海工高性能混凝土配合比的实践以及长期暴露试验的验证,确定大掺量粉煤灰与磨细矿渣粉混掺为配制长寿命海工高性能混凝土的基本途径,并在第 5 章中进行了可行性论证,这与国内外重点工程粉煤灰与硅灰混掺的技术思路有所不同(如丹麦厄勒海峡交通工程、加拿大联盟大桥、香港青马大桥、香港昂船洲大桥等工程混凝土均采用粉煤灰与硅灰的混掺技术)。长寿命海工高性能混凝土配合比设计遵循《普通混凝土配合比设计规程》(JGJ 55—2011)要求进行设计,兼顾考虑不同规范对不同环境混凝土配合比参数如胶凝材料用量、掺和料种类及掺量、水胶比或用水量等有特殊的规定。

5.2.2.1 胶材用量

《水运工程混凝土质量控制标准》(JTS 202-2—2011)对于海水环境钢筋混凝土和预应力钢筋混凝土的最低胶凝材料用量对水下区混凝土为 320kg/m^3,对大气区和水位变动区为 360kg/m^3,对浪溅区为 400kg/m^3;而《公路工程混凝土结构防腐蚀技术规范》(JTG/T B07-01—2006)规定"不同强度等级混凝土的胶凝材料总量要求,C40 以下不宜大于 400kg/m^3;C40～C50 不宜大于 450kg/m^3;C60 及以上不宜大于 500kg/m^3(非泵送混凝土)和 530kg/m^3(泵送混凝土)",针对不同环境作用等级 A～F 的混凝土最低胶凝材料用量为 280～380kg/m^3。

5.2.2.2 水胶比

《水运工程混凝土质量控制标准》(JTS 202-2—2011)对于海水环境钢筋混凝土和预应力钢筋混凝土的最大水胶比对水下区混凝土为 0.45～0.55,对大气区和水位变动区为 0.50,对浪溅区为 0.40;《海港工程高性能混凝土质量控制标准》(JTS 257-2—2012)规定"胶凝材料浆体体积不大于 35%;混凝土用水量在 130～160kg/m^3"。《公路工程混凝土结构防腐蚀技术规范》(JTG/T B07-01—2006)针对不同环境作用等级 A～F 的混凝土最低胶凝材料用量为 0.55～0.32。

5.2.2.3 掺和料种类及掺量

不同行业标准规范对氯盐或海水环境下混凝土中的单掺掺和料种类及掺量规定见表 5-1。《水运工程混凝土质量控制标准》(JTS 202-2—2011)还规定"同时掺入粉煤灰、粒化高炉矿渣粉或硅灰时,其总量不宜大于胶凝材料总量的 60%,其中粉煤灰掺入量不宜大于 20%,硅灰掺入量不宜大于 8%;超出上述范围的掺和料,配合比设计时,不得作为胶凝材料"。《公路工程混凝土结构防腐蚀技术规范》(JTG/T B07-01—2006)规定"一般环境下除长期处于湿润环境、水中环境或潮湿土中环境的构件可以采用大掺量粉煤灰(掺量不大于 50%)混凝土外,对暴露于空气中的一般构件混凝土，粉煤灰掺量不宜大于20%，且单方混凝土胶凝材料中的硅酸盐水泥用量不宜小于240kg"。

不同标准规范对单掺掺和料种类及掺量的规定 表5-1

标准		掺和料品种及掺量（%）		
		磨细粒化高炉矿渣粉	粉煤灰	硅灰
《水运工程混凝土质量控制标准》	P·Ⅰ和P·Ⅱ硅酸盐水泥	≤70	≤30	≤8
	P·O普通硅酸盐水泥	≤60	≤20	≤8
《公路工程混凝土结构防腐蚀技术规范》		在海水环境下，应掺加大掺量或较大掺量矿物掺和料，并宜加入少量硅灰		

在主体结构正式施工前，实验室内进行了大量混凝土配合比试验，系统研究掌握配合比参数（胶凝材料用量、水胶比掺和料种类及掺量等）对混凝土性能影响规律。研究结果表明：矿物掺和料的掺入可有效降低胶凝材料的放热总量和放热速率；混合掺入粉煤灰与粒化高炉矿渣粉胶凝材料的放热速率、放热总量降低的幅度最大。混掺矿物掺和料的胶凝材料体系可以在保证混凝土具有高抗氯离子渗透性及较高力学性能的同时，有效降低混凝土的水化放热量及开裂敏感性，也能较好地平衡混凝土工作性能、力学性能、耐久性能以及抗裂性能等性能之间的关系。配合比试验研究表明，在配制长寿命高性能混凝土的过程中，要保证混凝土的工作性能、力学性能、体积稳定性能以及抗氯离子渗透性能得到均衡发展，必须对混凝土的水胶比、矿物掺和料种类与组成、胶凝材料用量等参数进行综合考虑，选择合适的参数取值范围。根据港珠澳大桥研究成果，结合标准规范对混凝土参数的要求以及对混凝土耐久性相关要求，最终规定了满足120年使用寿命的港珠澳大桥不同结构部位混凝土最大水胶比、最小胶凝材料用量、最大胶凝材料用量等配合比关键参数（表5-2、表5-3）确定采用大掺量优质粉煤灰、粒化高炉矿渣粉等矿物掺和料来提高混凝土抗氯离子渗透性、降低混凝土水化热温升的技术方案。

混凝土配合比参数 表5-2

结构	部位	最低强度等级（28d）	最大水胶比	最小胶凝材料用量（kg/m³）	最大胶凝材料用量（kg/m³）
非通航孔桥	组合梁	C45	0.36	360	480
	混凝土箱梁	C55	0.35	380	480
	桥墩	C50	0.36	360	480
	承台	C45	0.40	340	450
	桩基础	C30	0.42	380	500

续上表

结　构	部　位	最低强度等级（28d）	最大水胶比	最小胶凝材料用量（kg/m³）	最大胶凝材料用量（kg/m³）
九洲、青州、江海直达船航道桥	主塔	C50	0.36	360	480
	桥墩	C50	0.36	360	480
	承台	C45	0.38	340	450
	桩基础	C30	0.42	380	500
沉管隧道	沉管管节	C45	0.36	360	480
	暗埋段	C45	0.36	360	480
	敞开段	C45	0.36	360	480
	管节防撞墩（承台）	C50	0.36	360	480

混掺矿物掺和料体系掺和料的掺量　　表5-3

矿物掺和料种类	混掺矿物掺和料的总量	粒化高炉矿渣粉	粉煤灰	硅灰
占胶凝材料质量百分比（%）	45~70	≤45	≤30	≤5

5.2.2.4　强度与扩散系数双保证率的配合比设计

要保证港珠澳大桥工程达到120年的设计使用年限要求，混凝土结构的耐久性设计是基础，而混凝土配合比参数是直接影响混凝土耐久性的因素。因此根据长寿命海工高性能混凝土研究成果，兼顾混凝土强度、氯离子扩散系数等的协调发展选取胶凝材料用量、水胶比、胶凝材料种类及掺量等关键参数来进行港珠澳大桥主体结构混凝土的配合比设计。

高性能混凝土配合比设计遵循《普通混凝土配合比设计规程》（JGJ 55—2011）要求进行设计，混凝土试配强度按照95%保证率进行规定，试配强度按式(5-1)计算：

$$f_{cu,o} = f_{cu,k} + 1.645\sigma \tag{5-1}$$

而混凝土水胶比按式(5-2)进行计算：

$$w/b = \frac{\alpha_a \cdot f_{ce}}{f_{cu,0} + \alpha_a \cdot \alpha_b \cdot f_{ce}} \tag{5-2}$$

为保证施工中混凝土的氯离子扩散系数满足耐久性控制指标的要求，在高性能混凝土配制过程中应按照95%保证率进行混凝土的氯离子扩散系数的试配。

混凝土施工配制氯离子扩散系数 $D_{nssm,0}$ 应按式(5-3)计算：

$$D_{nssm,0} = D_{nssm,k} - 1.645\sigma_0 \tag{5-3}$$

式中：$D_{nssm,0}$——施工混凝土的配制氯离子扩散系数（$\times 10^{-12}$ m²/s）；

$D_{nssm,k}$——耐久性设计要求具体构件混凝土氯离子扩散系数（$\times 10^{-12}$ m²/s）；

σ_0——在混凝土配制过程中氯离子扩散系数标准偏差的统计值,无近期混凝土氯离子扩散系数统计资料时,28d 氯离子扩散系数的标准偏差 σ_0 可取 $0.61 \times 10^{-12} m^2/s$;开工后则应尽快积累统计资料,按式(5-4)计算标准偏差对 σ_0 进行修正:

$$\sigma = \sqrt{\frac{\sum_{i=1}^{N} D_{nnsm,i}^2 - N D_n^2}{N-1}} \tag{5-4}$$

$D_{nnsm,i}$——第 i 组混凝土氯离子扩散系数($\times 10^{-12} m^2/s$);

D_n——N 组混凝土氯离子扩散系数的平均值($\times 10^{-12} m^2/s$);

N——统计批内的试件组数,$N \geq 25$。

5.2.3 混凝土施工过程质量控制技术

各个行业标准对混凝土施工过程质量控制主要从原材料进场检验、配料(计量)、搅拌、运输、浇筑、养护等方面作出了规定。

5.2.3.1 材料检测

对于原材料质量检验,各行业标准规定均类似或相差不大,对混凝土进场验收、检验、存储进行了规定,考虑到港珠澳大桥的重要程度以及三地共管的特殊性,参照相关行业标准原材料进场检验要求给出施工中的混凝土原材料(含水泥、水、减水剂、矿物掺和料、集料等)的进场检验项目、抽样检测项目、检测频率等,供业主、监理、施工方直接选取。

5.2.3.2 混凝土生产

对于混凝土原材料计量允许偏差要求,《海港工程高性能混凝土质量控制标准》(JTS 257-2—2012)规定"陆上拌制"胶凝材料、拌和用水计量允许偏差为 ±2%,外加剂为 ±1%,粗、细集料为 ±3%;而"陆上拌制"胶凝材料计量允许偏差为 ±2%,拌和用水和外加剂为 ±1%,粗、细集料为 ±3%,而有些行业标准已将胶凝材料、拌和用水和外加剂计量允许偏差均规定为 ±1%,粗、细集料为 ±2%。从本工程混凝土耐久性质量控制和可操作性上考虑,胶凝材料、拌和用水和外加剂允许偏差均规定为 ±1%,粗、细集料为 ±2%,而且还详细给出施工时原材料称量视值检查的最少次数。

各行业标准对混凝土搅拌机参数要求、原材料投料顺序、搅拌时间、出机检测项目及频率进行了明确规定。《海港工程高性能混凝土质量控制标准》(JTS 257-2—2012)规定了采用先以掺和料和细集料干拌,再加水泥与部分拌和用水,最后加粗集料、减水剂溶液和余下的拌和用水的加料顺序,其连续搅拌的最短时间除经试验确定外,应按搅拌设备说明书的规定比普通混凝土延长 40s 以上,并要求每一工作班应检查两次搅拌时间;而《混凝土质量控制标准》

（GB 50164—2011）规定"应满足混凝土搅拌技术要求和混凝土拌和物质量要求，并根据混凝土坍落度要求、搅拌机类型、搅拌机容量规定了最短搅拌时间，要求每一工作班检查搅拌时间两次"。综合不同行业标准的规定，考虑到本工程混凝土拌和可能采用不同的搅拌设备，为了保证海工高性能混凝土拌和物的拌和效果，对分次投料顺序进行了原则性的规定，即"采用分次投料搅拌方法时，应通过试验确定投料顺序、数量及分段搅拌的时间等工艺参数。掺和料宜与水泥同步投料，液体外加剂宜滞后于水和水泥投料，粉状外加剂宜溶解后再投料"。根据多年来拌制海工高性能混凝土的经验值，其最短连续搅拌时间是在拌制普通混凝土的基础上延长了60s。考虑到搅拌设备及搅拌技术的发展，越来越先进的搅拌设备将投入到本工程的施工中，此处增加了需要调短最短连续搅拌时间的要求。不同容量的搅拌机最短连续搅拌时间见表5-4。

混凝土最短连续搅拌时间 表5-4

要求的搅拌机型	搅拌机容量(L)	最短连续搅拌时间(min)
强制式(非立轴)	≤1 500	2.5
	>1 500	3.0

对出机混凝土的和易性检测是混凝土生产的重要环节，因此不同行业标准都对混凝土出机性能的测试频率有规定，部分行业标准对混凝土出机匀质性的测试有硬性规定。如《混凝土质量控制标准》（GB 50164—2011）对同一盘混凝土的搅拌匀质性（混凝土砂浆密度、混凝土拌和物稠度允许偏差）做出了规定。同时考虑到水胶比是控制混凝土质量的重要指标，在调研了国内外水胶比测试方法和可操作性的基础上，根据研究专题"混凝土耐久性质量控制技术"的研究成果，为了早期检测混凝土的水胶比以便及时检验混凝土拌和用水量的准确性给出了测试方法，另外针对沉管混凝土浇筑时新拌混凝土规定了新拌混凝土密度的检测频次。

现场施工混凝土水胶比的波动在一定程度上导致了硬化混凝土力学性能和耐久性的不稳定性，增加了工程建设风险。因此，针对混凝土拌和物水胶比的检测的事前控制在国内外已有广泛研究，并已研制出快速测定新拌混凝土水胶比、分析混凝土组成的测试设备。其中有两类设备技术较为先进，一种是基于混凝土稠度原理的以FCT101为代表的新拌混凝土测试仪，其根据混凝土的稠度与混凝土的水胶比、强度存在对应关系原理，通过测定探头在混凝土中的旋转阻力来表示混凝土的稠度值（FCTM），查找仪器内标定存储的各种稠度值对应的水胶比、强度、坍落度等；另一种是基于体积平衡法的以W-checker为代表的新拌混凝土单位水量测定仪。在混凝土的原材料中，水的密度远低于胶凝材料、砂、碎石等固相材料，利用原材料的密度差别，可计算各组分材料用量，且与设计配合比数值相差较小。当混凝土单方用水量不变时，混凝土拌和物的密度随含气量的增大而呈线性下降；当含气量不变时，拌和物密度的增大或减小则表示用水量的减小或增大。根据体积平衡法，在准确测量混凝土拌和物的密度和含气量条件下，根据已知的设计配合比和各原材料密度，可计算出拌和物的单方用水量和水胶比。基于以上原理,日本圆井株式会社开发了新拌混凝土单位水量测定仪(W-checker),采用该仪器可在施工现场对混凝土拌和物的单方用水量、胶凝材料用量、含气量、水胶比等参数进行迅速测量(图5-1)。

图5-1　W-checker新拌混凝土单位水量测定仪

在进行港珠澳大桥主体施工之前,采用两类仪器针对港珠澳大桥沉管高性能混凝土拌和物进行了一系列的水胶比测试试验。试验过程中,在保持其他组成不变的前提下波动设计配合比中的水胶比,水胶比波动范围为0.33~0.38,制备系列混凝土,采用两种新拌混凝土单位水量测定仪测试混凝土拌和物的水胶比等参数。在现场混凝土施工过程中,采用基于体积平衡原理的新拌混凝土单位水量测定仪对出机混凝土拌和物进行了水胶比监测,针对沉管混凝土分别对8个沉管节段进行了共计14次的测试。

5.2.3.3　混凝土浇筑与养护

各行业标准对混凝土浇筑时的入模温度、混凝土自由倾落高度、分层浇筑厚度、振捣方式、振捣时间作了相应的规定。如《混凝土质量控制标准》(GB 50164—2011)规定"当夏季天气炎热时,混凝土拌和物入模温度不应高于35℃;当混凝土自由倾落高度大于3.0m时,宜采用串筒、溜管或振动溜管等辅助设备,每层浇筑厚度宜控制在300~350mm,振捣时间宜按拌和物稠度和振捣部位等不同情况,控制在10~30s内"。依据相关规范要求,按照"指标从严,兼顾合理"的原则,结合小尺寸模型和足尺模型试验研究成果规定:混凝土入模温度限值、最高温度限值,即混凝土在浇筑时的温度宜控制在10~28℃,新浇混凝土与邻接的已硬化混凝土或岩土介质之间的温差不应大于20℃,混凝土表面的接触物(如喷涂的养护剂)与混凝土表面温度之差不应大于15℃,混凝土入模后最高温度不应高于70℃。同时考虑到现场施工中,用于混凝土温度控制可能采用的冰渣、冷却水等手段,在大桥耐久性质量控制技术规程中给出了出机温度的计算方法。对于大桥不同混凝土构件形式,给出了具体的浇筑要求;对于浅埋开敞段现浇沉管构件,根据已有的研究成果和工程经验,此种浇筑方式的上下层混凝土之间容易产生约束开裂,因此作了"尽量缩短分层浇筑的时间间隔"的规定。

良好的养护是保证混凝土中的矿物掺和料充分地水化进而提高海工高性能混凝土的耐久性能的重要工序;而对于大体积混凝土,不恰当的养护还会诱导其产生贯穿裂缝,因此各行业规范均对混凝土的养护做了相应的规定。《混凝土质量控制标准》(GB 50164—2011)要求"对于采用硅酸盐水泥、普通硅酸盐水泥或矿渣硅酸盐水泥配制的混凝土,采用浇水和潮湿覆盖的养护时间不得少于7d;对于大体积混凝土,养护过程应进行温度控制,混凝土内部和表面的温差不宜超过25℃,表面与外界温差不宜大于20℃"。而《海港工程高性能混凝土质量控制标准》(JTS 257-2—2012)规定"在常温下混凝土潮湿养护时间不应少于14d,气温较低时应适当延长潮湿养护时间;对于大体积混凝土,混凝土内表温差不大于25℃,混凝土块体降温速率不大于2℃/d,采取防止混凝土表面温度骤降的措施,混凝土表层与大气温差不大于20℃,混凝土表面与养护水的温差不大于15℃"。综合上述行业规范要求,本工程针对大桥不同混凝土构件形式,给出了具体的养护要求:"养护期间应保持混凝土表面一直处于湿润状态,混凝土的潮湿养护时间不应低于15d"。同时为保证混凝土结构的设计使用寿命,对于大桥预制混凝土构件,尽可能养护28d后接触海水;对于现浇混凝土构件,也需要尽可能延长接触海水的时间,如条件不具备时,根据研究专题"混凝土耐久性质量控制技术"的阶段研究成果,要求:"现浇浪溅区及以下的混凝土构件应保证混凝土的成熟度达到15 412℃·h(为28d成熟度的75%)前,不受海水的侵袭"。

在海工高性能混凝土工程施工过程中,混凝土构件在暴露于恶劣海水腐蚀环境时的抗氯离子渗透性必须满足设计控制指标的要求,否则难以达到预定的设计使用寿命。混凝土的抗氯离子渗透性除了与水胶比、材料组成等因素有关外,还与养护温度、养护龄期等因素相关。随着养护温度和养护龄期的变化,混凝土的水化产物和孔结构也会发生演变,并导致其渗透性发生变化。20世纪50年代英国学者Saul提出了成熟度的概念,并指出对于同一种混凝土,不管其养护温度和时间如何变化,只要混凝土的度时积相等,其抗压强度大致相同。随着成熟度理论的发展,利用成熟度—强度曲线可以推算混凝土早期强度逐渐成为共识,并已形成成熟技术,被广泛应用于指导混凝土工程的施工。但有关成熟度和混凝土耐久性能的相关性研究较少,鲜见混凝土成熟度与氯离子扩散系数之间的关系研究。正式施工前,针对港珠澳大桥预制沉管混凝土配合比,分别测试不同龄期下混凝土的氯离子扩散系数和成熟度,研究在不同养护条件下混凝土的耐久性能、成熟度的发展变化规律及相关关系。混凝土成熟度测试采用美国Nomadics结构实验室研发的IntelliRock成熟度测定仪直接测得(图5-2)。研究结果以沉管混凝土为例,给出不同季节接触海水推荐龄期和控制龄期,以及考虑水化热时的不同季节接触海水推荐龄期和控制龄期。

图 5-2 IntelliRock 成熟度测定仪

5.2.4 硬化混凝土质量控制

各个行业标准对于硬化混凝土质量控制主要从外观要求、强度、耐久性及保护层厚度的验收等方面做出了规定。《海港工程高性能混凝土质量控制标准》(JTS 257-2—2012)关于外观质量的要求"混凝土结构、构件拆模后应对其外观质量及外形尺寸进行检查,其检查数量和方法应按现行行业标准《水运工程质量检验标准》(JTS 257-2—2012)的有关规定执行"。本工程规定"混凝土结构、构件拆模后应对其外观质量及外形尺寸进行检查,其检查数量和方法应按现行国家标准《混凝土结构工程施工质量验收规范》(GB 50204—2015)的有关规定进行"。

5.2.4.1 试样留置与检验

不同行业标准关于硬化混凝土强度的混凝土试件留置、制作、养护和测试以及结构混凝土强度评定基本按照现行国家标准《普通混凝土拌和物性能试验方法标准》(GB/T 50080—2002)和《混凝土强度检验评定标准》(GB/T 50107—2010)的有关规定执行。不同行业标准关于硬化混凝土耐久性质量控制对耐久性试件留置及养护以及耐久性评定进行了规定,相关试验方法参照国家标准《普通混凝土长期性能和耐久性能试验方法标准》(GB/T 50082—2009)。某些标准对耐久性混凝土试件的留置做了特殊的规定,如《海港工程高性能混凝土质量控制标准》(JTS 257-2—2012)规定抗氯离子渗透性试件的留置同一配合比的混凝土浇筑 1 000 m³ 应留置 1 组试件,每个混凝土分项工程应至少留置 3 组试件。抗氯离子渗透试件的评定:当试件数为 3 组时,任何 1 组的代表值均应符合设计规定的限值,试件组数为 4~10 组时,总平均值不得大于设计规定的限值,其中任何一组的代表值不得超过限值的 10%,试件组数大于 10 组时,总平均值不得大于设计规定的限值,其中任何 1 组的代表值不得超过限值的 15%。

5.2.4.2 钢筋的混凝土保护层厚度控制

钢筋的混凝土保护层厚度是钢筋混凝土结构设计使用寿命计算的关键参数,也是混凝土耐久性质量控制最直接最有效的方法之一。钢筋的混凝土保护层的主要作用是满足混凝土构件截面受力需要,保护钢筋不被腐蚀,保证构件的正常使用。在国内外的大型混凝土工程尤其是海洋环境混凝土工程中,钢筋保护层的厚度均有严格要求,其相应的检测和控制技术也是工程施工的关键技术。钢筋保护层厚度的检测通常采用无损检测的方法,应用较多的检测设备是混凝土钢筋保护层厚度检测仪,其中较为先进的是瑞士 PRO-CEQ 公司生产的钢筋检测仪。

在实际工程中,混凝土钢筋保护层厚度的控制通常会出现偏差,因此不同行业标准对保护层厚度允许偏差作出了规定,见表5-5。在大型跨海桥梁工程中,对钢筋的混凝土保护层厚度的允许偏差要求更为严格,现有保护层厚度控制技术在长寿命要求的大型钢筋混凝土现浇或预制构件制作中应用的适用性值得商榷,针对大型跨海桥梁和隧道工程的混凝土钢筋保护层控制技术需要针对性地分析,以期能改进和提高。

不同行业标准对保护层允许偏差的规定 表5-5

标　　准	保护层厚度规定
《混凝土结构工程施工质量验收规范》	纵向受力钢筋保护层厚度的允许偏差,对梁类构件为 +10mm ~ -7mm,对板类构件为 +8mm ~ -5mm
《水运工程混凝土质量控制标准》	混凝土保护层厚度的允许偏差应为 -5mm ~ +10mm,合格点率不低于90%
《公路桥涵施工技术规范》	对于海洋环境桥梁工程,对钢筋的净混凝土保护层厚度,其施工的允许误差应为正偏差,对现浇结构其最大允许误差应不大于10mm,对预制构件应不大于5mm
《海港工程高性能混凝土质量控制标准》	混凝土保护层厚度的允许偏差应为 -5mm ~ +10mm,合格点率不低于90%

主体结构施工前,通过对港珠澳大桥工程所在地周边近期新建的水工建筑物实体构件钢筋的混凝土保护层厚度调研,结合港珠澳大桥营地码头建设、预制沉管足尺模型保护层厚度检测结果,分析总结我国施工单位关于混凝土保护层厚度的控制水平。在正式施工中,通过加强保护层垫块厚度的控制、增加垫块的布置密度、加强浇注前的预检等措施进行改进。通过对钢筋保护层厚度改善措施的效果进行验证分析及耐久性寿命验算,并辅以正常工程化预制后管节保护层厚度合格率验证,实施改善措施后,可以达到本工程混凝土结构钢筋的混凝土保护层厚度,应满足以下要求:

①受检构件保护层厚度测点值中最小值低于设计值5mm或最大值高于设计值18mm时,检测结果判定为不合格;

②受检构件保护层厚度测点值中90%及以上测点数量不低于设计值时,检测结果判定为合格;

③受检构件保护层厚度测点值中不低于设计值的测点数量为80% ~ 90%时,可再增加4根钢筋进行检测,当按两次抽样数量总和计算的测点值中90%及以上测点数量不低于设计值

时,检测结果仍应判定为合格;

④当受检构件保护层厚度的检测结果不合格时,应判定检验批不合格。

根据后期预制沉管阶段保护层厚度检测结果,进一步验证了上述关于保护层厚度允许偏差的规定总体上"做得到、控得住"。

5.3 混凝土施工质量控制关键技术

5.3.1 混凝土拌和物水胶比控制

混凝土浇筑前的传统质量控制措施是检验混凝土的和易性,而硬化混凝土的质量要等到留样至规定龄期的测试才能确定。混凝土的最终性能取决于其各种组成材料的组分,如果能在浇筑前能准确测得混凝土拌和物的材料组成,则可快速预测硬化混凝土的性能,一旦预测发现混凝土组分发生了变化,可在浇筑前采取措施,避免不必要的质量事故和经济损失。水胶比检测是近些年来出现的混凝土拌和物材料组成的检测方法,因水胶比是影响混凝土强度和耐久性等性能的最重要参数,测得水胶比,就可以根据材料的组成比例,较准确预测混凝土的性能。

混凝土拌和物水胶比的检测在国内外已有广泛研究[4]。学者 Nischer 提出的测定方法是将新拌混凝土与占其质量 10% 的酒精混合后燃烧,反复进行,以该过程中的质量损失作为混凝土的含水量。另外,采用估算热中子的散射度也可以测定新拌混凝土含水量,其方法是在拌和物中放置一个辐射源,由于氢是影响热中子散射和减速的主要成分,且氢几乎只与水结合,因此通过核子测定可以确定混凝土中的含水量值。

日本和欧美在 20 世纪 70 年代末至 80 年代初先后研制出快速测定新拌混凝土水胶比、分析混凝土组成的测试设备,并经过不断改进,已经形成了成熟技术。英国学者开发了 FCT 法,该方法采用混凝土流变特性原理,采用旋转扭矩传感器测量混凝土阻力矩,通过测试新拌混凝土 FCT 值和存储的关系曲线快速得出混凝土坍落度、水胶比以及 28d 强度值。日本学者通过分析新拌混凝土的单位用水量和水泥用量来测定混凝土水胶比,并进一步通过水胶比与混凝土 28d 抗压强度的关系来预测硬化混凝土性能。

近年来,我国先后引进了欧美和日本的新拌混凝土成分分析技术,并采用相关设备进行了一些科研工作和现场混凝土施工的技术服务工作,取得了一些研究成果和实际经验。从目前的应用情况来看,与传统的通过测试混凝土拌和物在干燥过程中失水量的方法来检测水胶比相比,日本和欧美所开发的新拌混凝土成分分析技术具有方便、快捷等特点,应用于实际施工过程中有一定优势。然而,现有新拌混凝土成分分析技术由于原理不同,其应用于混凝土拌和物水胶比检测的效果也有所不同,尤其是用于掺有减水剂和矿物掺和料的高性能混凝土时,不同技术途径的适用性和准确性有较大差异。

5.3.1.1 基于混凝土稠度的水胶比检测方法

新拌混凝土组成是骨料悬浮于砂浆介质中,从宏观流变学来分析,新拌混凝土仍属于宾汉姆体范畴,其流变方程式如下:

$$\tau = \eta\gamma + \tau_f \tag{5-5}$$

式中:τ——剪切应力;

γ——应变梯度;

η——塑性黏度;

τ_f——屈服应力。

混凝土拌和物的流变特性主要取决于屈服应力和塑性黏度。当混凝土的水胶比增大时,屈服应力和塑性黏度相应减小。与此同时,新拌混凝土的工作性与其流变特征也密切相关,尤其是与屈服应力和塑性黏度等参数相关性较大[5]。由此可见,新拌混凝土的流变特征、工作性、水胶比之间存在一定的相关关系,在建立其关系曲线的基础上,可通过测试新拌混凝土的流变特征而得到其工作性和水胶比等参数。

基于以上原理,国外学者开发了新拌混凝土成分分析仪,如英国 Colebrang 公司生产的 FCT,能够在施工过程中快速推测出混凝土的水胶比、坍落度及 28d 抗压强度等技术参数。该设备有一个由主电机带动的可旋转探头,设备启动后将探头置于新拌混凝土中一定的深度,通过测试其探头扭矩得到一个相应的 FCT 值,对同一新拌混凝土多次测试后得到平均值 FCTM。在设备中存储有两套曲线,第一套曲线包括 FCTM 值与坍落度的关系曲线以及坍落度与水胶比的关系曲线,第二套曲线描述混凝土 28d 抗压强度与水胶比之间的关系。在进行新拌混凝土测试时,可通过测试混凝土的 FCTM 值并结合相应关系曲线来获得坍落度和水胶比等信息。设备中存储的经验曲线厂家是经过大量试验获得的数据处理结果,实际应用时应先采用各测试参数已知的混凝土进行标定,选择合适的经验曲线后再进行水胶比等参数的测试。

我国在引进国外相关技术后,也进行了该类型的仪器开发,如目前在工程中经常使用的高性能混凝土综合性能测定仪等,其原理和工作方式与 FCT 基本相同,仪器内部存储了大量经验曲线,在实际测试中可根据测试情况和相应经验曲线来获得混凝土拌和物的坍落度、水胶比、抗压强度等参数。

在港珠澳大桥工程沉管高性能混凝土的施工过程中,以沉管高性能混凝土配合比作为基准配合比,采用高性能混凝土综合性能测定仪在试验室进行了系列验证试验。混凝土基准配合比见表 5-6。

试验混凝土基准配合比 表 5-6

水胶比	砂率(%)	水(kg/m³)	水泥(kg/m³)	粉煤灰(kg/m³)	矿渣粉(kg/m³)	碎石(kg/m³)	砂(kg/m³)	外加剂(kg/m³)
0.35	43	147	189	105	126	1 047	775	4.2

在基准配合比的基础上,使水胶比在 0.30~0.40 范围内进行波动,并保持其他组成不变,通过微调减水剂的用量来配制混凝土,使各组混凝土坍落度达到 180~220mm 范围。混凝土出机后采用混凝土坍落度筒测试混凝土的真实坍落度,之后采用高性能混凝土综合性能测定仪测试其水胶比、坍落度,测试结果见表 5-7。

高性能混凝土综合性能测定仪测试结果　　表 5-7

编号	设计水胶比	实际坍落度（mm）	测试水胶比		测试坍落度（mm）	
			单值	平均值	单值	平均值
1	0.30	180	0.355	0.354	157	167
			0.355		167	
			0.353		177	
2	0.33	210	0.357	0.358	165	169
			0.365		183	
			0.353		159	
3	0.35	200	0.365	0.362	176	187
			0.363		183	
			0.359		202	
4	0.37	195	0.366	0.366	212	207
			0.363		174	
			0.368		234	
5	0.40	205	0.368	0.366	224	225
			0.366		221	
			0.364		231	

注:表中坍落度按《普通混凝土拌和物性能试验方法标准》(GB/T 50080—2002)测得。

对混凝土拌和物的水胶比测试结果进行统计分析,结果如图 5-3 所示。

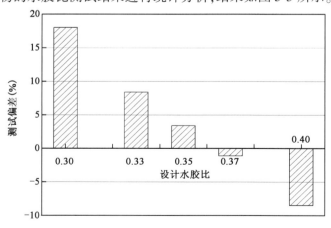

图 5-3　高性能混凝土综合性能测定仪水胶比测试结果偏差分析

从分析结果来看,当设计水胶比为 0.30 时,测试偏差最大,达到 18%;设计水胶比为 0.35 和 0.37 时,测试的偏差较小,分别为 3.4% 和 -1.1%;设计水胶比进一步提高到 0.40 时,测试偏差增加到 -8.5%。总体看来,采用高性能混凝土综合性能测定仪来测试本工程高性能混凝土的水胶比,其测试准确度难以令人满意。从试验过程来看,设计水胶比较低时,混凝土拌和物黏度过大,和易性较差;设计水胶比偏高时,混凝土拌和物有一定程度的离析现象。结合试验过程和测试结果分析来看,高性能混凝土综合性能测定仪用于混凝土水胶比测试时,要求混凝土拌和物具有良好的工作性,黏度过大或离析等现象易造成测试精度的降低。

5.3.1.2 基于体积平衡法的水胶比检测方法

混凝土是由胶凝材料、水、砂、碎石等原材料按一定配合比组成并含有一定量空气的多相复合材料。在混凝土的原材料中,水的密度远低于胶凝材料、砂、碎石等固相材料,利用原材料的密度差别,可计算各组分材料用量,且与设计配合比数值相差较小。当混凝土单方用水量不变时,混凝土拌和物的密度随含气量的增大而呈线性下降;当含气量不变时,拌和物密度的增大或减小则表示用水量的减小或增大。根据体积平衡法,在准确测量混凝土拌和物的密度和含气量条件下,根据已知的设计配合比和各原材料密度,可计算出拌和物的单方用水量和水胶比,具体原理如下[7]。

将混凝土拌和物置于已知容积的容量筒内,拌和物的体积为各组分的体积之和:

$$V_g(1-\alpha) = V_G + V_S + V_B + V_W \tag{5-6}$$

式中: V_g——容量筒体积;

α——含气量;

V_G、V_S、V_B、V_W——依次为拌和物中粗集料、细集料、胶凝材料和水的体积。

由于原材料中胶凝材料、水、粗集料、细集料的密度 ρ_B、ρ_W、ρ_G、ρ_S 均为已知,则有:

$$V_g(1-\alpha) = \frac{M_G}{\rho_G} + \frac{M_S}{\rho_S} + \frac{M_B}{\rho_B} + \frac{M_W}{\rho_W} \tag{5-7}$$

令 $\frac{M_G}{\rho_G} + \frac{M_S}{\rho_S} = A$,上式可表示为:

$$V_g(1-\alpha) \cdot \rho_B \cdot \rho_W = A \cdot \rho_B \cdot \rho_W + M_B \cdot \rho_W + M_W \cdot \rho_B \tag{5-8}$$

拌和物的体积密度可按试(5-8)计算得出:

$$\gamma_0 = \frac{M_G + M_S + M_B + M_W}{V_g(1-\alpha)} \tag{5-9}$$

式中: γ_0——混凝土拌和物的体积密度;

M_G、M_S、M_B、M_W——拌和物中粗集料、细集料、胶凝材料、水的质量。

令 $M_G + M_S = B$,上式可表示为:

$$\gamma_0 \cdot V_g(1-\alpha) = B + M_B + M_W \tag{5-10}$$

根据以上方程的求解,可得到混凝土拌和物单方用水量 M_W 和单方胶凝材料用量 M_B:

$$M_W = \frac{B \cdot \rho_W - V_g(\gamma_0 \cdot \rho_W - 1)(1-\alpha) - A \cdot \rho_B \cdot \rho_W}{\rho_B - \rho_W} \quad (5\text{-}11)$$

$$M_B = \gamma_0 \cdot V_g(1-\alpha) - B\frac{B \cdot \rho_W - V_g(\gamma_0 \cdot \rho_W - 1)(1-\alpha) - A \cdot \rho_B \cdot \rho_W}{\rho_B - \rho_W} \quad (5\text{-}12)$$

根据拌和物的单方用水量和单方胶凝材料用量,可计算出混凝土的水胶比 W/B:

$$\frac{W}{B} = \frac{M_W}{M_B} \quad (5\text{-}13)$$

基于以上原理,日本圆井株式会社开发了新拌混凝土单位水量测定仪(W-checker),采用该仪器可在施工现场对混凝土拌和物的单方用水量、胶凝材料用量、含气量、水胶比等参数进行迅速测量。

针对港珠澳大桥沉管高性能混凝土拌和物水胶比的测试,为了提高水胶比测试的准确性,首先测试了集料的密度和胶凝材料的润湿密度,分别见表 5-8 和表 5-9。在现场混凝土拌和物水胶比测试前,先在实验室针对沉管混凝土设计配合比进行了系列测试试验。试验过程中,在保持其他组成不变的前提下波动设计配合比中的水胶比,水胶比波动范围为 0.33~0.38,制备系列混凝土,采用新拌混凝土单位水量测定仪测试混凝土拌和物的水胶比等参数,测试结果见表 5-10。

粗细集料密度测试结果 表 5-8

样品名称	表观密度(g/cm^3)	表干状态的表观密度(g/cm^3)
粗集料	2.680	2.677
细集料	2.650	2.652

胶凝材料润湿密度测试结果 表 5-9

材料名称	水泥(g/cm^3)	粉煤灰(g/cm^3)	矿渣粉(g/cm^3)	混合密度(g/cm^3)	混合湿润密度(g/cm^3)
密度	3.175	2.310	2.890	2.827	2.857

混凝土拌和物测试结果 表 5-10

编号	设计水胶比	测试水胶比	设计用水量(kg/m^3)	测试用水量(kg/m^3)	含气量(%)	胶材用量(kg/m^3)	密度(kg/m^3)
1	0.33	0.337	138.6	142.7	2.82	423.2	2 383.9
2	0.34	0.345	142.8	146.0	2.53	422.8	2 386.0
3	0.35	0.351	147.0	148.7	2.13	423.2	2 392.2
4	0.36	0.361	151.2	151.7	2.49	419.9	2 377.3
5	0.37	0.371	155.4	155.2	2.30	419.0	2 376.3
6	0.38	0.382	159.6	160.1	2.40	419.1	2 378.5

从实验室测试结果可看出,采用新拌混凝土单位水量测定仪可准确测试混凝土拌和物的

用水量和胶凝材料用量,测试偏差较小。在此基础上,对混凝土拌和物水胶比测试的结果进行了偏差分析,结果如图5-4所示。从计算结果可知,设计水胶比为0.33的混凝土水胶比测试误差为2.1%,另外5组混凝土的测试误差均小于2.0%,总体水胶比的测试误差在3.0%以内。由此可见,采用新拌混凝土单位水量测定仪进行混凝土拌和物水胶比测试时具有较高的精确度。

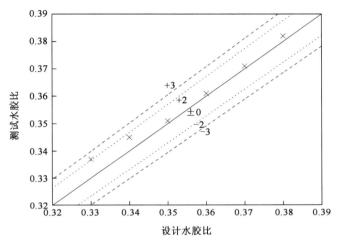

图5-4 混凝土拌和物水胶比测试偏差分析

在现场混凝土施工过程中,采用新拌混凝土单位水量测定仪对出机混凝土拌和物进行了水胶比监测,分别对8个沉管节段进行了共计14次的测试,图5-5为沉管混凝土现场施工过程中拌和物水胶比监测结果分布图,从分布结果来看,考虑测试偏差,现场混凝土水胶比波动较小。从该混凝土设计配合比来看,在考虑减水剂含水的情况下,混凝土实际理论水胶比应为0.358,如图中虚线所示。由此可见,现场混凝土水胶比控制良好,水胶比波动范围较小。

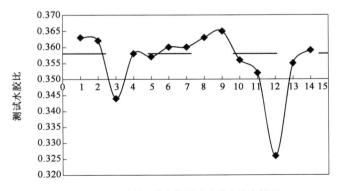

图5-5 现场混凝土拌和物测试水胶比分布情况

5.3.1.3 施工现场水胶比检测方法比选

港珠澳大桥工程是一个大型跨海集群工程,工程结构形式和服役环境复杂,工程设计对混凝土的性能尤其是耐久性提出了更高的要求。工程中一些关键混凝土结构,如沉管隧道等,均采用了大掺量矿物掺和料的高性能混凝土,混凝土的设计水胶比较小,同时使用了聚羧酸系高效减水剂。由于大掺量矿物掺和料的使用,采用基于稠度的方法进行混凝土拌和物水胶比检测时,现有经验曲线难以满足实际混凝土的需求。另外,由于混凝土水胶比较低,且大掺量的矿渣粉和高效减水剂的应用使混凝土拌和物的稠度较为敏感,除水胶比波动外,其他因素如减水剂的波动也对混凝土拌和物的稠度有明显影响。因此,采用基于稠度的方法进行水胶比检测,其检测的准确度和稳定性难以保证。

基于体积平衡法的水胶比检测方法是结合混凝土设计配合比,并通过测定混凝土拌和物的密度和含气量来计算其单位用水量、胶凝材料用量和水胶比等参数,检测过程中影响测试结果的因素相对较少,在保证所检测混凝土拌和物均匀性的前提下,检测结果具有良好的准确性和稳定性,适用于本工程大掺量矿物掺和料高性能混凝土水胶比的检测。

5.3.2 基于成熟度理论的混凝土构件接触海水时间控制

5.3.2.1 混凝土成熟度

混凝土强度的产生是通过水泥的水化而实现的,周围环境的温度对水泥的水化作用的进行有显著影响,温度高水化速度加快,反之则迟缓。影响混凝土强度增长的因素非常之多,但是当混凝土组成成分与施工工艺确定后,其强度增长将主要取决于养护温度养护龄期。自1904年起,就有很多学者尝试考虑温度与龄期的综合效应。1949年,英国学者提出了混凝土强度增长率与其养护时间和温度历史直接相关的想法,并指出混凝土在任意时刻的硬化速率与养护温度超出基准温度的累计和成正比,但这种理论却不适用于养护温度特别高的情况。同年,学者Nurse基于自己的试验结果指出混凝土的抗压强度随度时积(温度与时间的乘积)的增长规律[8-10]。1951年,Saul在Nures研究的基础上提出了混凝土成熟度的概念,即同样成熟度的试件将有同样的强度,而与养护温度的历程无关。至此,出现了广为人知的Nures-Saul成熟度方程,即式(5-14):

$$M = \int_0^t \left[\theta(t) - \theta_0 \right] \tag{5-14}$$

式中:M——混凝土成熟度值(℃·h);

t——混凝土的硬化时间(h),为基准温度,通常取 $-10℃$。

混凝土的成熟度采用成熟度仪进行测定,尽管目前国外市场有多种成熟度测定仪,如玻璃棒式成熟度计、智能型成熟度巡回检测仪等,但仪器主要由埋置式温度探头和控制主机两部分构成,混凝土的温度和硬化时间由埋置式温度探头进行测定和存储,而控制主机主要用于对温度探头的激发、指令的输出和数据的采集和输出。

由于混凝土成熟度公式的简单实用性,在工程界引起了广泛的关注,利用成熟度-强度曲线可以推算出混凝土早期强度逐渐成为共识,被广泛应用于指导混凝土工程的施工。通常硅酸盐水泥混凝土成熟度的适用龄期不超过28d,但大掺量矿物掺和料已广泛应用于海工高性能混凝土中,混凝土成熟度理论可以延长至56d甚至更长的时间。

5.3.2.2 养护龄期与温度对混凝土氯离子扩散系数的影响

采用沉管隧道混凝土配合比成型混凝土试件,试件成型24h后拆模,再将试件置于相应的环境中进行养护,至相应的龄期时开展测试。不同的季节施工可能会对沉管混凝土的抗氯离子渗透性能产生影响,所以本部分试验也分别在夏季(第1次试验,室外平均温度约为25℃)和冬季(第2次试验,室外平均温度约为18℃)两个时间段内开展。混凝土氯离子扩散系数按照《普通混凝土长期性和耐久性试验方法标准》(GB/T 50082—2009)[14]中的规定进行,成熟度测试采用美国Nomadics结构实验室研发的IntelliRock成熟度测定仪直接测定,试验龄期分别为3d、7d、14d、21d、28d和56d。

标准养护条件下混凝土氯离子扩散系数随龄期的变化如图5-6所示。

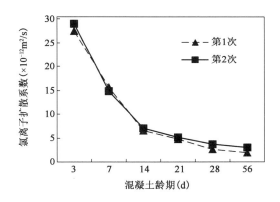

图5-6 养护龄期对混凝土氯离子扩散系数的影响

由图5-6可见,混凝土氯离子扩散系数随养护龄期的增加而降低,当养护龄期由3d增加至14d龄期时混凝土氯离子扩散系数迅速降低。试验中,3d龄期的扩散系数为$27.5 \times 10^{-12} m^2/s$,而14d龄期的氯离子扩散系数降低为$6.6 \times 10^{-12} m^2/s$,14d后,进一步延长混凝土龄期氯离子扩散系数降低的幅值并不显著。同时由该图可见,两次成型的混凝土试件的氯离子扩散系数非常接近,表明原材料的品质较为稳定,试验方法测试数据的重现性较好。

室外养护条件下混凝土氯离子扩散系数的随龄期的变化如图5-7所示。

由图5-7可见,混凝土氯离子扩散系数随养护龄期的延长而降低。第1次试验时,28d龄期的混凝土试件的氯离子扩散系数为$3.3 \times 10^{-12} m^2/s$,第2次试验时,28d龄期的混凝土试件的氯离子扩散系数为$3.1 \times 10^{-12} m^2/s$,均满足港珠澳大桥沉管隧道混凝土氯离子扩散系数的控制指标。

将不同养护条件下混凝土试件的氯离子扩散系数进行比较,见表5-11。

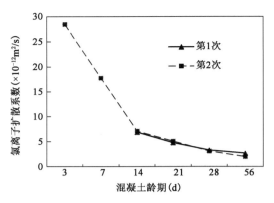

图 5-7 室外养护龄期对混凝土氯离子扩散系数的影响

不同养护条件下混凝土试件的氯离子扩散系数　　表 5-11

养护条件	龄期(d)					
	3	7	14	21	28	56
	氯离子扩散系数($\times 10^{-12}$ m^2/s)					
标准养护(第1次)	29.0	14.9	7.1	5.2	3.8	3.1
室外养护(第1次)	—	—	6.9	4.8	3.3	2.7
标准养护(第2次)	27.5	15.7	6.6	4.8	2.7	2.0
室外养护(第2次)	28.5	17.8	7.1	5.1	3.1	2.1

由表 5-11 可见,第 1 次试验时,同龄期下室外养护混凝土试件的氯离子扩散系数略低于标准养护的混凝土试件,而第 2 次试验,同龄期下室外养护混凝土试件的氯离子扩散系数略高于室内养护试件的混凝土试件,原因可能是第 1 次试验时,沉管预制现场的日平均气温约为 25℃,高于标准养护温度,而第 2 次试验时沉管预制现场的日平均气温约为 18℃,低于室内试件的标准养护温度。

通常,胶凝材料的水化程度可以用硬化浆体的化学结合水量来表征[15,16],在正常施工的自然气温范围内养护温度对不同龄期硬化浆体化学结合水的影响如图 5-8 所示。

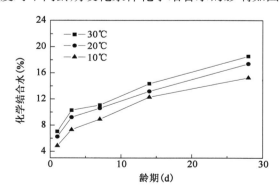

图 5-8 养护温度对硬化浆体化学结合水的影响

由图 5-8 可见,在正常施工的自然气温范围内,提高养护温度可以提高胶凝材料的化学结合水含量,促进胶凝材料的水化进程,提高胶凝材料的水化程度,从而使相同养护时间的混凝土具有更好的抗氯离子渗透性能。

5.3.2.3 混凝土成熟度与氯离子扩散系数的关系

以标准养护的混凝土试件为对象,建立混凝土成熟度与混凝土氯离子扩散系数之间的关系,标准养护混凝土试件的成熟度与扩散系数的关系如图 5-9 所示。

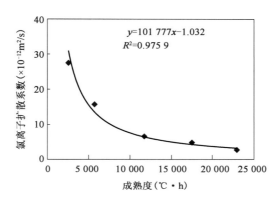

图 5-9 标准养护混凝土试件成熟度与氯离子扩散系数之间的关系

由图 5-9 可见,混凝土氯离子扩散系数随混凝土成熟度的增加而降低,在试验龄期内混凝土成熟度与混凝土氯离子扩散系数之间呈近似幂函数关系,可用式(5-15)进行表述,二者相关性达到了 0.97。

$$y = 101\ 777 x^{-1.032} \tag{5-15}$$

利用不同龄期室外养护试件的氯离子扩散系数,通过上式计算可得相应龄期混凝土的成熟度,并与该龄期通过成熟度测试仪测得的成熟度值进行比较,结果见表 5-12。

室外养护试件的成熟度实测值与理论计算值 表 5-12

类 型	龄期(d)				
	3	7	14	21	28
	混凝土成熟度(℃·h)				
实测值	2 398	5 374	10 581	15 788	21 064
计算值	2 771	4 673	10 653	14 680	23 782
差异性(%)	16	15	1	7	13

由表 5-12 可见,混凝土成熟度的实测值与理论值较为接近,当混凝土龄期超过 7d 后,理论计算值与实测值的差异性小于 15%,表明该计算式具有较好的准确性。

从上述结果分析可知,对于本工程的所用混凝土配合比,可以通过测定混凝土的成熟度值来计算出混凝土的氯离子扩散系数是否满足耐久性设计要求。港珠澳大桥混凝土结构耐久性设计中,以 28d 试件的成熟度为推荐值,考虑到沉管隧道的氯离子扩散系数控制指标为 6.5 ×

$10^{-12}\text{m}^2/\text{s}$,且通过氯离子扩散系数与成熟度拟合方程的计算数据与实测值的差异性小于15%,所以通过拟合方程计算并考虑20%富余度的混凝土成熟度控制指标为 13 926℃·h。

5.3.2.4 混凝土接触海水的时间

(1)不考虑水化热时混凝土接触海水的时间

由成熟度的理论基础可知,混凝土的成熟度可用温度和时间的乘积来衡量,改变混凝土的外部养护温度可以改变混凝土的成熟度,所以在不同的环境浇筑温度和养护温度下,混凝土达到某成熟度所经历的时间也不同。港珠澳大桥沉管隧道预制场桂山岛的月平均温度见表5-13。

桂山岛月平均温度　　　　表5-13

月　份	1月	2月	3月	4月	5月	6月	7月	8月	9月	10月	11月	12月
平均温度(℃)	15	17	20	25	28	28	29	30	29	26	23	18

由表5-13可见,桂山岛的月平均气温为15~30℃,根据混凝土温度与混凝土成熟度之间关系,计算可得沉管隧道在不同月份浇筑时,达到混凝土成熟度推荐值和控制值所需养护的龄期见表5-14。

不同月份浇筑的混凝土构件达到混凝土成熟度推荐值和控制值所需的养护龄期　　表5-14

月　份	1月	2月	3月	4月	5月	6月	7月	8月	9月	10月	11月	12月
推荐龄期(d)	34	31	28	24	22	22	22	21	22	24	26	30
控制龄期(d)	24	22	20	17	16	16	15	15	15	17	18	21

(2)考虑水化热时混凝土接触海水的时间

由于预制沉管属于大体积混凝土结构,混凝土中的胶凝材料在水化过程中产生的水化热无法在短时间与周围的环境介质进行充分的热交换,水化热在混凝土内部积聚导致混凝土的内部温度升高,并促进胶凝材料早龄期的水化进程,提高混凝土的成熟度。对于预制沉管混凝土结构,在监测了混凝土内部温度的条件下,可考虑混凝土水化热对混凝土成熟度的影响。

胶凝材料水化热导致的混凝土内部温度升高,在混凝土的内部温度从混凝土的中心至混凝土的模板表面是一个逐渐降低的过程,而氯离子在混凝土中渗透是从表面至混凝土内部的一个过程,所以混凝土靠近模板的浅表层(即钢筋的混凝土保护层范围)的成熟度是影响混凝土结构耐久性的关键部位。同时,对实体结构的钻芯部位也集中于混凝土表面的10~15cm,所以预制沉管混凝土浇筑后,对距混凝土表层10~15cm的温度进行了监控,结果如图5-10所示。

由图可见,距混凝土表面10~15cm的混凝土浅表层的温度在浇筑后约10d龄期时与环境温度相当,显然预制沉管结构浅表层的混凝土成熟度要高于不考虑水化热作用的混凝土试块的成熟度。

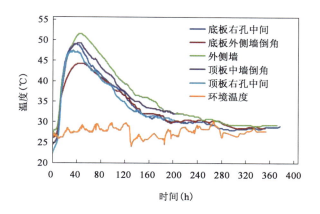

图 5-10 混凝土构件浅表层温度及环境温度

由于混凝土在不同季节施工,周围环境温度不同,导致混凝土的入模温度不同,混凝土中心最高温度以及混凝土浅表层的温度都不相同,导致胶凝材料水化热对混凝土成熟度的影响也不尽相同,但在夏季施工时混凝土的入模温度都控制在约28℃,所以认为夏季施工时胶凝材料水化热对混凝土成熟度的影响大致相同;同时由该图可见,当混凝土浇筑时间达到10d后,混凝土浅表层的温度与环境温度较为接近,可以认为混凝土浇筑10d后混凝土浅表层的温度即为外部环境温度。以上述分析为基础,对混凝土浅表层的温度进行积分计算,计算所采用的是温度最低的底板外侧墙倒角处的温度(最不利状况),可知考虑胶凝材料水化热以及混凝土结构接触海水的控制成熟度为13 962℃·h 时,接触海水的推荐龄期和控制龄期见表5-15。

考虑胶凝材料水化热时不同月份浇筑混凝土构件的接触海水时间　　表5-15

月　份	1月	2月	3月	4月	5月	6月	7月	8月	9月	10月	11月	12月
推荐龄期(d)	31	29	26	22	21	21	20	19	20	22	24	28
控制龄期(d)	22	20	19	16	15	15	14	14	14	15	16	19

5.3.3 钢筋的混凝土保护层厚度控制

5.3.3.1 钢筋的混凝土保护层厚度控制措施及控制标准

钢筋的混凝土保护层厚度是钢筋混凝土结构设计使用寿命计算的关键参数,也是混凝土耐久性质量控制最重要的参数之一。钢筋的混凝土保护层的主要作用是满足混凝土构件截面受力需要,保护钢筋不被腐蚀,保证构件的正常使用。国内外研究表明,钢筋的混凝土保护层厚度与混凝土结构耐久性具有以下关系:①钢筋脱钝开始锈蚀所需时间与保护层厚度的平方成正比;②一般环境下,保护层厚度每降低25%,混凝土发生碳化时达到钢筋表面所需时间缩短50%;③保护层厚度每增加10mm,钢筋失重率降低20%;④保护层厚度每降低10mm,混凝土透氧量增加10%左右。在国内外的大型混凝土工程尤其是海洋环境混凝土工程中,对钢筋保护层的厚度均有严格要求,其相应的检测和控制技术也是工程施工的关键技术。

钢筋保护层厚度的检测通常采用无损检测的方法,应用较多的检测设备是混凝土钢筋保护层厚度检测仪,其中较为先进的是基于电磁感应原理的钢筋检测仪,该种检测仪最大检测厚度可达220mm,测量精度±1mm。除此之外,无损检测设备中探地雷达同时具备混凝土中钢筋定位和混凝土缺陷检测的功能,其在保护层厚度检测中的应用也日益广泛。

钢筋的混凝土保护层厚度控制通常采用混凝土保护层垫块,并根据不同工程类型来选取不同的垫块,目前使用较多的垫块有以下三种:①水泥砂浆垫块:传统的现场制作水泥砂浆垫块尺寸粗糙,应用逐渐减少,但在保护层较厚的底层钢筋可采用定型钢模制作的钟形水泥砂浆垫块;对于有耐久性要求的混凝土结构,通常采用与不低于构件混凝土耐久性能的砂浆或细石混凝土制作专用垫块;②硬塑钢筋垫块:工业生产的硬塑垫块规格准确,使用方便,对混凝土表面影响较小;③灌注桩钢筋笼垫块:该垫块因接触土壁,且事先固定在钢筋笼上,在钢筋笼下沉过程中与土壁发生摩擦,因此需制作大型垫块。目前工程中钢筋的混凝土保护层垫块通常采用方阵或梅花阵布置,垫块位置靠近交叉节点,具体布置方式根据实际工程需要来确定。

杭州湾跨海大桥混凝土箱梁中采用了高强塑料制作的混凝土保护层垫块,包括单脚、四脚和方块三种,具体规格根据钢筋构造特殊加工。其中,方块和四脚块主要用在地板、外侧腹板、内侧腹板端部、顶板等部位,单脚块主要用在腹板内侧,与前两种垫块配合使用。外侧腹板的垫块顺桥向和梁高方向垫块间隔控制在0.8m以内;内侧腹板采用单脚块与四脚块或方块交替使用,梗肋处底层钢筋采用方块;底板和翼缘板垫块间隔控制在0.8m以内;梁体端头合龙束锚块区底板和腹板垫块间距控制在0.45m。

崇启大桥工程中钢筋的混凝土保护层垫块以高强砂浆为材料,采用精致模具制作而成。在立柱施工时,立模前在主筋上每隔1m设置4个垫块,立模后如发生偏差,通过增加垫块进行调整。墩身、现浇箱梁和预制箱梁钢筋骨架上的垫块呈梅花形布置,纵横间距控制在1m以内,且翼缘板和底板适当加密。垫块采用铁丝牢固绑扎在主筋上,保证垫块和模板紧密结合,确保垫块处于最佳受力点。

在实际工程中,混凝土钢筋保护层厚度的控制通常会出现偏差,《混凝土结构工程施工质量验收规范》(GB 50204—2015)规定:纵向受力钢筋保护层厚度的允许偏差,对梁类构件为-7~+10mm,对板类构件为-5~+8mm;《水运工程混凝土质量控制标准》(JTS 202-2—2011)规定:混凝土保护层厚度的允许偏差应为-5~+10mm,合格点率不低于90%;《公路桥涵施工技术规范》(JTG/T F50—2011)规定:对于海洋环境桥梁工程,对钢筋的净混凝土保护层厚度,其施工的允许误差应为正偏差,对现浇结构其最大允许误差应不大于10mm,对预制构件应不大于5mm;《海港工程高性能混凝土质量控制标准》(JTS 202-3—2012)规定:混凝土保护层厚度的允许偏差应为-5~+10mm,合格点率不低于90%。在大型跨海桥梁工程中,对钢筋的混凝土保护层厚度的允许偏差一般要作更高的要求。可见,我国不同的行业标准对保护层厚度施工偏差的规定尚不统一,实际工程中,保护层厚度控制达不到规定要求的也屡见不鲜。为了保证港珠澳大桥工程质量,确保达到设计的120年使用寿命,必须制定合适的钢筋混凝土保护层厚度控制标准,所制定的标准应能确保工程的耐久性质量,同时也要兼顾我国施工企业的技术水平。

5.3.3.2 典型工程混凝土保护层厚度统计

(1)华南地区水运工程混凝土结构的保护层厚度统计结果

对华南地区3座码头进行实体检测,保护层厚度检测数据如图5-11~图5-13所示。保护层厚度检测结果合格点率均大于80%,大多数能达到90%的合格点率,其中"梁、板、桩和桩帽混凝土钢筋保护层厚度偏差范围为 -5 ~ +10mm;胸墙类构件混凝土钢筋保护层厚度偏差范围为 -5 ~ +10mm",检测结果评定为合格。

从我国华南区典型水运工程混凝土结构的保护层厚度检测统计结果可以看出,现有类似工程建设的钢筋的混凝土保护层厚度控制水平均能满足验收标准"偏差范围为 -5 ~ +10mm,保证率为90%以上"的规定。预制构件的保护层厚度保证率略高于现浇钢筋混凝土构件。

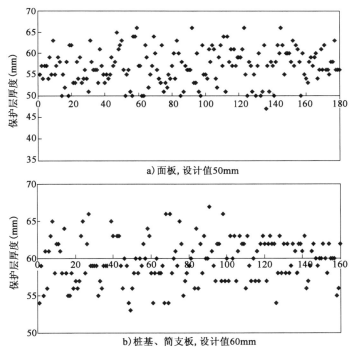

图 5-11

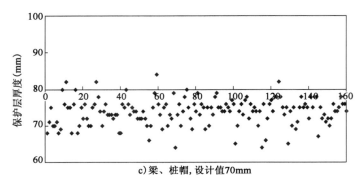

c) 梁、桩帽，设计值70mm

图 5-11 工程一钢筋的混凝土保护层厚度

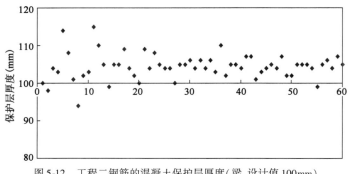

图 5-12 工程二钢筋的混凝土保护层厚度（梁，设计值100mm）

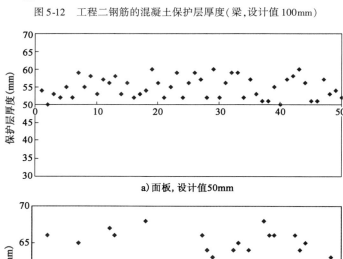

a) 面板，设计值50mm

b) 桩基，设计值60mm

图 5-13

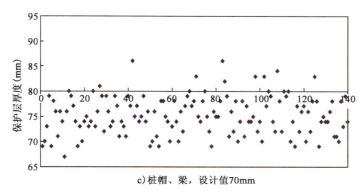

图 5-13　工程三钢筋的混凝土保护层厚度

（2）足尺模型试验中钢筋的混凝土保护层厚度控制

在珠海桂山岛港珠澳大桥沉管预制厂分别利用皮带输送机及泵送方式浇筑了两件足尺模型。两个足尺模型的底板、顶板采用方形保护层垫块（图5-14），侧墙、中墙及倒角采用长条形保护层垫块（图5-15），委托专门生产厂家依据设计要求的钢筋保护层厚度进行制作，主要分为四种规格：50mm、66mm、70mm、86mm，垫块的尺寸精度和耐久性指标满足要求。垫块安装顺序为：对于底板、顶板，待底板底层横向主筋、纵向主筋和箍筋下半肢绑扎到位后即开始垫块的安装；对于侧墙中墙，在侧中墙钢筋全部绑扎到位后安装，或在钢筋笼成型后开始安装垫块。

图 5-14　方形保护层垫块

图 5-15　长条形保护层垫块

两次足尺模型试验混凝土的性能及垫块设置情况见表5-16，钢筋的混凝土保护层厚度的实体检测值如图5-16、图5-17所示。

两次足尺模型试验混凝土的性能及垫块设置　　　　表5-16

足尺模型编号	坍落度（mm）	施工方式	新拌混凝土含气量控制要求（%）	混凝土保护层垫块情况
S1	160±20	皮带机	2.0±0.5	底板下部及顶板下部绑扎密度间距为60~80cm，侧墙中隔墙为100cm
S2	200±20	泵送	2.5±0.5	底板下部及顶板下部绑扎密度间距为60~80cm，侧墙中隔墙为100cm

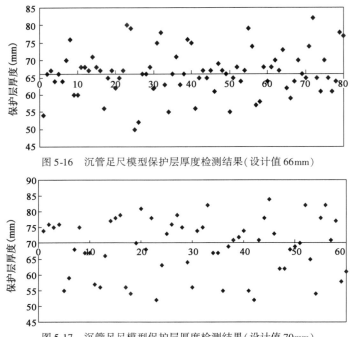

图 5-16 沉管足尺模型保护层厚度检测结果（设计值 66mm）

图 5-17 沉管足尺模型保护层厚度检测结果（设计值 70mm）

从两次足尺模型实验实体检测可以看出，实体保护层厚度均存在相当的正负偏差；从检测值看，其保护层厚度控制仍难以满足验收标准"偏差范围为 -5~+10mm，保证率为 90% 以上"的要求，其控制水平比华南区近期典型水运工程混凝土结构的保护层厚度控制水平稍差。由于足尺模型试验段保护层厚度控制相对不理想，在正式施工中，通过加强保护层垫块厚度的控制、增加垫块的布置密度、加强浇注前的预检等措施进行改进。

（3）实体结构钢筋的混凝土保护层厚度控制效果

①严控沉管保护层垫块尺寸偏差

垫块由专业生产厂家，依据钢筋保护层厚度进行制作。为保证沉管结构施工后的保护层厚度，沉管预制施工时混凝土保护层垫块尺寸偏差按较为严格的 0~+1.5mm 控制。

②加强钢筋的混凝土保护层厚度预检结果

沉管预制时保护层垫块安装顺序与足尺模型试验时一致，即：对于底板、顶板，待底板底层横向主筋、纵向主筋和箍筋下半肢绑扎到位后即开始垫块的安装；对于侧墙中墙，在侧中墙钢筋全部绑扎到位后安装，或在钢筋笼成型后开始安装垫块。底板下部及顶板下部绑扎密度间距为 60~80cm，侧墙中隔墙为 100cm（图 5-18）。

以 E2 管节为例，测得 E2 管节各部位工前保护层厚度大多为正偏差，正偏差比例在 85% 以上，但仍难以达到港珠澳大桥混凝土耐久性质量技术控制规程（初版）要求的 95% 以上，因此对于负偏差的部位，需采用增设保护层垫块的方法来进行调整，以保证大于 95% 的测点均满足 0~+10mm 的要求。此外，根据现场的垫块绑扎情况看，造成净保护层偏大的原因，一是为防止垫块在合模时被压碎而有意将垫块绑松,二是保护层垫块是绑扎在带肋钢筋的肋上,而测量净保护层时量取的是主筋表面到保护层垫块外侧边的距离。因此,在实际施工过程中,对于保护层厚度的绑扎部位以及绑扎要求需加强给操作人员进行交底。

图 5-18 混凝土保护层垫块安装图

③管节工后混凝土保护层厚度控制效果

管节混凝土硬化后采用电磁法对沉管节段各部位主筋保护层厚度进行测试,图 5-19、图 5-20 示出了 E2 管节各节段的主筋保护层厚度测试结果,共测试了 E2 管节 5 个节段 14 个部位的主筋保护层厚度,其中外侧墙的主筋保护层厚度设计为 86mm,内侧墙、中墙的主筋保护层厚度设计为 66mm。

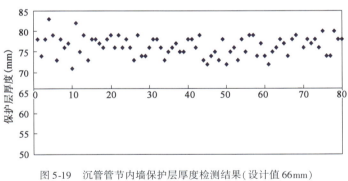

图 5-19 沉管管节内墙保护层厚度检测结果(设计值 66mm)

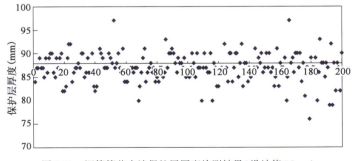

图 5-20 沉管管节内墙保护层厚度检测结果(设计值 86mm)

由图可知 E2 管节各节段主筋工后保护层厚度大多为正偏差,其中中墙均为正偏差。E2 管节左外侧墙保护层正偏差比例在 65%～100% 范围,负偏差在 0%～35% 范围;E2 管节右外侧墙保护层正偏差比例在 25%～100% 范围,负偏差在 0%～75% 范围;E2 管节中墙保护层正偏差比例在 0%～100% 范围,无负偏差。根据现场施工情况分析,保护层厚度偏大在很大程度上与沉管预制时整体胀模有关。

对比图 5-19、图 5-20 足尺模型保护层厚度测试结果可以看出,通过采用保护层垫块厚度的控制措施、增加垫块的布置密度、加强浇注前的预检等措施,保护层厚度合格率大大高于足尺模型。

5.3.3.3 钢筋的混凝土保护层厚度控制措施

对于 120 年设计使用寿命要求的工程,钢筋的混凝土保护层厚度的保证尤为重要,且港珠澳大桥混凝土结构耐久性设计中给出的保护层厚度为最低保护层厚度要求值,并未考虑施工偏差。通过对上述足尺模型试验和正式预制沉管管节保护层厚度检测情况进行分析,提出进一步改善措施如下:

(1) 为避免验收保护层厚度出现负偏差情况,在定制保护层垫块时,其厚度尺寸应在设计保护层厚度的基础上加上施工可能出现的负偏差,以提高钢筋的保护层厚度测试值满足设计要求的保证率。

(2) 为了精确保证混凝土的保护层厚度,采用专门定制,选择与混凝土材质相同的砂浆或细石混凝土垫块,其强度与耐久性不低于构件本体混凝土,能取得较好的控制效果。

(3) 施工方案中侧墙中隔墙保护层垫块绑扎密度间距为 100cm,实际施工中间距达到 150cm 左右,为了进一步提高保护层厚度的均匀性,要求侧墙中墙保护层垫块的布置密度按施工方案适当增加,降低胀模可能造成的局部不均匀现象,减少浇注后的保护层厚度出现不符合偏差要求的可能性。

(4) 模板与保护层垫块安装好后,应及时检测工前钢筋保护层的厚度,保护层厚度不应低于设计要求,其正偏差不大于 10mm,出现保护层厚度负偏差的区域,应增加垫块,及时进行调整,并安排专人进行复检查。

(5) 沉管预制采用全断面法浇筑,浇筑高度超过 10m,混凝土未凝结前产生很大的侧压力易出现胀模现象,因此工后混凝土保护层测试结果偏大。为保证保护层厚度的合格率,一方面需要在施工中适当控制浇筑侧墙时的速度,另一方面在经过耐久性寿命验算的基础上,将保护层允许正偏差范围适当提高。对构件保护层厚度检测的合格判定标准应符合下列规定:

①受检构件保护层厚度测点值中最小值低于设计值 5mm 或最大值高于设计值 18mm 时,检测结果判定为不合格;

②受检构件保护层厚度测点值中 90% 及以上测点数量不低于设计值时,检测结果判定为

合格；

③受检构件保护层厚度测点值中不低于设计值的测点数量为80%～90%时,可再增加4根钢筋进行检测,当按两次抽样数量总和计算的测点值中90%及以上测点数量不低于设计值时,检测结果仍应判定为合格；

④当受检构件保护层厚度的检测结果不合格时,应判定检验批不合格。

本章参考文献

[1] P. Kumar Mehta,Paulo J. M. Monteiro. Concrete Microstructure,Properties,and Materials [M]. New York,2006.

[2] 西德尼·明德斯,J. 弗朗西斯·杨,戴维·达尔文. 混凝土[M]. 吴科如,等,译. 北京：化学工业出版社,2004.

[3] 中华人民共和国行业标准. JTS 202-2—2011 水运工程混凝土质量控制标准[S]. 北京：人民交通出版社,2011.

[4] 中华人民共和国国家标准. GB 50164—2011 混凝土质量控制标准[S]. 北京：中国建筑工业出版社,2011.

[5] 中华人民共和国行业标准. JTG/T B07-01—2006 公路工程混凝土结构防腐蚀技术规范[S]. 北京：人民交通出版社,2006.

[6] 刘松. 混凝土工程事前反馈质量控制技术研究[D]. 武汉：武汉理工大学,2007.

[7] 黄大能,沈威,等. 新拌混凝土的结构和流变特征[M]. 北京：中国建筑工业出版社,1983.

[8] 刘俊岩,周波,曲华明,等. 新拌混凝土质量检测技术的应用[J]. 济南大学学报,2002,16(3)：251-253.

[9] 周紫晨,水中和,袁新顺,等. 新拌混凝土成分快速测定新技术原理及应用[J]. 混凝土,2008,12：5-7.

[10] 余概宁,孙晓立. 利用成熟度方法预测水泥混凝土里面的早期强度[J]. 公路交通科技,2012,5：15-19.

[11] 易红晟,王端宜. 成熟度理论在预测混凝土面板早期裂缝中的应用[J]. 中外公路,2012,1：84-86.

[12] 黄玉华,刘松. 混凝土成熟度的原理与应用[J]. 国外建材科技,2004,6：14-16.

[13] 王成启,尹海卿. 混凝土成熟度在码头面层切缝中的应用[J]. 水运工程,2010,11：141-144.

[14] 郑涛,张万庆,朱红. 混凝土成熟度在工程施工中应用实例[J]. 混凝土,2002,6：44-45.

[15] 权磊,田波,冯德成,等. 基于成熟理论的水泥混凝土早期强度预测模型研究[J]. 公路交通科技,2012,2：35-39.

[16] 中华人民共和国国家标准. GB/T 50082—2009 普通混凝土长期性能和耐久性能试验方法标准[S]. 北京：中国建筑工业出版社出版,2010.

[17] 石明霞,谢友均,刘宝举. 水泥-粉煤灰复合胶凝材料的水化性能研究[J]. 建筑材料学报,2002,5(2)：114-119.

[18] 张云升,孙伟,郑克仁,等. 水泥-粉煤灰浆体的水化反应进程[J]. 东南大学学报,2006,36(1)：118-123.

第6章 混凝土沉管裂缝控制

港珠澳大桥沉管隧道两端连接东、西两个桥隧转换人工岛,全长约6 700m,其中预制沉管长5 664m,现浇沉管长约1 036m,沉管隧道线路布置如图6-1所示。为满足30万吨级油轮通航要求,隧道约3km沉管段顶板位于海床面以下约22.5m,需长期承受超过20m的回淤荷载及44.5m水荷载。

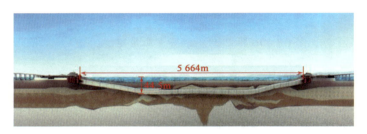

图6-1 沉管隧道路线布置图

预制沉管分为33个管节,其中直线段管节28个、曲线段管节5个,每个管节均由长度为22.5m的节段组成。预制沉管节段采用两孔单管廊横截面,截面高度为11.40m、宽度为37.95m、最大厚度为1.70m,节段立体如图6-2所示。

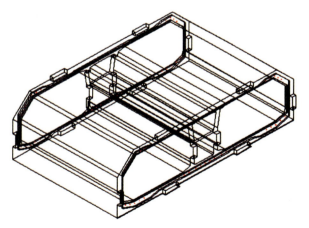

图6-2 标准节段三维立体图

沉管隧道是港珠澳大桥工程的关键环节,其设计使用寿命为120年,是迄今我国交通建设史上技术最复杂、标准最高的海底隧道工程,也是目前世界上综合难度最大的沉管隧道之一[1-4]。沉管管节的预制是沉管隧道施工的难点之一,在预制过程中,由于沉管管段体积大、结构形式复杂、施工工艺复杂,沉管结构容易因温度、收缩以及约束等原因在预制阶段就出现危害性裂缝[5-7]。危害性裂缝的出现不仅会影响结构的外观,还会大大促进有害物质侵蚀混凝土的速度的程度,从而更快地导致混凝土结构破坏,削弱沉管混凝土结构整体的耐久性[8-11]。

在工程初步设计阶段,港珠澳大桥管理局就组织开展了"大断面矩形混凝土浇筑工艺及裂缝控制关键技术"的专题研究,研究通过优化混凝土配合比降低混凝土水化热、施工过程采取必要的温度控制措施以及结合全断面浇筑的浇筑温度、应力仿真计算,完全可以控制沉管管段结构不出现危害性的温度裂缝,奠定了本工程沉管结构采用全断面浇筑的预制方案。

港珠澳大桥沉管隧道是我国首次采取工厂化预制并进行全断面浇筑的沉管。通过连续浇筑混凝土约 3 400 m³,一次性浇筑完成整个沉管节段主体结构,具有混凝土浇筑量大、持续时间长的特点。与沉管预制常规的分层、分阶段浇筑工艺相比,全断面浇筑工艺可避免新旧混凝土约束产生温度收缩裂缝等问题,显著提高沉管结构整体的防渗及抗裂性能,对于保障沉管结构长期使用寿命具有无可比拟的优势。沉管是造价高、腐蚀环境恶劣且无法更换的主要构件,采用工厂化预制在国内尚属首例,无成熟的施工工艺经验可供借鉴,为确保港珠澳大桥主体的使用寿命,在沉管预制施工过程中必须采取合理有效的措施防止有害裂缝的产生。

6.1 沉管混凝土结构开裂风险仿真计算

根据长寿命海工高性能混凝土配制优选确定的沉管混凝土配合比,通过数值仿真计算,对沉管混凝土早龄期温度性能、力学性能进行分析,确定导致预制阶段沉管出现开裂风险的潜在因素。结合现场实际情况,采取措施对不同开裂因素进行干预,以确保沉管节段不出现温度裂缝为原则,提出适用于沉管预制施工环境及不同季节条件的温度控制措施和控裂指标。

6.1.1 沉管结构模型建立

6.1.1.1 预制施工流程

沉管工厂化预制是指按照流水式预制生产线进行工艺布置,所有预制作业在厂房内 24h 连续进行:将180m 长管节分为22.5m 长的 8 个节段,每个节段在固定的台座上浇筑、养护72h 后,向前顶推22.5m,空出浇筑台座,下一节段与刚顶出的节段相邻匹配预制。如此逐段预制逐段顶推,直至完成全部 8 个节段浇筑,整体顶推至浅坞进行临时预应力索张拉形成整体,完成一次舾装,然后关闭浅坞与预制工厂之间的滑动坞门,浅坞灌水,管节起浮移至深坞,最后打开深坞门浮运至沉放现场。沉管节段预制施工中,与控裂相关的施工流程主要包含以下阶段:

(1) 混凝土配合比确定阶段

混凝土材料自身抗裂性能决定着沉管结构裂缝控制效果，水化热与收缩是影响混凝土材料抗裂性能的主要因素。在混凝土配合比确定阶段，需要针对这两个关键因素，选择合适的混凝土原材料，并通过配合比优选，选择出满足工作性、强度、寿命要求的低热、低收缩混凝土，将从根本上降低沉管结构的开裂风险。

(2) 混凝土生产浇筑阶段

在沉管节段混凝土生产浇筑阶段，浇筑温度的控制对于控裂最为关键，应根据计算确定浇筑温度控制值，当环境或原材料因素引起浇筑温度高于控制值时，可以通过加冰以及降低原材料温度来降低浇筑温度。

(3) 节段带模养护阶段

在带模养护阶段，养护环境温度、模板的选择以及拆模时间对于裂缝的控制最为关键，需通过进一步的计算及分析来确定这 3 个因素对于节段混凝土开裂风险在带模养护阶段的影响。

(4) 节段拆模后的室内养护阶段

在拆模后室内养护阶段，养护方式以及室内养护时间对于节段的控裂最为关键。

(5) 室外养护阶段

在室外养护阶段，外部环境温度对于节段的控裂最为关键。

6.1.1.2 计算模型

按照沉管节段实体尺寸，采用含有 8 个积分点的 8 节点六面体实体单元，建立沉管节段温度应力仿真计算有限单元模型，如图 6-3 所示，每个单元尺寸为 30cm×30cm×30cm，单个节段单元总数为 137 850。沉管节段实体有限单元模型以宽度方向为 X 轴，高度方向为 Y 轴，长度方向为 Z 轴。

图 6-3 沉管节段实体有限单元模型

6.1.1.3 计算参数

(1) 材料参数

沉管节段温度应力仿真计算采用的混凝土配合比及材料性能参数见表6-1。

材料参数　　　　　　表6-1

名　称	单　位	取　值	依　据
混凝土密度	kg/m³	2 400	试验
混凝土泊松比	常数	0.2	《混凝土结构设计规范》[4]

(2) 热学参数

温度应力仿真计算采用的热学参数见表6-2。

热学参数　　　　　　表6-2

名　称	单　位	取　值	选取依据
混凝土比热	J/(kg·K)	1 000	试验
混凝土热传导系数	W/(m·K)	2	《工程结构裂缝》[5]《大体积混凝土温度应力与温度控制》[6]
混凝土表面与空气的热交换系数	W/(m²·K)	9.9~17.9	《大体积混凝土温度应力与温度控制》[6]
钢模板与空气的热交换系数	W/(m²·K)	9.9	《大体积混凝土温度应力与温度控制》[6]
加保温材料钢模板与空气的热交换系数	W/(m²·K)	2.6	《大体积混凝土温度应力与温度控制》[6]
拆模后外表覆盖土工布	W/(m²·K)	6.7~9.6	《大体积混凝土温度应力与温度控制》[6]
20℃等温放热实验数据	h,J/g·h	0~14d 连续数据	试验
绝热温升数据	h,℃	41.4	试验
热膨胀系数	10^{-6}	10	《混凝土结构设计规范》[4]

(3) 力学参数

温度应力仿真计算采用的力学参数见表6-3。

力学参数　　　　　　表6-3

名　称	单　位	龄　期	选取依据
抗拉强度(劈裂抗拉强度)	N/m²	1d、2d、3d、7d、14d、28d	试验
抗压强度	N/m²	1d、3d、7d、14d、28d	试验
弹性模量	N/m²	1d、2d、3d、7d、14d、28d	试验
自收缩	1	0~28d 连续数据	试验
干燥收缩	1	0~28d 连续数据	试验
徐变	1	0~28d 连续数据	试验

（4）其他参数

温度应力仿真计算采用的力学参数见表6-4。

其他参数　　　　表6-4

名　称	单　位	取　值	选取依据
浇筑环境温度	℃	浇筑施工现场情况	养护棚温度
浇筑环境湿度	%	浇筑施工现场情况	养护棚温度
混凝土与底模摩擦系数	常数	取值0.7 混凝土与底模约束刚度	试验分析

港珠澳大桥沉管预制厂设于珠海市桂山镇牛头岛，根据气象统计资料，平均气温9月份最高，1月份最低，最高气温出现在7月，为35.6℃，最低气温出现在1月，为8.0℃。对于工程施工区域，根据控温要求可将全年气温简化为两个季节，其中4~11月这8个月为高温季节，月平均温度在20℃以上；1~3月及12月这4个月为低温季节，平均温度在20℃以下，数据见表6-5。

2008年4月~2009年3月A塔平均、最高和最低气温　　　　表6-5

月份	4月	5月	6月	7月	8月	9月	10月	11月	12月	1月	2月	3月
平均温度(℃)	21.4	23.7	24.8	27.8	28.0	28.4	25.4	21.0	17.1	13.9	18.8	18.0
最高温度(℃)	27.4	27.5	31.7	36.2	34.6	35.6	29.7	27.6	22.4	21.5	22.8	24.2
最低温度(℃)	15.6	18.5	21.8	23.1	22.2	23.2	21.5	12.9	8.8	8.0	14.5	11.4

珠海市一年的湿度变化情况如图6-4所示。珠海市1年大部分时间的平均湿度在80%以上，11月及12月的平均湿度大部分在70%以上，极端情况也有最低湿度低于40%的情况。由以上曲线可以看出，珠海市1年大部分时间的平均湿度在80%以上，但最低湿度也有少于40%的情况。

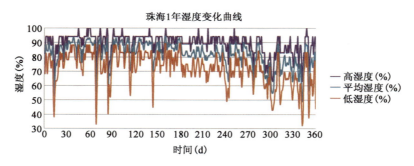

图6-4　珠海市1年湿度变化曲线

6.1.1.4　边界条件

（1）热学边界条件

节段的热学边界在节段的制作过程中有所改变，可以分为三个阶段：入模后到拆模前为第一阶段；拆模后到顶推结束为第二阶段，该阶段在养护棚进行养护；顶推到室外为第三阶段。

在有限元计算中,其热学边界主要考虑两点:混凝土与外界的热交换系数和养护环境温湿度。

a. 热交换系数

第一阶段:入模后到拆模前

此时,模板在计算中考虑两种情况:钢模板以及加泡沫材料或者模板布的钢模板。对于前者,混凝土表面与外界的热交换系数取 $9.9W/(m^2 \cdot K)$;对于后者,取 $2.6W/(m^2 \cdot K)$。拆模时间初步定为3d,作为对比,计算工况中还考虑了2d拆模时间。

第二阶段:拆模后到养护结束

此时,模板已拆除,节段在养护棚进行养护,可近似认为是封闭环境,混凝土与空气的热交换系数取值为 $9.9W/(m^2 \cdot K)$。

如果节段外表覆盖土工布,此时应考虑土工布的保温效果,混凝土与空气的热交换系数取 $6.7W/(m^2 \cdot K)$。

第三阶段:室外养护

此时,节段在室外进行养护,空气流动性较大,混凝土与空气的热交换系数取值为 $17.9W/(m^2 \cdot K)$。

如果节段外表覆盖土工布,此时应考虑土工布的保温效果,混凝土与空气的热交换系数取 $9.6W/(m^2 \cdot K)$。

b. 养护环境温湿度

第一阶段:入模后到拆模前

由于节段一直处于养护棚,一直处于恒温恒湿养护,故暂考虑环境温度恒定,为20℃,湿度为85%。作为对比,还计算15℃、25℃、30℃和35℃四种情况。

第二阶段:拆模后到养护结束

第三阶段:室外养护

此时,节段处于室外,考虑夏季和冬季两种极端温度,夏季为30~40℃高温,冬季为5~10℃低温。

(2)力学边界条件

节段在预制过程中的不同施工阶段,其力学边界有所不同,其力学边界的变化可以分为三个阶段:

第一阶段:入模后至顶推前

此时节段由于膨胀会受到模板的约束,但考虑到节段的温度变形是小变形,故在计算中不考虑模板对其约束作用。而底模与混凝土的摩擦系数取0.7,并在节段底部加纵向和水平向的弹簧约束,约束刚度根据摩擦系数以及节段重量有关。

第二阶段:顶推

每次顶推大约持续6h,每次向前顶推22.5m,大顶推力为47 600kN,作用点位置为底板。

在顶推前,底部模板已经拆除,节段位于 36 个千斤顶上,底部由面支撑变为局部支撑,需要进行底部局部受压验算。

第三阶段:顶推到位至养护结束

此时,节段位于 36 个千斤顶上进行养护。

6.1.1.5 分析工况

不同的施工工艺和施工环境,计算参数不一样,计算工况会不一样,最后的计算结果也有很大出入,故有必要对其施工工艺和施工环境进行详细的考虑。

根据以上的施工工艺,列举出每个施工工艺中主要的控裂因素,并考虑不同的计算参数,进而得出相应的计算工况。

根据以上的施工顺序,综合计算中需要考虑的因素,列举了以下的计算工况,并将工况一作为基准,其他工况都是在工况一基础上改变其计算参数,见表6-6与表6-7。

标准工况(工况一)参数　　　表6-6

计算参数	取值	计算参数	取值
配合比	采用基准配合比,绝热温升为41.4℃	拆模后保湿养护	有保湿措施(表面蓄水等)
浇筑温度	20℃	拆模时间	3d
模板	仅钢模板,热交换系数取 9.9W/(m²·K)	拆模后室内养护时间	4d
拆模后室内保温养护	热交换系数取9.9W/(m²·K)	室内养护环境温度	20℃
室外养护	热交换系数取17.9W/(m²·K)	室外养护环境温度	30℃

计算工况及监测方案　　　表6-7

施工工艺	比较参数	工况编号	计算变量
—	—	标准工况	无
节段浇筑	浇筑温度	工况二	22℃
		工况三	25℃
		工况四	28℃
节段带模养护	室内养护环境温度	工况五	15℃
		工况六	25℃
		工况七	30℃
		工况八	35℃
	模板	工况九	钢模加泡沫保温材料 [2.6W/(m²·K)]
	拆模时间	工况十	2d
节段拆模后养护	保温养护	工况十一	外表覆盖土工布[室内养护热交换系数为 6.7 W/(m²·K)、室外养护热交换系数为 9.6 W/(m²·K)]

续上表

施工工艺	比较参数	工况编号	计算变量
节段拆模后养护	养护时间	工况十三	11d
室外养护	室外养护温度对比	工况十五	室外养护环境10℃
		工况十六	室外养护环境5℃
		工况十七	室外养护环境40℃

6.1.2 标准工况计算结果

6.1.2.1 温度分析

图6-5是节段在中心位置(距离节段端部11.25m)的温度横断面云图,由图上可看出温度较高的区域,选取3个断面来进行温度的分析,分别是顶板断面、底板断面和侧墙断面,断面选取位置在图中用黑色切线表示。

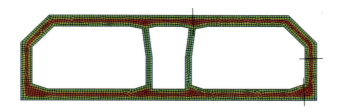

图6-5 节段横断面温度云图

(1)顶板断面

图6-6为底板断面分析结果,横坐标为温度,纵坐标为该截面处的厚度,从上往下为T1~T7。分别选取了1d、2.4d、5d、7d、14d和28d的温度数据,2.4d时内部T4为温度最高。

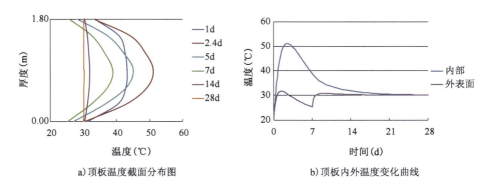

a)顶板温度截面分布图 b)顶板内外温度变化曲线

图6-6 顶板断面温度

(2)底板断面

底板断面从上表面依次往下选取7个点进行分析,分别命名为B1~B7(B为底板Bottom

的简称)。分别选取了 1d、2.7d、5d、7d、14d 和 28d 的温度数据,2.7d 时内部 B4 处温度最高,如图 6-7 所示。

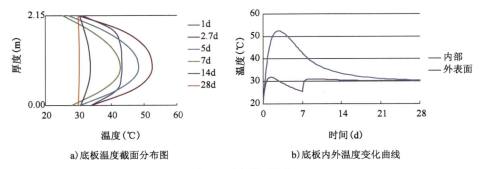

a) 底板温度截面分布图　　　　b) 底板内外温度变化曲线

图 6-7　底板断面温度

(3) 侧墙断面

侧墙断面从上表面依次往下选取 7 个点进行分析,如图 6-8 所示,分别命名为 S1~S7(S 为侧墙 Side 的简称)。分别选取了 1d、2.2d、5d、7d、14d 和 28d 的温度数据,2.2d 时内部 S4 处温度最高。

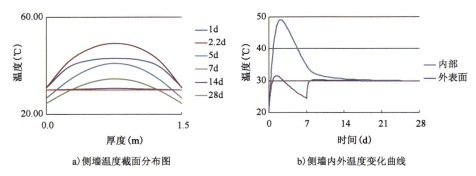

a) 侧墙温度截面分布图　　　　b) 侧墙内外温度变化曲线

图 6-8　侧墙断面温度

6.1.2.2　温度应力分析

(1) 开裂准则

采用了列入欧洲标准 CEB-FIP MC90[7] 的 Kupfer-Gerstle 准则,用该准则判断管节混凝土是否破坏开裂,公式分别给出了在双向受拉(C/C)、双向拉压(T/C)和双向受拉(T/T)时,主应力的选取公式。该准则叙述如下:

$$C/C(\sigma_1 = 0, \alpha = \sigma_2/\sigma_3); \sigma_3 = -\frac{1 + 3.65\alpha}{(1+\alpha)^2}f_c < Af_c$$

$$T/C(\sigma_2 = 0, \sigma_3 \geq -f_c); \sigma_1 = \left(1 + 0.8\frac{\sigma_3}{f_c}\right)f_t$$

$$T/T(\sigma_3 = 0); \sigma_1 = f_t \tag{6-1}$$

式中:C 和 T——受压和受拉;

σ_1、σ_2 和 σ_3——第一、第二和第三主应力;

f_t 和 f_c——抗拉强度和抗压强度。

(2)横断面水平向温度应力

沿节段横断面水平方向为 X 方向,沿节段纵向方向为 Z 方向,如图 6-9 所示。

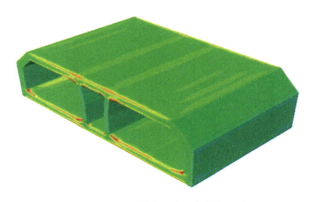

图 6-9 沿节段横截面水平向应力云图

①高应力区域分布规律

定义某时刻某处混凝土的拉应力大于其抗拉强度的管节区域为高应力区域。图 6-10 中,小于抗拉强度的部位显示为蓝色,大于抗拉强度的区域显示为其他颜色,红色为应力最大处。

第 1.3 天,抗拉强度为 1.9MPa,最大拉应力为 1.92MPa,节段有极少量区域应力超过抗拉强度。

第 1.7 天,抗拉强度为 2.34MPa,最大拉应力为 2.37MPa,几乎没有区域处于开裂状态。

由于拉应力较高的区域主要集中在表面,故定义在某一龄期,超过最大拉应力区域的面积和节段总表面积的比例为高应力区域面积比,通过该参数,可以表征节段在某一龄期可能的开裂区域。不同龄期沿节段横断面水平向高应力区域面积比数据见表 6-8。

沿节段横断面水平向高应力区域面积比   表 6-8

龄期(d)	<1.3	1.3	1.5	1.7	>1.7
高应力区域面积比(%)	0	0.01	0.01	0.005	0

②典型点应力

图 6-10 所示,几个掖角处应力较大,其拉应力大于抗拉强度,选取两个典型点进行分析,一个是顶板下表面与中墙的掖角处,一个是底板上表面与外侧墙的掖角处。

(3)纵向温度应力

①高应力区域分布规律

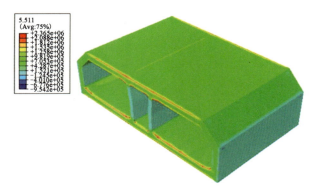

图 6-10 沿节段横断面水平向典型点选择

在第 1.3 天,最大拉应力为 1.71MPa,抗拉强度为 1.9MPa,故此时未出现高应力区域。在第 1.5 天,最大拉应力为 1.97MPa,抗拉强度为 2.16MPa,没有高应力区域。在第 1.7 天,最大拉应力为 2.04MPa,抗拉强度为 2.34MPa,没有高应力区域。

定义在某一龄期,超过最大拉应力区域的面积和节段总表面积的比例为高应力区域面积比,通过该参数,可以表征节段在某一龄期可能的开裂区域。不同龄期沿节段纵向高应力区域面积比数据见表 6-9。

沿节段纵向高应力区域面积比 表 6-9

龄期(d)	<1.3	1.3	1.5	1.7	>1.7
高应力区域面积比(%)	0	0	0	0	0

②典型点应力

典型点位置及其主应力发展如图 6-11 所示。

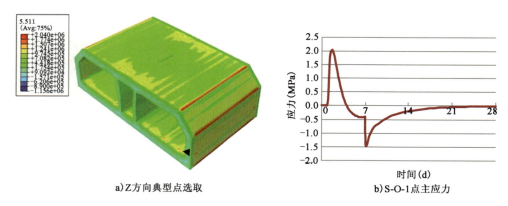

a) Z方向典型点选取　　b) S-O-1点主应力

图 6-11 纵向应力

(4) 内部点应力发展

节段表面在前期受拉,后期受压,而内部在前期受压,后期则受到压应力,图 6-12 为顶板内部典型点的主应力发展曲线。

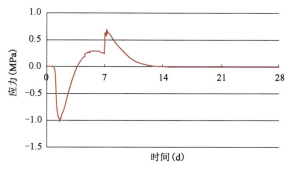

图6-12 顶板内部典型点主应力发展曲线

可以看出,节段内部在后期受拉,尤其当节段推出室外时,拉应力有突变,但最大拉应力仅为0.6MPa,远小于其抗拉强度。其他工况的情况类似,内部点的拉应力在后期都很小,故在其他的工况里没有就此进行讨论。

(5) 典型点抗裂安全系数

定义劈裂抗拉强度与某一龄期时的应力的比值为该龄期时的抗裂安全系数,小于1时拉应力高过抗拉强度,大于1时则小于抗拉强度。图6-13为典型点的抗裂安全系数曲线。将每一龄期对应的应力值与劈裂抗拉强度相比,高于抗拉强度时,该值大于1,表现为压应力时,该值为负。

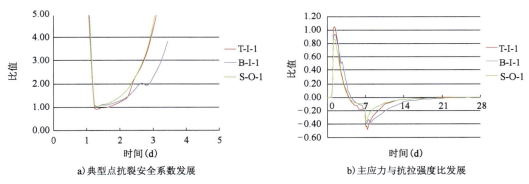

a) 典型点抗裂安全系数发展　　　　b) 主应力与抗拉强度比发展

图6-13 典型点抗裂安全曲线

6.1.3 控裂参数

6.1.3.1 浇筑温度

表6-10为不同工况情况下的浇筑温度。

比 较 参 数　　　　　　　　　表6-10

工 况 编 号	比 较 参 数
标准工况	浇筑温度20℃
工况二	浇筑温度22℃
工况三	浇筑温度25℃
工况四	浇筑温度28℃

(1) 温度比较分析

随着浇筑温度的逐渐增加，内部最高温度也逐渐增加。内部最高温度的增幅与浇筑温度的增量相同。从温差上看，随着浇筑温度的逐渐增加，内部最高温度也逐渐增加，温差也随着浇筑温度的升高而增加，如图6-14所示。

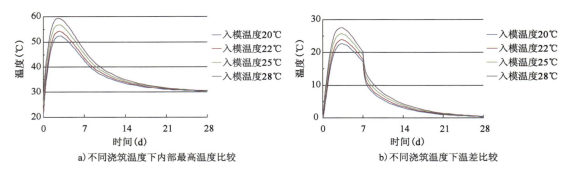

图 6-14 浇筑温度对比

(2) 应力比较分析

随着浇筑温度的增加，内部最高温度及最大温差也逐渐增加。相应的，在拆模前的最大拉应力也随着浇筑温度的增加而增加。当浇筑温度从20℃增加到28℃时，混凝土拆模前顶板典型点处的最大拉应力从2.3MPa增加到了2.8MPa，如图6-15所示。

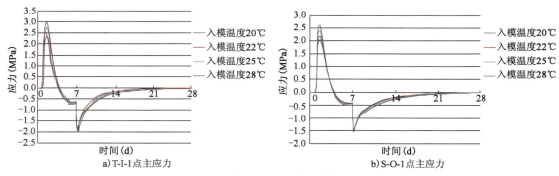

图 6-15 应力对比曲线

列出各计算工况下沿节段横断面和纵断面水平向高应力区域面积比，详见表6-11和表6-12。沿节段横向，各工况在浇筑1.3d、1.5d和1.7d都出现了高应力区域，工况四在浇筑后1.3d所占比例最高。沿节段纵向，工况三和工况四在浇筑后1.3d、1.5d和1.7d时，沿节段纵向出现高应力区域，工况四在浇筑后1.3d所占比例最高。

沿节段横断面水平向高应力区域面积比　　　表6-11

工况编号	高应力区域面积比(%)				
	<1.3d	1.3d	1.5d	1.7d	>1.7d
标准工况	0	0.01	0.01	0.005	0
工况二	0	0.04	0.04	0.01	0

续上表

工况编号	高应力区域面积比(%)				
	<1.3d	1.3d	1.5d	1.7d	>1.7d
工况三	0	0.18	0.13	0.05	0
工况四	0	0.9	0.77	0.18	0

沿节段纵向高应力区域面积比　　　　表6-12

工况编号	高应力区域面积比(%)				
	<1.3d	1.3d	1.5d	1.7d	>1.7d
标准工况	0	0	0	0	0
工况二	0	0	0	0	0
工况三	0	0.12	0.12	0.05	0
工况四	0	0.34	0.28	0.16	0

随着浇筑温度的升高,管节的抗裂安全系数也随之降低。特别是在拆模前,浇筑温度由20℃增加到28℃,抗裂安全系数也由0.96降低到0.74,如图6-16所示。主应力与劈裂抗拉强度的比值,大于1时其应力超过该时刻的抗拉强度,当比值为负时该点受压。由以上曲线也看出,在前期该点表现为拉应力,浇筑温度越高,该比值前期越大,而后期则影响不大。

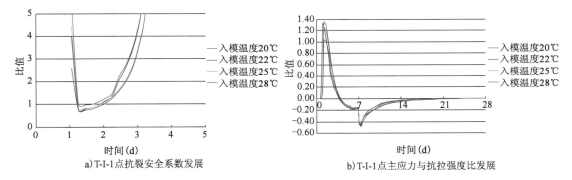

图6-16 抗裂安全系数

混凝土的浇筑温度和绝热温升共同决定了混凝土内部的最高温度。当浇筑温度降低时,也就降低了结构内部的最高温度,对减小结构内外温度差,继而减小温度应力有明显作用。

6.1.3.2 带模养护

随着养护棚内室温从15℃提高到40℃,混凝土内部的温度发展也随之变化,其影响体现在混凝土内部温度发展到峰值后,逐渐下降的阶段。随着养护温度的提高,混凝土内部温度下降速度放缓。养护温度对管节混凝土的内外温差有明显的影响,养护温度越高,在管节推出室外之前温差也越低。这是因为外部温度的提高,使得内外温差降低。表6-13列出了各工况的比较参数。

比 较 参 数　　　　　　　　　　　表6-13

工况编号	比较参数	计算变量
标准工况	无	钢模板、养护温度20℃、3d拆模
工况五	室内养护温度	室内养护温度15℃
工况六		室内养护温度25℃
工况七		室内养护温度30℃
工况八		室内养护温度35℃
工况九	模板	保温模板
工况十	拆模时间	2d拆模

(1)温度比较分析

当采用保温模板时,内部最高温度有所上升,这是因为保温模板的热交换系数较小,热量不容易散出,导致内部温度比采用钢模板的情况下更高,在拆模前采用钢模板温差更大,如图6-17所示。这是因为内部温度持续升高,由于钢模板的保温效果不好,外部温度下降的较快,导致内外温差较大。对采用保温模板的工况而言,拆模后保温材料移除,表面热交换系数显著提高,外表面温度降低,因此内外温差变得更大,如图6-18所示。因此在拆模后内外温差得到增加。

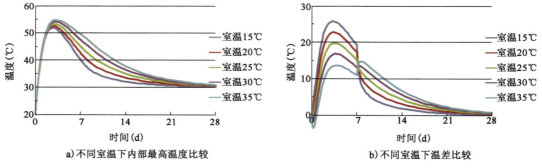

图6-17　养护环境温度的影响

在混凝土浇筑后第2天或第3天拆模,对混凝土内部温度影响很小,如图6-19所示。这是因为在采用钢模板的情况下,拆模前后的表面热交换系数基本不变。采用钢模板,拆模前后的混凝土表面热交换系数差距很小,因此拆模时间的影响也很小。

(2)应力比较分析

随着室内养护温度的提高,在拆模前内外温度差也越小,拉应力也越小。同样的,在管节混凝土推出室外后,随着室内养护温度的提高,其与外界温度的差距也越小,则压应力也越小。图6-20列出了特征点的主应力发展。

表6-14和表6-15分别给出了计算工况下沿节段横断面和纵断面水平向高应力区域面积比。由表可见,各对比工况均没有出现高应力区域。

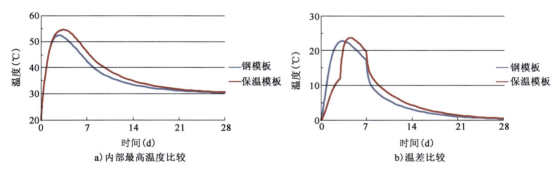

图 6-18 不同模板体系的影响

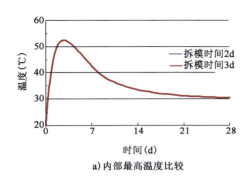
a)内部最高温度比较

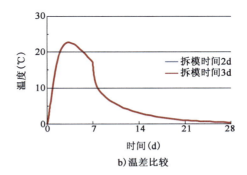
b)温差比较

图 6-19 不同拆模时间的影响

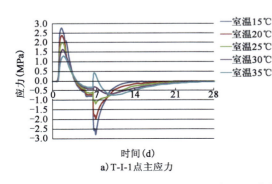
a)T-I-1点主应力

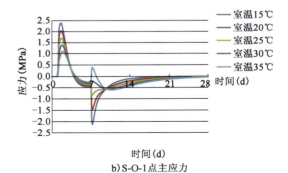
b)S-O-1点主应力

图 6-20 养护环境温度的影响

沿节段横断面水平向高应力区域面积比　　　　表 6-14

工况编号	高应力区域面积比(%)				
	<1.3d	1.3d	1.5d	1.7d	>1.7d
标准工况	0	0.01	0.01	0.005	0
工况五	0	0	0	0	0
工况六	0	0	0	0	0
工况七	0	0	0	0	0
工况八	0	0	0	0	0

沿节段纵向高应力区域面积比   表6-15

工况编号	高应力区域面积比(%)				
	<1.3d	1.3d	1.5d	1.7d	>1.7d
标准工况	0	0	0	0	0
工况七	0	0	0	0	0
工况八	0	0	0	0	0
工况九	0	0	0	0	0
工况十	0	0	0	0	0

在当前计算条件下,室温35℃时,抗裂安全系数越高,室温30℃时次之,室温15℃时,安全系数最低,如图6-21所示。主应力与劈裂抗拉强度的比值,大于1时其应力超过该时刻的抗拉强度,当比值为负时该点受压。

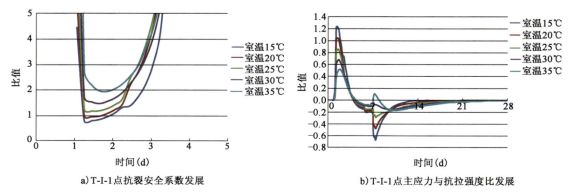

图6-21 养护环境温度对抗裂安全系数的影响

采用钢模板时,管节混凝土在拆模前有较大的拉应力。当采用保温模板后,拆模前较大的拉应力得到降低。然而,对采用保温模板的情况而言,由于在拆模后表面温度迅速降低,内外温差得到增加,管节混凝土表面产生另一个拉应力峰值。但此2个拉应力均小于材料钢模板情况下的拉应力峰值,如图6-22所示。

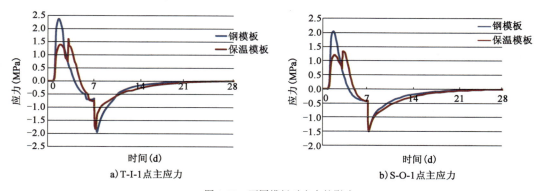

图6-22 不同模板对应力的影响

表6-16和表6-17分别给出了计算工况下沿节段横断面和纵断面水平向高应力区域面积比。由表可见，浇筑后1.3d和1.5d时，沿节段横断面方向的高应力区域所占比例最高。

沿节段横断面水平向高应力区域面积比　　　　　　　　　　　表6-16

工况编号	高应力区域面积比(%)				
	<1.3d	1.3d	1.5d	1.7d	>1.7d
标准工况	0	0.01	0.01	0.005	0
工况九	0	0	0	0	0

沿节段纵向高应力区域面积比　　　　　　　　　　　表6-17

工况编号	高应力区域面积比(%)				
	<1.3d	1.3d	1.5d	1.7d	>1.7d
标准工况	0	0	0	0	0
工况九	0	0	0	0	0

采用保温模板能够显著提高混凝土的抗裂安全系数。但要注意的是，保温模板在拆除后会给管节带来另外一个应力峰值。主应力与劈裂抗拉强度的比值，大于1时其应力超过该时刻的抗拉强度，当比值为负时该点受压，如图6-23和图6-24所示。

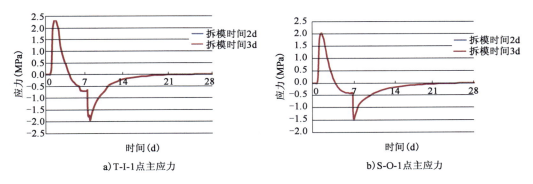

a) T-I-1点主应力　　　　　　b) S-O-1点主应力

图6-23　不同拆模时间对应力的影响

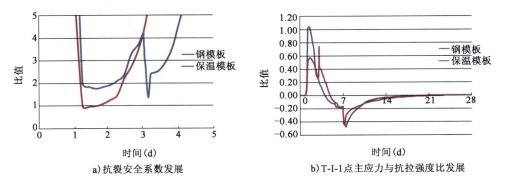

a) 抗裂安全系数发展　　　　　　b) T-I-1点主应力与抗拉强度比发展

图6-24　不同模板对抗裂安全系数的影响

列出各计算工况下沿节段横断面和纵断面水平向高应力区域面积比,详见表 6-18 和表 6-19,浇筑后 1.3d 和 1.5d 时,横断面水平向高应力区域所占比例最高。

沿节段横断面水平向高应力区域面积比　　　　　　　　表 6-18

工况编号	高应力区域面积比(%)				
	<1.3d	1.3d	1.5d	1.7d	>1.7d
标准工况	0	0.01	0.01	0.005	0
工况十	0	0.01	0.01	0.005	0

沿节段纵向高应力区域面积比　　　　　　　　表 6-19

工况编号	高应力区域面积比(%)				
	<1.3d	1.3d	1.5d	1.7d	>1.7d
标准工况	0	0	0	0	0
工况十	0	0	0	0	0

主应力与劈裂抗拉强度的比值,大于 1 时其应力超过该时刻的抗拉强度,当比值为负时该点受压。

室内养护温度的提高减缓了混凝土内部的温度降低速率,提高了外表面温度,降低了内外温差。室内养护温度依次为 15℃、20℃、25℃、30℃、35℃,拆模前内外最大温差分别为 25.7℃、22.66℃、19.7℃、16.81℃、13.64℃。当养护温度低于室外温度时,管节推出室外后将在原高应力区域产生压应力;当养护温度高于室外温度时,管节推出室外后将在原高应力区域产生拉应力,但此拉应力低于拆模前的拉应力值。室内养护温度的提高将大大提高抗裂安全系数,在众多影响因素中为主要影响因素。室内养护温度依次为 15℃、20℃、25℃、30℃、35℃,抗裂安全系数依次为 0.81、0.96、1.18、1.48 和 1.95。

保温模板能够减缓内外部温度的降低,当采用保温模板时,最大内外温差从 22.66℃ 降低到 12.31℃。但是脱模后由于外部环境温度较高,混凝土结构内外将产生另一个温度差的峰值,此温度差峰值会造成另一个拉应力峰值。相比普通钢模板,带保温材料的钢模板能把拆模前的最小抗裂安全系数从 0.96 提高到 1.76。拆除保温模板后,采用保温模板情况下将会有拉应力产生,其时的抗裂安全系数约为 1.4。

在采用钢模板的情况下,由于钢模板和混凝土自由表面的热交换系数相近,因此拆模时间对抗裂安全系数的影响较小,如图 6-25 所示。

6.1.3.3 拆模室内养护

土工布的作用在于增加了混凝土表面的热交换系数,但是对混凝土内部最高温度的影响有限。土工布的作用体现在拆模后,管节推至室外之前。土工布降低了混凝土表面的热交换系数,起到了一定的保温作用,降低了混凝土的内外温差。比较参数详见表 6-20。

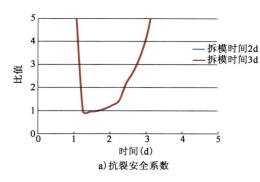
a)抗裂安全系数

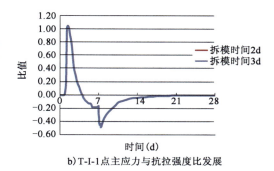
b)T-I-1点主应力与抗拉强度比发展

图 6-25　不同拆模时间对抗裂安全系数的影响

比 较 参 数　　　　　　　　　　　　　　表 6-20

工况编号	比较参数	计算变量
标准工况	无	暴露在空气中,保湿养护 4d
工况十	保温养护	外表覆盖土工布[室内养护热交换系数为 6.7 W/(m²·K)、室外养护热交换系数为 9.6 W/(m²·K)]
工况十一	保湿养护	无保湿养护
工况十二	养护时间	养护时间 11d

(1)温度比较分析

养护时间加长到 11d,对混凝土内部温度发展有一定的影响。在拆模前混凝土内部温度降得更低。养护时间延长至 14d 后,在养护期内,混凝土内外温差下降缓慢。养护结束前后存在的温差突然降低,由第 7 天延后至第 14 天。图 6-26 和图 6-27 分别给出了不同保温时间和养护时间情况下,内部最高温度和温差的比较。

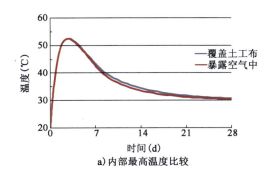
a)内部最高温度比较

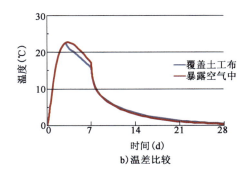
b)温差比较

图 6-26　不同保温时间的影响

(2)应力比较分析

土工布的作用改善了混凝土从拆模后到推至室外之前的混凝土内部温度分布。进而降低了拉应力,如图 6-28 所示。

表 6-21 与表 6-22 给出了各计算工况下沿节段横断面和纵断面水平向高应力区域面积比。浇筑后 1.3d 和 1.5d,高应力区域所占比例最高。

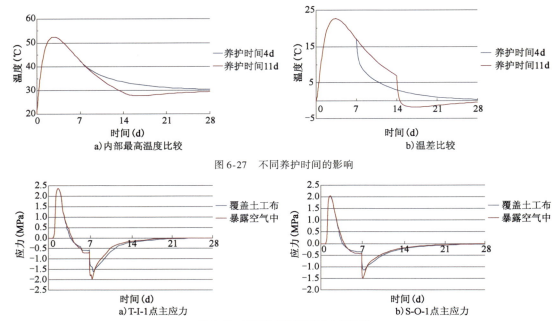

图 6-27 不同养护时间的影响

图 6-28 不同保温养护对应力的影响

沿节段横断面水平向高应力区域面积比   表 6-21

工况编号	高应力区域面积比(%)				
	<1.3d	1.3d	1.5d	1.7d	>1.7d
标准工况	0	0.01	0.01	0.005	0
工况十二	0	0.01	0.01	0.005	0

沿节段纵向高应力区域面积比   表 6-22

工况编号	高应力区域面积比(%)				
	<1.3d	1.3d	1.5d	1.7d	>1.7d
标准工况	0	0.01	0.01	0.005	0
工况十二	0	0.01	0.01	0.005	0

  养护时间的延后使得养护结束前后存在的温差也相应延后,因此,表面由于温度突变造成的拉应力也推迟到了第 14 天,如图 6-29 所示,养护时间的延长增加了抗裂安全系数,如图 6-30 所示。

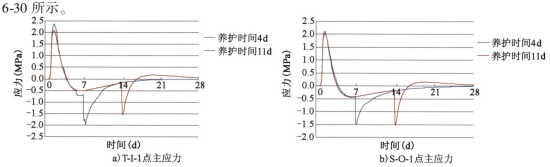

图 6-29 不同养护时间对应力的影响

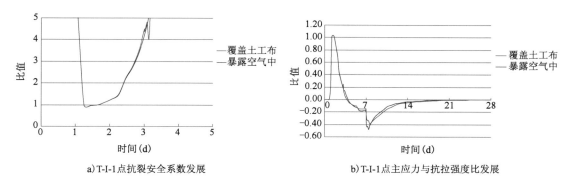

图 6-30 不同保温养护对抗裂安全系数的影响

列出各计算工况下沿节段横断面和纵断面水平向高应力区域面积比,见表 6-23 和表 6-24,浇筑后 1.3d 和 1.5d,高应力区域所占比例最高。

沿节段横断面水平向高应力区域面积比　　　　表 6-23

工况编号	高应力区域面积比(%)				
	<1.3d	1.3d	1.5d	1.7d	>1.7d
标准工况	0	0.01	0.01	0.005	0
工况十四	0	0.01	0.01	0.005	0

沿节段纵向高应力区域面积比　　　　表 6-24

工况编号	高应力区域面积比(%)				
	<1.3d	1.3d	1.5d	1.7d	>1.7d
标准工况	0	0	0	0	0
工况十四	0	0	0	0	0

土工布降低了混凝土表面的热交换系数,在拆模后覆盖土工布起到了类似于保温模板的作用,降低了拉应力,提高了抗裂安全系数。但是混凝土易于开裂的时间还是在拆模之前,因此土工布的有利影响较小。典型点抗裂安全系数如图 6-31 所示。

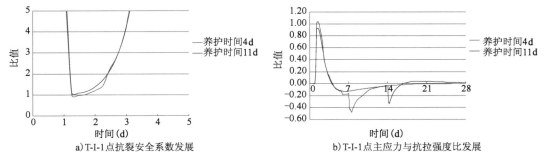

图 6-31 不同养护时间对抗裂安全系数的影响

养护时间从 4d 延长到 11d,意味着推迟了节段混凝土从养护室推出到室外的时间,在这段延长的时间里,混凝土的抗拉强度(劈拉强度)进一步发展,增加了抗裂安全指数。

6.1.3.4 拆模室外养护

环境温度的影响在管节混凝土推至室外时体现。比较参数详见表6-25。

比较参数　　　　　　　　　　　　　　　　　　　　　表6-25

工况编号	比较参数
工况一	室外环境温度30℃
工况十五	室外环境温度10℃
工况十六	室外环境温度5℃
工况十七	室外环境温度40℃

（1）温度比较分析

混凝土内部温度在水化热消散后会降低至接近环境温度并基本稳定,环境温度降低,内部达到稳定的温度值也会降低,内部最高温度降低至稳定温度值的幅度会越大。环境温度越高,混凝土表面与内部最高温度之差会降低,反之则会增大。不同室外环境温度影响如图6-32所示。

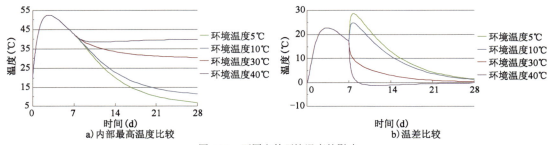

图6-32　不同室外环境温度的影响

（2）应力比较分析

环境温度的影响在管节混凝土推至室外时体现。室外温度为40℃时,导致混凝土表面温度由20℃突然升高,表面产生压应力。而当室外温度为5℃时,混凝土表面温度由20℃突然降低,内外温差增大,表面产生显著的拉应力。这一现象在顶板、底板、侧墙都得到体现。两个特征点的应力发展如图6-33所示。同时列出各计算工况下沿节段横断面和纵断面水平向高应力区域面积比,详见表6-26和表6-27,浇筑后1.3d和1.5d,高应力区域所占比例最高。

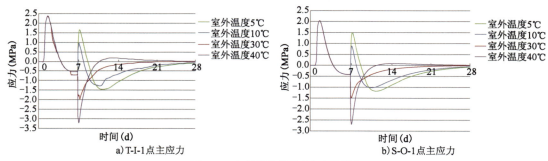

图6-33　室外环境温度对应力的影响

沿节段横断面水平向高应力区域面积比　　　　　　　　　表6-26

工况编号	高应力区域面积比（%）				
	<1.3d	1.3d	1.5d	1.7d	>1.7d
标准工况	0	0.01	0.01	0.005	0
工况十五	0	0.01	0.01	0.005	0
工况十六	0	0.01	0.01	0.005	0
工况十七	0	0.01	0.01	0.005	0

沿节段纵向高应力区域面积比　　　　　　　　　表6-27

工况编号	高应力区域面积比（%）				
	<1.3d	1.3d	1.5d	1.7d	>1.7d
标准工况	0	0.01	0.01	0.005	0
工况十五	0	0.01	0.01	0.005	0
工况十六	0	0.01	0.01	0.005	0
工况十七	0	0.01	0.01	0.005	0

（3）抗裂安全系数与抗拉强度

外部环境温度的变化对管节混凝土的影响体现在后期，不会影响早期的抗裂安全系数。

室外养护的温度对节段混凝土浇筑后期影响较大，然而此时混凝土的抗拉强度（劈拉强度）已经很高。混凝土从室内推出室外，当室外温度为5℃和10℃时，内外温差突变为28.4℃和24.7℃，此时对应的抗裂安全系数拉应力为1.95和3.4，均高于1.4的控制值，如图6-34所示。

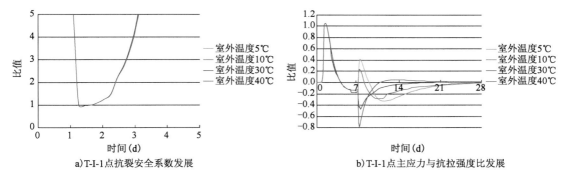

图6-34　室外环境温度对抗裂安全系数的影响

6.1.3.5 敏感性分析

通过控裂参数计算，确定入模温度、模板类型、养护温度、养护时间、养护方式等是影响沉管节段开裂风险的敏感性因素。

混凝土的入模温度对沉管节段抗裂性能有重要影响，随着入模温度的升高，沉管节段内部最高温度与最大内外温差逐渐上升，抗裂安全系数随之降低，沉管节段开裂风险增大。标准工况条件下，即使入模温度为20℃，其抗裂安全系数仅为0.96，不能满足沉管节段的抗裂要求，必须采取其他有效措施降低沉管开裂风险。

相比普通钢模板,带保温材料的钢模板能把拆模前的最小抗裂安全系数从0.96提高到1.76。拆除保温模板后,将会有拉应力产生,其抗裂安全系数约为1.4。在采用钢模板的情况下,由于钢模板和混凝土自由表面的热交换系数相近,因此拆模时间对抗裂安全系数的影响较小。

土工布覆盖养护可降低拉应力,提高了抗裂安全系数。将养护时间从4d延长到11d,可提高沉管节段抗裂安全系数。

6.1.4 不同施工季节分析

6.1.4.1 夏季施工

室内养护温度、浇筑温度以及模板等3个变量在沉管隧道的早期预制阶段对于控裂最为关键,而考虑到夏季温度较高,宜采用钢模板,这样对于控制其内部最高温度也有利,故将室内养护温度和浇筑温度作为计算变量,讨论在一定的浇筑温度下,需将室内养护温度控制在多少,才能满足抗裂要求;或者在一定的室内养护温度下,需将浇筑温度降到多少,才能满足相应的抗裂要求,夏季标准工况见表6-28。

夏季标准计算工况　　　　　　　　　　　　　　　　表6-28

配合比	绝热温升41.4℃	室内养护温度(℃)	30
浇筑温度(℃)	25	室内养护时间(d)	4
模板类型	钢模板	室外养护方式	暴露在空气中
拆模时间(d)	3	室外养护温度(℃)	35
拆模后室内养护方式	暴露在空气中		

夏季平均温度约为30℃,最高温度约为35℃,故将35℃定为夏季室外温度计算指标。将25℃作为能控制到的浇筑温度,室内养护温度初步定为30℃,模板则采用钢模板。为了达到抗裂要求,可以降低浇筑温度或者升高室内养护温度。通过降低浇筑温度以及提高室内温度得到不同工况组合,见表6-29。

计　算　工　况　　　　　　　　　　　　　　　　表6-29

工况编号	计算变量		其他参数
	浇筑温度(℃)	室内温度(℃)	
夏季工况一	25	30	相同
夏季工况二	22	30	
夏季工况三	22	32	
夏季工况四	25	35	

(1)温度计算比较分析

浇筑温度为22℃时,室内温度从30℃上升到32℃,内部最高温度略有升高,内外最大温差从18.2℃降低到17℃,如图6-35所示。

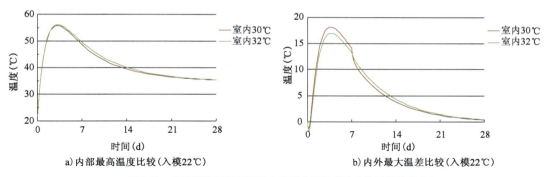

图6-35 浇筑温度22℃时室温上升对内部温度及内外温差的影响

在浇筑温度为25℃时,室内温度从30℃增加到35℃,内部最高温度从58.4℃增加到59.2℃,内外最大温差从20℃降低到17℃,如图6-36所示。

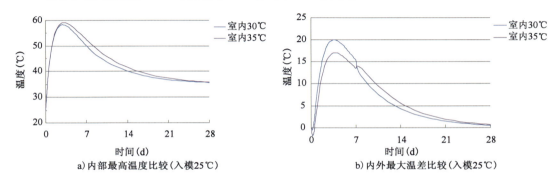

图6-36 浇筑温度25℃时室温上升对内部温度及内外温差的影响

(2)应力计算比较分析

在浇筑温度为22℃时,室内环境温度从30℃增加到32℃,此时该点主应力有一定变化,从1.74MPa降低到1.61MPa。而在室外时,由于环境温度发生变化,该点抗裂安全系数有一定变化,从1.36增加到1.48,如图6-37所示。

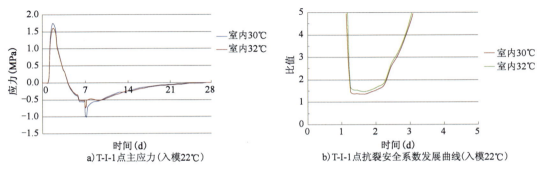

图6-37 浇筑温度22℃时室温上升对应力及抗裂安全系数的影响

在浇筑温度为25℃,室内环境温度从30℃增加到35℃,此时该点主应力有一定变化,从1.97MPa降低到1.61MPa,抗裂安全系数从1.18增加到1.48,如图6-38所示。

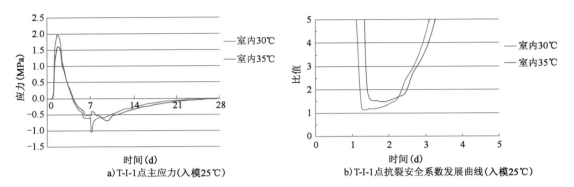

a) T-I-1点主应力(入模25℃)　　　　b) T-I-1点抗裂安全系数发展曲线(入模25℃)

图6-38　浇筑温度25℃时室温上升对应力及抗裂安全系数的影响

夏季施工时,不同工况下沉管混凝土抗裂安全系数计算结果见表6-30。

夏季施工抗裂性分析　　　　表6-30

工况编号	计算变量		内部最高温度(℃)	室内最大内外温差(℃)	室外最大内外温差(℃)	最小抗裂安全系数
	浇筑温度(℃)	室内温度(℃)				
夏季工况一	25	30	58.4	20.0	15.3	1.18
夏季工况二	22	30	55.9	18.2	14.3	1.36
夏季工况三	22	32	56.2	17.0	13.3	1.48
夏季工况四	25	35	59.2	17.0	13.3	1.48

6.1.4.2　冬季施工

冬季采用钢模板,将室内养护温度和浇筑温度作为计算变量,在一定的浇筑温度下,需将室内养护温度控制在多少,才能满足抗裂要求;或者在一定的室内养护温度下,需将浇筑温度降到多少,才能满足相应的抗裂要求。冬季施工标准计算工况见表6-31。

冬季标准计算工况　　　　表6-31

配合比	绝热温升41.4℃	室内养护温度(℃)	20
浇筑温度(℃)	15	室内养护时间(d)	4
模板类型	钢模板	室外养护方式	暴露在空气中
拆模时间(d)	3	室外养护温度(℃)	10
拆模后室内养护方式	暴露在空气中		

冬季平均温度约为15℃,最低温度极少低于10℃,故将10℃定位冬季计算的室外环境温度,此时浇筑温度较低,初步定为20℃,室内养护温度初步定为20℃,模板采用钢模板。为了达到抗裂要求,可以降低浇筑温度或者升高室内养护温度。通过改变浇筑温度以及室内温度,得到不同工况组合,见表6-32。

计 算 工 况 汇 总　　　　　　　　　表 6-32

工况编号	计算变量		其他参数
	浇筑温度(℃)	环境温度(℃)	
冬季工况一	15	20	相同
冬季工况二	15	25	
冬季工况三	20	25	
冬季工况四	20	30	

(1) 温度计算比较分析

浇筑温度为 15℃时，当室内温度从 20℃上升到 25℃，内部最高温度略有升高，内外最大温差从 19.7℃到 16.8℃，变化较为明显，如图 6-39 所示。

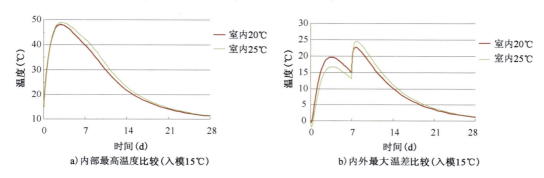

图 6-39　浇筑温度 15℃时室温上升对内部温度及内外温差的影响

浇筑温度为 20℃时，当室内温度从 25℃上升到 30℃，内部最高温度从 53.2℃增加到 54.0℃，内外最大温差从 19.7℃到 16.8℃，变化较为明显，如图 6-40 所示。

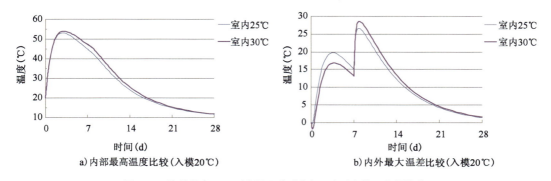

图 6-40　浇筑温度 20℃时室温上升对内部温度及内外温差的影响

(2) 应力计算比较分析

不同浇筑温度混凝土抗裂安全系数见表 6-33。

浇筑温度为 15℃时，室内环境温度从 20℃增加到 25℃，此时该点主应力有一定变化，从 1.97MPa 降低到 1.61MPa，抗裂安全系数从 1.18 增加到 1.48。

冬季施工抗裂性分析　　　　　　　表 6-33

工况编号	计算变量		内部最高温度(℃)	室内最大内外温差(℃)	室外最大内外温差(℃)	最小抗裂安全系数
	浇筑温度(℃)	室内温度(℃)				
冬季工况一	15	20	48.2	19.7	22.7	1.18
冬季工况二	15	25	49.0	16.8	24.6	1.48
冬季工况三	20	25	53.2	19.7	26.5	1.18
冬季工况四	20	30	54.0	16.8	28.5	1.48

浇筑温度为 20℃时，室内环境温度从 25℃增加到 30℃，此时该点主应力有一定变化，从 1.97MPa 降低到 1.61MPa，抗裂安全系数也从 1.18 增加到 1.48。

6.2　混凝土抗裂性能评价

在沉管正式预制前，进行了 4 次小尺寸模型试验以及 2 次足尺模型试验，模型试验由小到大、由简到复杂、循序渐进，验证混凝土原材料、配合比、施工工艺以及裂缝控制措施的可行性及可靠性，并据此进行相应的调整和优化。

6.2.1　模型设计

影响混凝土水化早期温度-应力分布的因素很多，无法运用经典公式进行精确描述，通过现场浇筑物理模型，对混凝土性能参数及温度-应力分布情况进行实时监测，对预测沉管实体构件的开裂风险具有十分重要的意义。模型试验选用的结构类型一般包括全尺寸模型和等尺寸部位模型，试验代价不同，反应的规律亦有所差异，通过有限元分析，对比各模型之间异同，优选出性价比最高的试验模型。

6.2.1.1　足尺模型

足尺模型是指不进行任何删减，包含实体构件所有特征部位的试验模型，其造价最高，模拟试验效果全面、最接近真实情况，不仅可以模拟温度应力、收缩应变，还可以对混凝土配合比、施工设备、工艺等内容进行检验，因此本文将对全尺寸模型进行有限元分析，计算其内部温度-应力的分布情况。

足尺模型的长度范围可依据实体构件尺寸选取 22.5m，按 1:1 的比例制作，预埋件和配筋参照设计图布置，其温度与应力场分布情况如图 6-41 所示。

6.2.1.2　等尺寸部位模型

等尺寸部位模型，是在原沉管实体的基础上，不改变长、宽、高比例，截取特定部位作为研究对象所建立起来的模型。该方法通过对大面积重点部位的模型化研究，能较为全面系统地模拟温度、收缩以及约束情况，把实际浇筑中遇到的诸多因素考虑进去，对将来施工做预先评估,同时从经济角度考虑,混凝土用量比全尺寸模型小很多。

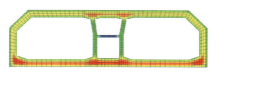 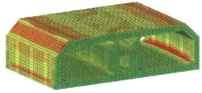

a)温度场分布　　　　　　　　　　b)应力场分布

图6-41　足尺模型

根据前期计算结果和施工经验,港珠澳大桥沉管构件易开裂部位有:顶板、顶板与侧墙内侧结合处、侧墙、底板与侧墙内侧结合处。考虑到实际情况,选取以下部位进行温度应力仿真计算。

(1)顶板与侧墙结合处模型

沉管管节单孔上部模型,定义为A模型,长度方向取250cm,配筋与设计图相同。此模型可模拟顶板侧墙温度-应力分布及体积收缩情况,混凝土用量约为$90m^3$。

有限元计算需选取合适的边界条件,在此假设模型截面拥有较好的保温措施,限制热量沿法线方向的散失,图中左侧架空截面在有条件情况下设立约束限制混凝土水平方向位移,底面可以增大约束,模板制成棱状。

模拟计算中该部位最高温度和最大主应力如图6-42所示。通过模拟计算显示此处的中心最高温度和最大主应力略低于全尺寸模型相应位置的最大值。

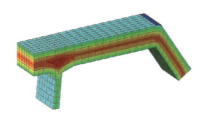 

a)温度场分布　　　　　　　　　　b)应力场分布

图6-42　顶板与侧墙结合处模型

(2)底板与侧墙结合处模型

底板与侧墙结合处模型,定义为B模型。根据前期计算结果和施工经验,底板与侧墙结合处温度最高、表观较难控制、最易开裂,选用该模型具有较好的代表性,尺寸单位为厘米(cm),长度方向取250cm,配筋与设计图相同。此模型可以较好地模拟底板侧墙温度-应力分布及体积收缩情况,混凝土用量约为$25m^3$。

模拟计算中该部位最高温度和最大主应力如图 6-43 所示。通过模拟计算显示此处的最高中心温度和最大主应力与全尺寸模型当中的最大值相等。

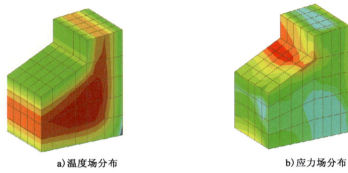

a) 温度场分布　　　　　　　　b) 应力场分布

图 6-43　底板与侧墙结合处模型

6.2.1.3　模型选取

从控制沉管结构温度-应力出发，结合现有现场和经济条件，选用了"底板与侧墙结合处模型"，并且通过模拟计算和实际施工经验可知此部位是沉管结构中心温度最高、易开裂和浇筑振捣工艺最为复杂的区域，具有明显代表性。

对于拟采用配合比，施工条件和环境下模拟计算沉管温度场和应力场，分别提取出各种模型最高温度及最大应力值，进行比对，从而找出最优方案，见表 6-34。在足尺模型试验之前，采用模型 B 进行小尺寸模型试验，该模型用混凝土方量为 22m³，综合考虑模板、钢筋和传感器监测设备等因素，试验费用在 8 万元内。

几种模型最高温度及最大温度应力统计　　　　　　　表 6-34

模型种类	中心最高温度(℃)	表面最大应力(MPa)
足尺模型	53.6	1.67
模型 A	51.7	1.58
模型 B	53.6	1.66

小尺寸模型尺寸如图 6-44 所示。

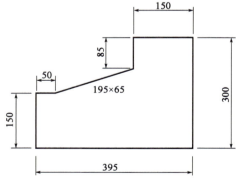

图 6-44　选取模型(尺寸单位：cm)

6.2.2 模型试验

6.2.2.1 配合比与原材料

利用优选的混凝土配合比进行模型试验,并根据模型试验结果不断进行优化和调整,模型试验所用的配合比见表6-35。模型试验所用配合比,基本上是围绕优选配合比,根据施工工艺对胶凝材料用量、胶凝材料体系、水胶比、砂率、减水剂用量进行了调整。

模型试验配合比 表6-35

模型试验	胶凝材料用量(kg/m³)	水胶比	水泥(kg/m³)	粉煤灰(kg/m³)	矿渣粉(kg/m³)	砂率(%)	减水剂(%)	坍落度(mm)
第一次小尺寸模型试验	420	0.34	168	105	147	40	0.9	90~160
	400	0.35	160	100	140	40	0.9	200
第二次小尺寸模型试验	420	0.34	168	105	147	40	1.0	140~180
第三次小尺寸模型试验	420	0.34	189	105	126	43	1.0	120~180
第四次小尺寸模型试验	440	0.34	189	120	131	41	0.8	140~180
第一次足尺模型试验	440	0.34	189	120	131	41	0.8	140~200
第二次足尺模型试验	420	0.35	45	25	30	43	1.0	180~240

第一次小尺寸模型试验采用吊罐工艺进行混凝土浇筑,试验了两个不同配合比,在90~200mm范围内改变坍落度,验证不同坍落度混凝土的现场浇筑性能。第二次小尺寸模型试验采用也吊罐工艺进行混凝土浇筑,坍落度140~180mm范围的配合比,在保持其他原材料不变的条件下,将外加剂厂家更换为江苏博特,并验证混凝土现场浇筑性能及现场高温条件下凝结时间。第三次小尺寸模型试验采用吊罐工艺进行混凝土浇筑,碎石产地由江门新会白水带变为珠海桂山镇惠记石场碎石,胶材用量保持420kg/m³,水泥比例从40%增大至45%,砂率增大,坍落度120~180mm,测试混凝土在密集钢筋条件下混凝土的施工性能。第四次小尺寸模型试验采用吊罐工艺进行混凝土浇筑,保持189kg/m³水泥用量不变,增加粉煤灰与矿粉的掺量,将总胶凝材料用量提高至440kg/m³,研究140~180mm坍落度范围混凝土施工性能。

第一次足尺模型试验(图6-45)采用了与第四次小尺寸模型试验完全相同的原材料及配合比,采用皮带机输送混凝土。混凝土搅拌完成后卸料至缓存仓,通过缓存仓下落到一级皮带上,二级、三级与四级皮带输送至位于浇筑现场的分料仓。经分料仓搅拌、分料后,混凝土通过最后一级的布料皮带机进行布料浇筑。混凝土由最远的缓存仓卸料至皮带上,经五级皮带输送至入模处,输送距离达200m以上,所需时间约140s,验证了坍落度140~200mm范围混凝土施工性能。

a) 皮带输送转换

b) 皮带输送上坡

图 6-45　第一次足尺模型试验

第二次足尺模型试验(图 6-46)混凝土采用搅拌运输车与地泵进行联合输送,在第一次足尺模型试验的基础上优化了配合比,保持混凝土中浆体比率,保持水泥用量不变,降低粉煤灰与矿渣粉比例,增大水胶比,将胶凝材料用量降低至 420kg/m³,适当调整水胶比、砂率。S2 段足尺模型混凝土搅拌出机后,由混凝土搅拌运输车运输至厂房侧门外混凝土地泵处,通过地泵泵送至浇筑台座内通过布料杆进行混凝土布料浇筑,最长泵送距离约为 100m,验证了坍落度 180~240mm 范围混凝土施工性能。

a) 混凝土入泵

b) 混凝土浇筑布料

图 6-46　第二次足尺模型试验

6.2.2.2　温度监测

各次模型试验温度监测结果见表 6-36,其中 4 次小尺寸模型混凝土分别在夏季、秋季以及冬季进行浇筑,分别代表了沉管混凝土施工的高温季节、常温季节及低温季节。在高温季节,未采取原材料降温及加入碎冰搅拌,混凝土浇筑温度达 35.3℃,内部最高温度达 70.4℃,随着环境温度降低,混凝土的浇筑温度及内部最高温度也随之降低。第一次及第二次小尺寸模型试验,未采取任何保温养护措施,降温阶段最大内外温差均不低于 20℃,最大降温速率达 10℃/d 以上。第三次及第四次小尺寸模型试验,混凝土拆模后采取土工布包裹保温,虽然内外温差仍大于20℃,但最大降温速率明显降低,其中第四次采取双层土工布包裹养护的降温速率降低至2.9℃/d。

模型试验温度监测结果 表6-36

模型试验		环境温度	浇筑温度	最高温度	最大温升	最大温差	最大降温速率
第一次小尺寸模型试验	温度指标	34~36℃	35.3℃	70.4℃	35.1℃	20.5℃	14℃/d
	出现时间	/	/	28h	/	20h	46~70h
第二次小尺寸模型试验	温度指标	24~32℃	33.0℃	65.7℃	32.7℃	20.0℃	13.6℃/d
	出现时间	/	/	34h	/	60h	76~78h
第三次小尺寸模型试验	温度指标	23~27℃	26℃	64.8℃	38.8℃	21.2℃	5.9℃/d
	出现时间	/	/	42h	/	44h	55~75
第四次小尺寸模型试验	温度指标	15~17℃	17.3℃	53.7℃	36.4℃	23.3℃	2.9℃/d
	出现时间	/	/	52h	/	52h	50~75
第一次足尺模型试验	温度指标	10.6~13.3℃	16.3~16.9℃	54.3℃	36.3℃	23.4℃	7.7℃/d
	出现时间	/	/	59h	/	51h	48~70h
第二次足尺模型试验	温度指标	25.6~27.8℃	23.6~28.1℃	68.3℃	41.3℃	21.8℃	6℃/d
	出现时间	/	/	39.5h	/	52.1h	51~69h

第一次足尺模型试验混凝土浇筑时,白天气温为13~14℃,夜间气温为10~11℃,混凝土出机温度为19.2~20.7℃,浇筑温度为15.0~16.0℃。由于混凝土输送采用皮带机输送系统,摊薄直接暴露在大气环境中,混凝土从出机到入模输送时间大约为2min,导致混凝土在输送途中与大气进行充分的热量交换,混凝土入模温度比出机温度低4℃左右。

第二次足尺模型试验中,白天气温为26~28℃,夜间为25~26℃。本次试验验证了不同加冰量对混凝土出机温度的影响,加冰量25kg/m³时混凝土出机温度为23~25℃,不加冰导致混凝土出机温度较高,达到27℃以上。

6.2.3 仿真计算验证及优化

对足尺节段浇筑试验进行仿真计算,并与试验监测结果进行对比分析,验证数值仿真模型的正确性,并根据监测对仿真计算相关边界参数进行优化。

6.2.3.1 计算参数

浇筑温度按26.5℃计算,环境温度取前5d平均值27.7℃(前5天波动较小),混凝土最高绝热温升取43.5℃,理论内部最高温度小于70℃(26.5℃+43.5℃),采用钢模板,4d拆模,表面覆盖土工布洒水养护。

6.2.3.2 温度计算结果

足尺模型温度仿真计算温度分布示意如图6-47所示,计算结果及其与实际监测结果对比见表6-37。

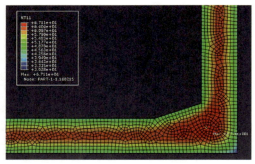

图 6-47 仿真计算温度分布规律

温度实测与计算结果比较 表 6-37

部位	最高温度(℃)		最大内外温差(℃)	
	实测（出现时间）	计算（出现时间）	实测（出现时间）	计算（出现时间）
底板左断面	65(39.5h)	64.3(43.4h)	13.8(42h)	14.4(62.4h)
底板中断面	68.3(35.8h)	63.2(37.1h)	19.5(30.3h)	13.2(49.7h)
底板右断面	67.5(44.3h)	65.9(40.2h)	21.8(51.5h)	21.5(71.9h)
侧墙断面	63.3(39.5h)	63.2(37h)	12(37.8h)	12.6(52.9h)
顶板左断面	66.8(39.5h)	65.3(43.4h)	18.3(52.1h)	16.2(59.2h)
顶板中断面	65.8(39.5h)	63.2(40.2h)	18.8(51.3h)	12.2(52.9h)

除了底板中所测最高温度和最大内外温差有明显差异，其他断面最高温度和内外温差计算值较为相近，计算值总体而言略小于实测值，出现时间略晚于实测值。计算不能与实测数据完全符合，分析存在如下原因：

（1）实际是分层浇筑，浇筑时间持续 28h，而计算假设一次性浇筑完成。

（2）加冰量为 0～60kg 不等，导致了浇筑温度不同，实际浇筑温度为 22.5～28℃，但计算中假定为 26.5℃，如底板中断面实测与计算拟合有明显差异。

6.2.3.3 温度拟合曲线

根据不同部位温度计算结果与监测结果对比，调整温度仿真计算相关边界参数，对计算温度曲线与实际温度曲线进行拟合。调整拟合后，中心最高温度和内外温差发展曲线如图 6-48 所示，底板左断面实测和计算中心最高温度、最大内外温差较为吻合，最高温度和最大内外温差差异小于 1℃，且发展曲线也极为相符。

图 6-49 是底板中断面的中心最高温度和内外温差曲线，底板中断面实测和计算中心最高温度、最大内外温差有所差异。误差可能是由于底板中断面混凝土未加冰，浇筑温度较高，但计算时仍按照 26.5℃计算导致。

底板右断面温度拟合如图 6-50 所示，底板右断面实测和计算中心最高温度、最大内外温差较为吻合，且发展曲线也极为相似。

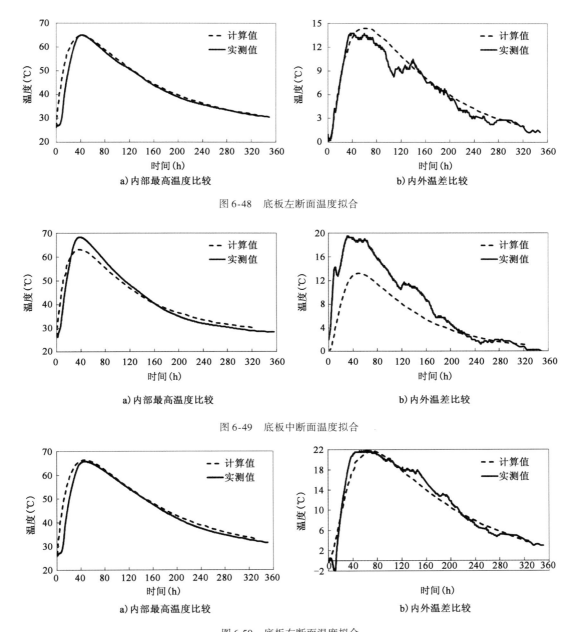

图 6-48 底板左断面温度拟合

图 6-49 底板中断面温度拟合

图 6-50 底板右断面温度拟合

外侧墙断面的中心最高温度和内外温差曲线如图 6-51 所示,侧墙断面实测和计算中心最高温度、最大内外温差较为吻合,且发展曲线也极为相似。但计算值略大于实测值,可能由于侧墙实际入模温度小于 26.5℃ 所致。

顶板左断面的中心最高温度和内外温差曲线如图 6-52 所示,计算值略小于实测值,偏差在 1.5℃ 左右,但中心温度和内外温差的发展规律较为相似。内外温差在 15h 左右有个骤降,这是此时有暴雨导致环境温度骤降,而顶板上面的工厂顶棚部分被破坏,还未来得及修补,故顶板所受影响较大。

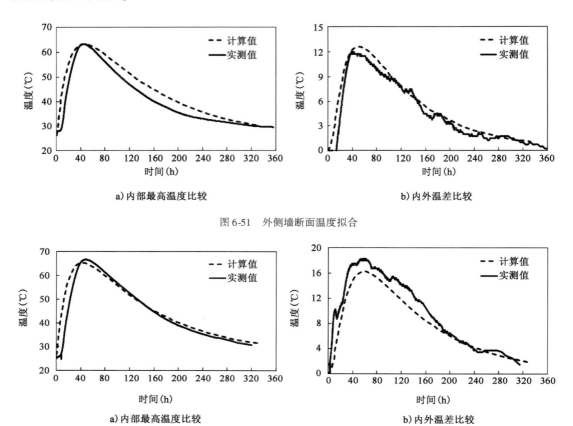

图 6-51 外侧墙断面温度拟合

图 6-52 顶板左断面温度拟合

顶板中断面温度拟合如图 6-53 所示,内部温度的计算值略小于实测值,且发展规律较为相似;而内外温差有较大误差,可能由于表面传感器和计算选取点有差异造成。

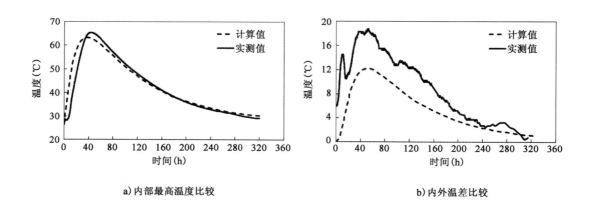

图 6-53 顶板中断面温度拟合

6.3 沉管节段混凝土结构控裂技术措施及实施效果

针对沉管混凝土配合比,通过不同工况条件的沉管节段开裂风险仿真计算与分析,经足尺模型验证和优化,明确了在夏季高温条件、冬季低温条件节段不出现温度裂缝的温度控制指标要求。根据沉管节段预制施工工艺与温度控制指标要求,采取混凝土原材料降温、搅拌系统加冰降温以及自动养护系统等施工控裂技术措施。

6.3.1 沉管混凝土结构控裂措施

6.3.1.1 沉管混凝土温度控制指标

沉管预制分为混凝土搅拌生产、混凝土浇筑、室内养护和室外养护4个阶段,沉管裂缝控制与各个阶段都有关联。沉管预制各阶段均应有相应的温度控制指标,且各阶段的温度控制相互关联。浇筑温度和室内养护温度对内表温差、混凝土表面与环境温差、内部最高温度及降温速率影响最大。夏季施工时,宜优先通过降低浇筑温度来达到温控目的;冬季施工时,宜优先通过提高室内养护温度来达到温控目的。混凝土内表温差、混凝土表面与环境温差、内部最高温度及降温速率等指标的优先控制顺序为:混凝土内表温差 > 降温速率 > 内部最高温度 > 表面与环境温差。沉管节段拆模及推出养护棚后,应及时养护,防止温度突变产生开裂。

各种混凝土原材料进场前及搅拌前的温度控制指标、沉管预制不同阶段混凝土温度控制指标分别如表6-38、表6-39所示。

混凝土原材料温度控制指标　　　　表6-38

混凝土材料	拌和水	水泥	粉煤灰	矿粉	碎石	河砂	减水剂
进场温度(℃)	/	≤70	≤60	≤60	/	/	/
搅拌前温度(℃)	≤5	≤55	≤45	≤45	≤28	≤28	≤30

沉管混凝土温度控制指标　　　　表6-39

季节	出机温度	浇筑温度	内部最高温度	内外温差	表面与环境温差	表面与养护水温差	降温速率
高温季节	≤23℃	≤25℃	≤70℃	≤22℃	≤15℃	≤15℃	≤3℃/d
低温季节	≤18℃	≤20℃	≤65℃				

6.3.1.2 沉管混凝土控裂措施

(1)原材料温度控制

在港珠澳大桥沉管预制中,通过控制原材料温度来降低混凝土浇筑温度是降低沉管开裂风险的重要技术措施:

①与胶凝材料生产厂家签订协议,控制胶凝材料进场温度,其中水泥进场温度不超过70℃、粉煤灰进场温度不超过60℃、矿渣粉进场温度不超过60℃。

②针对低热低收缩混凝土胶凝材料体系组成,水泥、粉煤灰与矿渣粉各设置2个800t中间存储仓,另在搅拌区设置8个500t水泥储料罐、4个500t粉煤灰储料罐以及4个500t矿渣粉储料罐,保证一个月沉管混凝土生产的需求。

③充分利用中间存储仓与储料罐,通过胶凝材料中间存储仓与储料罐之间的转运、倒仓,降低胶凝材料温度。

④胶凝材料中间存储仓与储料罐体外壁刷涂浅色涂料,在极端炎热天气条件下,通过外壁喷淋冷水降温。

⑤建造遮阳、防雨集料棚,存放河砂、碎石集料的料棚与料堆顶部之间的垂直距离不小于10m,便于空气流通,并在料棚内部设置喷雾降温装置,通过喷雾降低料棚内环境温度。

⑥外加剂储罐外壁刷涂浅色涂料。

⑦在胶凝材料各储料罐内部中间位置埋设温度传感器,对胶凝材料温度进行监测。

⑧采用便携式温度计对集料温度进行监测。

通过上述措施,确保在沉管混凝土生成过程中,各种混凝土原材料入仓搅拌前温度满足要求。

(2)出机温度控制

在控制混凝土原材料入仓搅拌温度时,采取冷却水及碎冰替代部分拌和水,控制混凝土出机温度。

①混凝土拌和生产前,检查各种原材料的存量及温度是否满足浇筑一节沉管节段混凝土的要求。

②根据当月平均温度、原材料温度以及混凝土浇筑温度要求,确定混凝土中碎冰加入数量,制定当月碎冰及冷却水生产、储存计划。

③采用厚度不超过3mm的碎冰拌和混凝土,混凝土中使用碎冰替代拌和水的最大数量一般不超过70kg/m³。

④碎冰提前制备,存储于环境温度不大于-8℃的冰库中,通过外覆保温层的水平螺旋输送机送至搅拌系统中,碎冰不能在输送至搅拌机的过程中融化。

⑤冷却水提前生产,存储于保温水池中,控制参与混凝土拌和的冷却水温不超过5℃。

⑥采用便携式温度计对出机温度进行监测,每工作班不少于两次,沉管混凝土不同季节的出机温度应该满足要求。

(3)浇筑温度控制

沉管节段混凝土采用混凝土搅拌运输车与地泵联合输送,搅拌出机后,由混凝土搅拌运输车运输至厂房侧门外混凝土拖泵处,由拖泵泵送至浇筑现场。在混凝土入泵前观察混凝土状态,确保入泵混凝土满足工作性要求,控制泵送过程中混凝土泵压处于 14~18MPa 范围。

为保证混凝土连续输送,避免堵塞泵管,控制混凝土搅拌出机后至入泵前的等待停留时间不超过 1h、泵送的停顿间歇不超过 15min。在泵送过程中,拖泵受料斗内一直保持有足够的混凝土,防止吸入空气产生阻塞。

高温施工季节,加入冷却水及碎冰拌和的新拌出机混凝土温度较低,混凝土输送过程中由于摩擦、阳光直晒以及空气对流等原因,运输到浇筑现场混凝土温度有所升高。通过在混凝土搅拌运输车罐体外包裹帆布、混凝土输送管道外部包裹隔热海绵,定时喷淋冷却水降温,降低输送过程中的混凝土温升,并在混凝土入泵口搭设遮阳棚,防止阳光直接照射。浇筑温度控制措施如图 6-54 所示。

a) 搅拌运输车包裹帆布

b) 入泵口搭设遮阳棚

c) 泵管包裹保温海绵

图 6-54 混凝土浇筑温度控制措施

通过原材料温度控制措施、冷却水+碎冰拌和以及输送过程中的保温隔热措施,可控制高温季节、低温季节混凝土浇筑温度满足要求。

沉管节段混凝土按照底板(Ⅰ浇筑区)、墙体下部及底板上部(Ⅱ浇筑区)、墙体上部(Ⅲ浇筑区)、顶板(Ⅳ浇筑区)4 个区域进行浇筑,浇筑布料厚度控制在 30~50cm,由一端向另一端分层连续布料。具体浇筑顺序如图6-55所示。

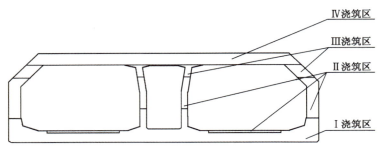

图6-55 沉管混凝土浇筑顺序

(4)沉管混凝土养护

沉管混凝土浇筑完毕后即利用依托于工厂化预制厂房的自动养护系统,采取保温、保湿措施全方位对沉管节段进行养护。采用厂房内折叠式可伸缩养护棚+厂房外固定式养护棚的方式,通过喷淋水雾控制养护环境温湿度的方式进行养护。养护系统布置如图6-56所示,将覆盖分别位于浇筑台座区、厂房与养护棚过渡区、养护棚区的三节沉管节段。

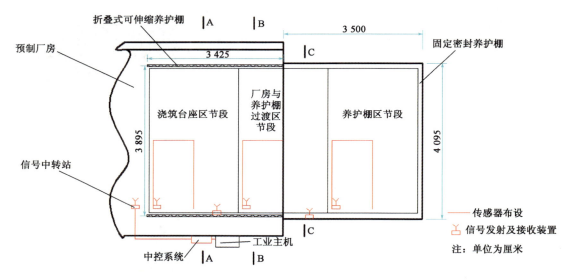

图6-56 沉管节段养护系统布置图

养护系统可对沉管节段内部温度及外部养护环境温度、湿度进行监测,通过自动控制主机通过各种模块的集成,根据沉管节段混凝土硬化过程中温度、湿度变化情况而实时喷淋养护水雾,具有及时、有效的特点。沉管节段混凝土养护时间应不低于15d,在此期间需保持混凝土表面处于潮湿状态,通过自动养护系统可确保沉管节段混凝土在养护过程中的温度指标满足要求。

沉管单个节段混凝土的养护可分为5个不同的阶段进行:浇筑完成至拆模前的养护、拆模及顶推22.5m过程中的养护、预制第二节匹配节段过程的养护、预制第三节匹配节段过程的养护以及顶推出固定养护棚后的养护。各个阶段沉管节段的养护重点、主要养护措施及养护要求有所不同，具体见表6-40。

沉管节段不同养护阶段养护要求 表6-40

序号	养护阶段	养护重点	主要措施	养护环境温度（℃）	养护环境湿度（%）	养护时间（h）
1	浇筑完成至拆模前	1）空气接触表面保湿；2）节段整体保温	折叠式养护棚养护	高温季节≥35 低温季节≥30	≥85	≥72
2	拆模及顶推过程	1）空气接触表面保湿；2）节段整体温度不出现突降	折叠式养护棚养护	高温季节≥35 低温季节≥30	≥85	约8
3	预制第二节匹配节段的过程	移动养护棚与固定养护棚之间的环境差异	折叠式养护棚养护与固定式养护棚养护	高温季节≥35 低温季节≥30	≥85	≥148
4	预制第三节匹配节段的过程	1）空气接触表面保湿；2）为顶推出养护棚做准备	固定式养护棚养护	高温季节≥30 低温季节≥25	≥85	≥132
5	顶推出固定养护棚后	高温天气 大风降温天气	土工布覆盖及洒水	/	/	/

顶推出固定养护棚后的沉管节段，应根据外界天气情况的变化采取相应的养护措施，高温季节或大风天气可采取覆盖、包裹土工布保湿，低温季节或气温突降天气可覆盖保温材料保温。

6.3.1.3 温控预警

沉管节段养护过程中，养护系统可根据实现温度监测值发出警报，不同阶段温度指标超过不同级别警报值，发出对应的警报，采取相应措施。每个阶段度控制指标与预警值见表6-41。

温控指标和预警值 表6-41

温度控制指标	预警级别	预警值	预制阶段
最大温升	二级	43℃	混凝土搅拌生产阶段
	一级	45℃	
出机温度	二级	高温季节22℃	浇筑阶段
		低温季节17℃	
	一级	高温季节23℃	
		低温季节18℃	
浇筑温度	二级	高温季节24℃	
		低温季节19℃	
	一级	高温季节25℃	
		低温季节20℃	

续上表

温度控制指标	预警级别	预警值	预制阶段
内部最高温度	二级	高温季节 68℃	室内养护阶段
		低温季节 63℃	
	一级	高温季节 70℃	
		低温季节 65℃	
内表温差	二级	21℃	室内养护阶段 室外养护阶段
	一级	22℃	
降温速率	二级	2.5℃/d	
	一级	3℃/d	
混凝土表面与环境温差	二级	13℃	
	一级	15℃	
混凝土表面与养护水温差	二级	13℃	
	一级	15℃	

混凝土搅拌生产阶段:最大温升超过二级预警值43℃,建议在浇筑阶段通过增加碎冰加入数量进一步降低出机温度和浇筑温度;最大温升超过一级预警值45℃,需重新调整配合比及原材料,重新开展绝热温升试验,直至达标。

浇筑阶段:出机温度和浇筑温度超过二级预警值,建议在下次生产混凝土时增加加冰量,或缩短运输时间;超过一级预警值,建议在室内养护阶段相应调整室内养护温度,并在下次生产混凝土时增加加冰量。

室内养护阶段:优先控制内外温差。仅内部最高温度超过二级预警值时,适当降低室内养护温度或养护水温度;内表温差、降温速率、混凝土表面与环境温差和混凝土表面与养护水温差超过二级预警值,适当提高室内养护温度。当以上温度指标超过一级预警值时,除需加强以上措施外,在下一沉管节段预制中,需进一步降低绝热温升、出机温度和浇筑温度。

室外养护阶段:内表温差、降温速率、混凝土表面与环境温差和混凝土表面与养护水温差超过二级预警值,外表覆盖土工布或麻袋等保温材料。当以上温度指标超过一级预警值时,除需加强以上措施外,下一个沉管节段应考虑延长室内养护时间。

6.3.2 沉管混凝土控裂效果

港珠澳大桥沉管(图6-57)预制施工利用优选的混凝土原材料,配制出适用于全断面浇筑施工,满足力学性能、耐久性要求,并具有良好抗裂性能以及外观的沉管低热低收缩混凝土。在此基础上,依托于工厂化预制生产的有利条件,通过材料降温、碎冰+冷却水搅拌混凝土以及自动养护系统等技术措施,有效降低了沉管结构开裂风险。

从2012年8月至2016年12月,历时53个月,港珠澳大桥岛隧工程沉管预制厂完成了

a) 沉管节段内部表观情况

b) 沉管节段外部表观情况

c) 沉管节段顶推

d) 沉管标准管节外观

图 6-57 预制完成的沉管节段

252 个节段、33 个管节的预制,共计生产浇筑混凝土近 100 万 m^3,经检查所有沉管节段均未因温度或收缩原因出现肉眼可见的裂缝,取得了良好控裂效果,对于确保沉管隧道 120 年设计使用寿命具有重要意义。

本章参考文献

[1] 李超,王胜年,等. 港珠澳大桥全断面浇筑沉管裂缝控制技术[J]. 施工技术,2012,41(22):5-8,18.

[2] 李英,陈越. 港珠澳大桥岛隧工程的意义及技术难点[J]. 工程力学,2011,28:67-77.

[3] Adrian Greeman, Halcrow, Swindon. Busan-Geoje crossing – the immersed tube tunnel[C]. Concrete Engineering International,2009:17-19.

[4] Ahmet Gokce, Fumio Koyama, Masahiko Tsuchiya, Turgut Gencoglu. The challenges involved in concrete works of Marmaray immersed tunnel with service life beyond 100 years[J]. Tunnelling and Underground Space Technology,2009(24):592-601.

[5] Gursoy A. State of the art report in immersed tunnel and Floating Tunnels[J]. Tunnelling and Underground Space Technology. 1997,12(2):83-354.

[6] Rasmussen N S. Concrete immersed tunnels-Forty years of experience[J]. Tunnelling and Underground Space Technology. 1997, 12(1): 33-46.

[7] Skotting S L. Prediction and Control of Early-Age Cracking – Experiences from the resund Tunnel[J]. Concrete International. 2000, 22(9): 61-65.

[8] 中华人民共和国行业标准.混凝土结构设计规范[S]. 北京, 2010.

[9] 王铁梦. 工程结构裂缝控制[M].北京：中国建筑工业出版社, 1997.

[10] 朱伯芳. 大体积混凝土温度应力与温度控制[M]. 北京：中国电力出版社,1998.

[11] 1999. CEB – FIP model code 1990[S]. London, 1990.

第7章　混凝土结构附加防腐蚀措施

对于海水环境混凝土结构,附加防腐蚀措施设计是提高其耐久性的重要举措,港珠澳大桥虽然理论上建立了与120年设计使用年限对应的混凝土结构本身的耐久性指标,但仍有必要采取必要的附加防腐蚀措施,这是因为:①满足港珠澳大桥120年设计使用年限的混凝土结构耐久性设计是建立在与"港珠澳大桥"相近环境条件下,采用湛江海水环境长期暴露试验站与工程实体调查检测结果的基础上,按可靠度设计方法进行设计,按上述可靠性设计的理论模型及模型参数仍有一定的不确定性;②耐久性设计是基于正常设计、正常施工和预定使用条件的正常维护下可满足120年使用年限的基本要求,实际上在120年寿命周期内,其外部条件(如腐蚀环境、使用荷载等)也具有不可预知的可变性。因此,从偏于安全的考虑,对港珠澳大桥重要构件和关键部位仍需要采取必要的附加防腐蚀措施。由于目前混凝土本身与附加防腐蚀措施叠加后结构使用寿命的确定尚缺乏足够的理论依据,因此港珠澳大桥混凝土结构耐久性设计的基本原则是:以混凝土结构本身能达到120年设计使用寿命为基本措施,并采取适宜的附加防腐蚀措施作为达到120年设计使用寿命的安全裕度。

海水环境混凝土结构有多种附加防腐蚀措施,如混凝土表面涂层、混凝土表面硅烷浸渍、环氧涂层钢筋、混凝土掺阻锈剂、外加电流阴极保护以及不锈钢代替普通钢筋等,不同的防腐蚀附加措施具有不同的适用条件,其防腐蚀效果、工程成本也不相同。含桥、岛、隧的港珠澳大桥混凝土结构和构件类型众多,处于大气、浪溅、潮差及水下等各种不同部位,且既有现浇构件,也有预制构件,究竟采取何种防腐蚀措施(包括单一的防腐蚀措施和多种防腐措施配套使用),需要从构件的腐蚀风险结合防腐蚀附加措施的适用性、防腐蚀效果及全寿命成本等方面进行系统分析,确定合适的防腐蚀附加措施。

本章即是针对港珠澳大桥主体混凝土结构重要构件,由不同构件所处的腐蚀环境分析其腐蚀风险,确定需要采取附加防腐蚀措施的关键部位,通过系统研究和分析不同混凝土外加防腐措施的技术特点并结合全寿命成本分析,确定港珠澳大桥混凝土结构重要构件关键部位的附加防腐蚀措施。

7.1　港珠澳大桥主体混凝土结构腐蚀风险分析

7.1.1　港珠澳大桥混凝土结构所处部位及腐蚀特点

根据腐蚀环境划分原则,港珠澳大桥主要混凝土构件的腐蚀环境划分见表7-1。

处于浪溅区和水位变动区的混凝土结构，混凝土表面的氯离子可以通过吸收、扩散和渗透等多种传输途径侵入混凝土内，同时供氧条件充分，所以浪溅区和水位变动区的混凝土结构达到腐蚀的时间最短，其中浪溅区腐蚀严重性更高于水位变动区。

港珠澳大桥混凝土构件的环境划分　　　　　表 7-1

结构物	构件	所在高程(m)	所处环境
航通桥（包括九州航通桥以及江海直达船航道桥）	主塔塔身	+4.8 ~ +6.26	浪溅区
		+6.26 ~ +18.8	大气区
	辅助墩墩身	+5.8 ~ +6.26	浪溅区
		+6.26 以上	大气区
	边墩墩身	+3.8 ~ +6.26	浪溅区
		+6.26 以上	大气区
	主塔承台及塔座	-1.2 ~ +4.8	浪溅区、水变区
	辅助墩承台及底座	-0.7 ~ +5.8	浪溅区
	边墩承台	-0.2 ~ +3.8	浪溅区
青州航道桥	主塔塔身	+7.8 以上	大气区
	辅助墩墩身	+6.3 以上	大气区
	边墩墩身	+6.3 以上	大气区
	主塔承台及塔座	-2.2 ~ -2.1	水下区
		-2.1 ~ -0.4	浪溅区、水变区
		-0.4 ~ +7.8	大气区
	辅助墩承台及底座	-0.8 ~ +6.3	浪溅区
	边墩承台及底座	-0.8 ~ +6.3	浪溅区
非通航孔桥	预制墩身	-2.1 以下	水下区
		-2.1 ~ +6.26	浪溅区、水变区
		+6.26 以上	大气区
珠澳口岸连接桥	承台	—	水下区、泥下区
	墩身	+3.50 ~ +9.71	浪溅区、大气区
	箱梁	+9.71 以上	大气区
隧道	沉管外壁	泥下	防腐设计按浪溅区
	沉管内壁	大气区	防腐设计大气区

位于水下区的混凝土结构尽管常年浸没于海水中，钢筋在海水中的腐蚀阴极主要以氧去极化为主，由于水中缺氧，使钢筋的阴极腐蚀反应受到抑制导致其腐蚀速度非常缓慢，甚至停止。而处于大气区的混凝土结构，其氯离子的侵入主要通过空气中的盐雾作用聚集到混凝土表面，因此达到导致钢筋开始腐蚀时的氯离子临界浓度时间较长，同时处于大气中的混凝土结构内部相对其他区域干燥，混凝土电阻率较高，大大降低了腐蚀速度。

沉管隧道外壁虽处于泥下区，但实际上沉管的外表面处于富氯离子的环境中，而沉管内壁处于富氧气的环境中,因此将其外壁按浪溅区、内壁按大气区来考虑。

7.1.2 混凝土结构腐蚀风险评估

评估海水环境下混凝土结构的腐蚀风险,一般应考虑以下几方面的因素:①设计、施工技术及材料性能水平,即工程建设技术水平,技术水平越高,耐久性越好,抗腐蚀能力越强;②结构所处的腐蚀环境,腐蚀环境越严酷(如海水环境的浪溅区),结构所面临的腐蚀问题越严重,腐蚀风险就越高;③免维修寿命周期的期望值,即无须大修的设计使用年限,一般设计使用年限越长,则结构所面临的腐蚀风险也越高。目前,关于海水环境混凝土结构的腐蚀风险评估还没有成熟可定量的标准方法,本书参考日本土木学会《混凝土结构耐久性设计指南及算例》(以下简称《指南》)的相关成果,针对港珠澳大桥工程和环境特点,从结构耐久性水平和腐蚀环境等两方面,综合定量分析珠澳大桥主体混凝土结构的腐蚀风险[1]。

以结构耐久指数(T_p)和环境指数(S_p)来综合评估港珠澳大桥混凝土结构腐蚀风险。

结构耐久指数(T_p)——指根据结构的详细设计、使用材料以及施工条件等具体内容,在设计或施工规划阶段所计算的一种指数。

环境指数(S_p)——指评价结构的环境条件或结构免维修期的指数。

结构耐久性指数所应考虑的因素见表7-2。

耐久指数的组成及取值范围 表7-2

I	J	栏目	$T_p(I, J)$
1 (设计、构件的形状、 受力钢筋的种类、 钢筋的详细设计、施工图)	1	设计人员	6 ~ -2
	2	结构的形状、尺寸	根据$T_p(4,1)$进行考虑
	3	保护层	30 ~ -30
	4	主筋的排数和净间隙	15 ~ -35
	5	构造钢筋	10 ~ 0
	6	施工缝	0 ~ -25
	7	施工图	0 ~ -35
2 (设计裂缝)	1	温度及收缩裂缝	10 ~ -20
	2	荷载裂缝	30 ~ 0
3 (混凝土材料)	1	水泥	10 ~ 0
	2	集料的质量	8 ~ -10
	3	掺和料与外加剂	0 ~ -5
4 (混凝土)	1	自充填性	35 ~ -30
	2	密实性	20 ~ -15
	3	单位体积混凝土的用水量	10 ~ -25
	4	氯盐含量	5 ~ -30
	5	混凝土生产的管理状况	18 ~ -10

续上表

I	J	栏目	$T_p(I, J)$
5 (混凝土施工)	1	施工人员	25 ~ -10
	2	混凝土运输、浇注、振捣密实	5 ~ -5
	3	混凝土表面处理、混凝土养护	20 ~ -45
6 (钢筋施工、模板施工、 支撑系统施工)	1	钢筋加工	5 ~ 0
	2	钢筋架立	10 ~ -20
	3	模板施工	10 ~ -15
	4	支撑系统施工	5 ~ -5

耐久指数(T_p)是通过综合考虑分析影响港珠澳大桥混凝土结构耐久性多方面因素,通过计算后获得的。一般由式(7-1)确定。

$$T_p = 50 + \sum T_p(I, J) \tag{7-1}$$

式中:$T_p(I, J)$——对结构的耐久性有影响的因素进行定量评价的耐久指数特征值[1],耐久指数特征值的组成及取值范围见表7-2。

用环境指数(S_p)来评定结构不同部位的环境腐蚀风险。环境指数(S_p)是由结构所处的环境条件及所要求的免维修期而定,一般由式7-2确定。

$$S_p = S_0 + \sum (\Delta S_p) \tag{7-2}$$

式中:S_0——标准环境下的环境指数特征值;

ΔS_p——高盐分等恶劣环境条件下环境指数增量。

在标准环境下,可认为免维修期为10 ~ 15年,环境指数特征值S_0等于0;免维修期为50年,环境指数特征值S_0等于100;免维修期在100年,腐蚀风险指数特征值S_0等于150。根据免维修期的时间,环境指数特征值S_0可相应增减。

港珠澳大桥确保120年的使用寿命,采取线性外推的方法得出环境指数特征值S_0设为170。

ΔS_p根据构件所处的环境而定。港珠澳大桥处于亚热带海洋环境,不存在冻融的影响。因此港珠澳大桥混凝土结构的环境指数增量ΔS_p数值为10 ~ 70,环境越严酷,环境指数增量越大。对港珠澳大桥来说,浪溅区和水变区的环境指数增量ΔS_p取70,大气区的环境指数增量取40;水下区的环境指数增量取10。不同腐蚀环境指数增量见表7-3。

不同腐蚀区域的环境指数增量 表7-3

腐蚀环境	环境指数增量(ΔS_p)
浪溅区/水变区	70
大气区	40
水下区	10

比较结构耐久指数 T_p 和环境指数 S_p 对结构腐蚀风险的影响,以 $T_p - S_p$ 来评定结构的腐蚀风险,$T_p - S_p$ 的差值越大,腐蚀风险越小,耐久性安全储备越大;$T_p - S_p$ 的差值越小,发生腐蚀的风险越大,耐久性安全储备越小。

根据以上分析,分别计算港珠澳大桥主要构件不同部位的耐久指数 T_p 和环境指数 S_p,并定量计算得出各构件不同部位的腐蚀风险,具体计算结果见表7-4。

港珠澳大桥混凝土构件的腐蚀分险分析结果　　　　表7-4

腐蚀环境	构件	耐久指数(T_p)	环境指数(S_p)	$T_p - S_p$
水位变动区 浪溅区	主塔	245.0	240	5.0
	墩身	242.4		2.4
	承台	245.0		5.0
	箱梁	240.8		0.8
	桥台	245.0		5.0
	沉管外壁	240.3		0.3
大气区	主塔	222.5	210	12.5
	墩身	219.8		9.8
	箱梁	211.3		1.3
	沉管内壁	215.7		5.7
水下区	墩身	231.2	180	51.2

注:表中的腐蚀风险分析是不考虑外加防腐蚀措施情况下的结果。

计算结果表明,处于水下区的混凝土构件的 $T_p - S_p$ 较大,可达50以上,说明水下区构件腐蚀风险很小,无必要采取附加防腐蚀措施;大气区 $T_p - S_p$ 为10左右,具有一定的腐蚀风险,需要采取一定的附加防腐蚀措施;浪溅区和水变区的 $T_p - S_p$ 值较小,均小于10,存在较大的腐蚀风险,必须采取必要的附加防腐蚀措施。

7.2　海工混凝土结构防腐蚀措施及特点

混凝土结构附加防腐蚀措施有多种,不同的防腐蚀措施具有不同的技术特点。

7.2.1　混凝土表面涂层

混凝土表面涂层是指由某种无机或有机涂料分层涂装在混凝土结构构件表面,使该表面具有阻隔或延缓各类有害介质侵入其内部的作用的防腐蚀保护层。

混凝土表面涂层保护适用于混凝土结构中大气区、浪溅区及平均潮位以上的水位变动区[2]。

涂层与混凝土表面应具有较强的黏结力,涂层应具备较好的耐碱、耐老化、耐磨损、耐冲击及抗氯离子渗透性能。

涂层的使用年限与涂膜厚度有直接的关系,应该根据要求的保护年限,设计相配套的涂层体系以及涂膜厚度。涂层的保护年限一般能达 15~20 年，超过保护年限或出现剥落等缺陷后，可通过重涂达到保护效果。

以置于华南工程材料暴露试验站内的长期暴露试件研究在华南地区高温、高湿的海洋条件下涂层对混凝土的保护效果，采取的几种涂层配套见表 7-5。

暴露试件的涂层配套　　　　　　　　　　　　　　　　　　　表 7-5

涂层配套	H801 环氧漆	H801 环氧漆 + 753 氯化橡胶面漆	SW-012 湿固化环氧漆
涂层厚度(m)	273	285	235

对暴露于浪溅区的混凝土试件进行碳化深度测试，其测定结果见表 7-6。

混凝土涂层暴露试件的碳化深度　　　　　　　　　　　　　　表 7-6

涂层配套	H801 环氧漆	H801 环氧漆 + 753 氯化橡胶面漆	无涂层
暴露时间	19 年	19 年	9 年
碳化深度	0	0	4.0mm

同时对暴露于浪溅区的涂层暴露试件进行氯离子渗透情况测试，通过钻取涂层混凝土试件不同深度的粉样，按照《水运工程混凝土试验规程》(JTJ 270)，用硝酸将粉样全部溶解，然后在硝酸溶液中，采用 785DMP 型自动电位滴定仪，测定氯离子的含量。涂层混凝土暴露试件的氯离子渗透情况见表 7-7。

涂层混凝土暴露试件的氯离子渗透情况　　　　　　　　　　　表 7-7

涂层配套	SW-012 湿固化环氧漆	H801 环氧漆	H801 环氧漆 + 753 氯化橡胶面漆	无涂层混凝土
龄期	9 年	19 年	19 年	9 年
深度(mm)	不同深度层的混凝土中氯离子含量(%)			
0~3	0.0287	0.0256	0.0171	0.2056
3~6	0.0273	0.0188	0.0116	0.2116
6~9	/	0.0163	0.0105	0.1820
9~12	0.0180	0.0144	0.0097	0.1512
12~15	0.0182	0.0137	0.0087	0.1193
15~18	0.0134	0.0135	0.0097	0.1142
18~21	0.0157	0.0133	0.0078	0.0992

注：氯离子含量为占混凝土质量百分比。

由表 7-6 和表 7-7 可以看出 20 年内，涂层在完整无破损失效的情况下，混凝土碳化深度为零，说明涂层能够有效地防止混凝土在海洋浪溅区环境中发生碳化；暴露 9 年时，无涂层的混凝土不同深度处氯离子含量明显多于有涂层的混凝土，即使暴露 19 年，混凝土内氯离子含量并没有明显增加，说明涂层能有效地阻止氯离子往混凝土内渗透。

通过长期暴露试验，可以充分地说明涂层作为混凝土的一个屏蔽层，能有效地使混凝土与外界腐蚀源隔绝,阻止腐蚀源中有害介质向混凝土渗透传输,从而起到对混凝土的保护作用,提高混凝土结构的耐久性。

混凝土表面涂层技术由于施工简便、防护效果明显、适用范围广以及成本较低等因素,成为海洋工程混凝土结构物主要防腐蚀措施之一。

7.2.2 硅烷浸渍

硅烷浸渍是采用硅烷系憎水剂浸渍混凝土表面,即使这种憎水剂渗入混凝土毛细孔中的深度只有数毫米,但由于它与已水化的水泥发生化学反应,使毛细孔壁憎水化,能达到使水分和所携带的氯化物都难以渗入混凝土的效果。

硅烷浸渍主要适用于海水环境下工程结构浪溅区及大气区的防腐蚀保护[2]。由于其属于浸渍型涂层,是通过毛细现象渗透到混凝土中的,水位变动区的混凝土通常是饱水状态,毛细孔吸附现象减弱,降低了硅烷保护渗透效果。另外硅烷是在混凝土内部孔隙或孔壁中形成憎水膜,并不填塞孔隙,所以不能抵抗压力水的渗透。通常混凝土表面处于表干的状态,以及硅烷施工完后6h内保证不被水浸泡才可达到最理想效果。因此采用硅烷浸渍不适用于表面潮湿的水位变动区混凝土,海水浪溅区以上结构一般混凝土表面为面干状态,硅烷的实施可达到较理想的效果。硅烷浸渍防腐的年限应不少于15年。

通过暴露试验来比较硅烷浸渍对混凝土的保护效果。试件放置在华南海港码头工程材料暴露试验站浪溅区暴露1590d。试验结果见表7-8。

硅烷浸渍混凝土暴露试件的氯离子渗透情况　　　　表7-8

深度(mm)	混凝土中氯离子含量(%)	
	硅烷浸渍试件	无硅烷浸渍试件
0~2	0.2707	0.1599
2~4	0.0727	0.3318
4~6	0.0259	0.2122
6~8	0.0301	0.1003
8~10	0.0372	0.0479
10~12	0.0265	0.0321

注:氯离子含量为占混凝土质量百分比。

结果表明经过硅烷浸渍的试件混凝土内部氯离子含量明显低于无硅烷浸渍的混凝土,这说明硅烷浸渍能成功地阻止海水环境中的氯离子向混凝土内渗透,对海水环境混凝土有显著的保护效果。

硅烷早期产品一般为液态,液态硅烷施涂于密实的混凝土表面时,尤其涂于悬垂面时往往会来不及渗透即流失殆尽,为了克服液体硅烷在竖立表面易流淌导致难以有效渗透的缺点,市场上出现了新型的、具有触变性、不流淌的膏状硅烷浸渍剂产品。由于它能附着于混凝土表面且不流淌,避免了因流淌而造成的材料损失,能保证有效成分充分渗入密实的混凝土表面,不仅具有优良的保护性能,也具有显著的经济性[3]。

对异辛基膏体硅烷、普通异丁基三乙氧基液体硅烷以及异辛基三乙氧基液体硅烷进行对比,各种硅烷材料的主要特性见表7-9。

硅烷产品主要性能表   表7-9

名　称	主　要　组　分	外　观	硅烷含量(%)	闪点(℃)
异辛基膏体硅烷	无溶剂异辛基三乙氧基硅烷	白色膏体	80	74
异丁基液体硅烷	有溶剂异丁基三乙氧基硅烷	透明液体	20	25
异辛基液体硅烷	无溶剂异辛基三乙氧基硅烷	无色透明液体	100	69

各试样的制备情况见表7-10。硅烷涂覆的次数与量都根据产品的要求。试验用混凝土为C40高性能混凝土。

硅烷浸渍试样制备情况表   表7-10

编号	材料选用	涂覆次数	每次用量及总用量	养护方式
1	异辛基膏体硅烷	1	300g/m²(即333mL/m²)	淋水养护10d,表面自然干燥后浸渍
2	异丁基液体硅烷	2	150mL/m²,共300mL/m²	淋水养护10d,表面自然干燥后浸渍
3	异辛基液体硅烷	2	300mL/m²,共600mL/m²	淋水养护10d,表面自然干燥后浸渍
4	异辛基膏体硅烷	1	300g/m²(即333mL/m²)	养护剂养护10d,表面自然干燥后浸渍
5	异丁基液体硅烷	2	150mL/m²,共300mL/m²	养护剂养护10d,表面自然干燥后浸渍
6	异辛基液体硅烷	1	300g/m²(即333mL/m²)	混凝土浇筑第二天脱模,待混凝土面干后进行浸渍,浸渍剂面干后采用养护剂养护

各试样按《海港工程混凝土结构防腐蚀技术规范》(JTJ 275—2000)的要求,对硅烷的浸渍深度、氯化物吸收量的降低效果以及混凝土吸水率进行测试。实验结果见表7-11。

不同试样的硅烷浸渍测试结果   表7-11

编号	材料选用	每次用量及总用量	渗透深度染色法(mm)	氯化物吸收量降低效果(%)	吸水率(mm/min$^{1/2}$)
1	异辛基膏体硅烷	300g/m²(即333mL/m²)	4.6	95	0.0070
2	异丁基液体硅烷	150mL/m²,共300mL/m²	1.8	94	0.0132
3	异辛基液体硅烷	300mL/m²,共600mL/m²	3.5	95	0.0068
4	异辛基膏体硅烷	300g/m²(即333mL/m²)	3.5	96	0.0054
5	异丁基液体硅烷	150mL/m²,共300mL/m²	1.2	94	0.0066
6	异辛基液体硅烷	300g/m²(即333mL/m²)	2.9	96	0.0031

从表中可以看出硅烷含量20%的异丁基液体硅烷在浸渍深度、混凝土吸水率及氯离子吸收量衰减都不及异辛基液体硅烷和异辛基膏体硅烷,异辛基液体硅烷和异辛基膏体硅烷在三项测试中都能达到渗透深度不小于3mm,氯离子吸收量衰减不小于95%的要求。从表中还可

看出虽然异辛基膏体硅烷的涂覆量和涂覆次数都较异辛基液体硅烷少,但两者的效果相当,在浸渍深度上异辛基膏体硅烷的效果更好。

对两种硅烷在不同环境下进行挥发性测试。测试结果如图7-1所示。

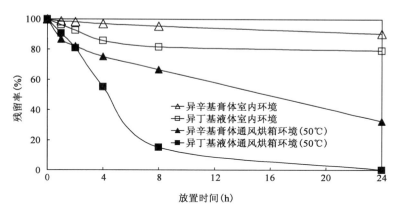

图7-1 硅烷在两种环境下挥发性比较

由图7-1可以看出,在常温室内环境两种硅烷浸渍剂挥发性均不明显,而在50℃通风烘箱环境下挥发性比较明显。在两种环境中异丁基液体硅烷的挥发量均高于异辛基膏体硅烷。因而在现场高温、通风的施工环境中,选用异辛基膏体硅烷将大大减少挥发损失。

硅烷浸渍不影响混凝土外观,不会发生像涂层那样经过长时间暴露易出现的剥落、褪色等影响外观的情况,而且硅烷的憎水性能可避免水、水汽在混凝土表面积聚,从而对混凝土表面有自清洁的效果。港珠澳大桥作为一座标志性建筑,保持大桥外表完整、美观十分重要,在大气区等采用不影响外观且长期防护效果良好的硅烷浸渍不失是一个好的附加防腐蚀措施。

7.2.3 混凝土外加电流阴极保护

外加电流阴极保护就是利用腐蚀电池的原理,给被保护金属结构施加阴极电流,使其成为阴极,而给辅助阳极(耐腐蚀金属)施加阳极电流,通过阳极向阴极不间断地提供电子,首先使被保护结构极化,进而在其表面富集电子,使其不易产生离子,使金属结构得到有效的保护[4]。

钢筋混凝土外加电流阴极保护系统工作原理如图7-2所示,首先在钢筋混凝土结构中埋设辅助阳极,然后由直流电源系统对辅助阳极施加阳极电流,对钢筋施以阴极电流,使混凝土中的钢筋处于阴极状态,阴极电流使钢筋表面发生阴极反应,产生OH^-,使混凝土碱度增加,有助于重新建立被混凝土碳化或氯化物侵蚀破坏的钢筋钝化层;另外带负电的氯离子被阴极(钢筋)排斥,使得氯离子向阳极移动,从而起到防止锈蚀的作用。

外加电流阴极保护适用于混凝土结构大气区、浪溅区、水位变动区以及水下区。

对于海洋环境下混凝土中的钢筋,外加电流阴极保护技术是目前海洋工程中最有效的混凝土防护措施之一,且防护时间可达50年。阴极保护能阻止正在发生的钢筋腐蚀,且对钢筋可能发生的孔蚀等局部腐蚀具有很好的防护作用,这一点是涂层、硅烷等外加防腐措施无法比拟的。

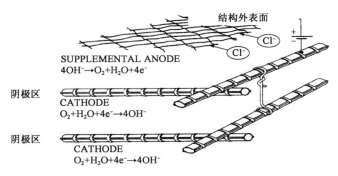

图 7-2 外加电流阴极保护工作原理图

除此之外,混凝土阴极保护的阴极反应主要是氧气被消耗而生成氢氧根,氢氧根的生成使混凝土的体系碱性增加。另一方面,外加电流阴极极化能使氯离子往辅助阳极迁移,能一定程度的降低钢筋表面的氯离子含量和阻止外界氯离子向阴极即钢筋表面的迁移[5]。这些均有利于混凝土的长期耐久性。

钢筋混凝土外加电流阴极保护技术已在欧美等发达国家得到了广泛的应用。近年钢筋混凝土外加电流阴极保护技术在我国也逐渐得到推广,如温福铁路白马大桥、威海长会口大桥、青岛海湾大桥、杭州湾大桥以及辽河特大桥等新建海洋工程上陆续采用了混凝土外加电流阴极防护技术。

7.2.4 环氧树脂涂层钢筋

环氧树脂涂层钢筋(简称涂层钢筋)是一种在普通钢筋表面制作一层环氧树脂薄膜保护层的钢筋[6]。

环氧树脂涂层钢筋利用环氧树脂把钢筋与外界环境隔绝以达到防腐蚀的目的。环氧树脂具有不与酸、碱等反应及很高的化学稳定性,在钢筋表面形成了阻隔钢筋与水、氧及侵蚀介质接触的屏障,从而能保护钢筋不受侵蚀。

环氧树脂涂层钢筋适用于混凝土结构大气区、浪溅区以及水位变动区。

经过环氧涂层处理的钢筋,其黏结锚固强度比无涂层钢筋要低10%~20%。此外环氧树脂钢筋的抗腐蚀能力对环氧涂层的完整性依赖性较大,在钢筋涂层缺陷处,腐蚀会快速发展,使涂层失去保护效果。因此在环氧钢筋加工和施工过程中要采用专门设备以便于对涂层的保护。由于环氧树脂钢筋表面的树脂涂层很容易破损,因此,为避免吊索与钢筋间因挤压、摩擦造成涂层的损坏,需要采用高强度的尼龙绳或麻绳为吊索。涂层钢筋在储存时为避免紫外线照射引起涂层的褪色和老化需要在其上部覆盖黑色的塑料布。涂层钢筋在加工过程中,为了保护涂层,需要采用弯制专用套管,以及在操作平台表面加铺布毡垫层。涂层钢筋在连接过程中,也需要较普通钢筋稍微复杂的施工工艺。在施工过程中,钢筋涂层有损坏的部位,还需要采用专门的修补液进行修补。

自 20 世纪 70 年代环氧涂层钢筋问世以来,便广泛应用在北美的大量桥梁中,20 世纪 90 年代对环氧涂层钢筋的耐久性状况进行了检测,检测结果表明环氧涂层钢筋是一种能有效提高混凝土耐久性的附加措施。美国混凝土学会(ACI)战略部与几个单位联合研制的 Life365 全寿命成本计算分析中,将环氧涂层钢筋作为一种主要的提高混凝土耐久性的附加措施,同时提出使用环氧涂层钢筋可提高 15 年以上的耐久性寿命。目前,环氧涂层钢筋作为一种有效提高混凝土耐久性的附加措施已在美国、欧洲、日本、中东等国家和地区得到广泛的应用。

20 世纪末,美国联邦公路局对不同的防腐钢筋进行了比对试验,其研究结论为:环氧涂层钢筋防腐效果低于 316 不锈钢,建议 75~100 年寿命的结构物采用 316 不锈钢[6]。当然,美国的研究报告支持继续使用环氧涂层钢筋作为防腐保护措施,但是要求在运输及铺置涂层钢筋的过程中,尽量减少涂层破损,并需修补裂缝。

另外,环氧涂层钢筋的质量控制上要求十分严格,这种严格不仅体现在环氧涂层的原材料、环氧涂层钢筋的涂层质量,尤其是现场施工的控制。在现场一定要按照环氧涂层钢筋的施工技术要求进行施工,施工中一旦发现涂层遭到破损要立即进行修复。如果施工中涂层遭受破损而没有进行修复,不但不能提高混凝土结构的耐久性,反而会降低混凝土结构的耐久性,如美国佛罗里达 Keys Bridge(the Seven Mile bridge, the Niles Channel bridge and the Long Key bridge)调查报告中指出,没有涂层的裸钢筋寿命为 12~15 年,环氧钢筋的寿命只有 7~9 年。桥梁下部结构的主要腐蚀集中在浪溅区,环氧涂层钢筋的使用必须保证环氧涂层钢筋质量和现场施工质量良好。目前环氧涂层钢筋已在我国宁波马迹山的矿石码头、汕头 LPG 码头以及湛江海湾大桥等项目得到应用。

7.2.5 热浸镀锌钢筋

热浸镀锌钢筋是将钢筋浸入熔融锌中保持一段时间后取出,使钢筋表面获得金属锌镀层的一种方法。经过热浸镀锌处理的钢筋具有良好的抗腐蚀性。

热浸镀锌钢筋主要通过 Zn 表面形成的钝化膜,以及 Zn 与 Fe 形成的腐蚀电偶两重方式对钢筋进行保护的。

混凝土溶液中由于 Ca^{2+} 的存在,使得热浸镀锌钢筋的表面在高 pH 值($12.5 < pH < 13.3$)条件下,能够生成致密、均匀、稳定的 $Ca[Zn(OH)_3]_2 \cdot 2H_2O$(包含有少量的 $Zn(OH)_2$ 和 ZnO)钝化保护膜,使镀层及基体金属免遭腐蚀。

在存在氯离子的情况下,$Ca[Zn(OH)_3]_2 \cdot 2H_2O$ 钝化膜会遭到破坏,形成产物 $ZnCl_2 \cdot 4Zn(OH)_2 \cdot H_2O$。如果氯离子浓度较低,新形成的 $ZnCl_2 \cdot 4Zn(OH)_2 \cdot H_2O$ 能致密均匀地覆

盖在钢筋表面,从而起到再次抑制腐蚀反应进行的作用;如果氯离子浓度较高,新形成的 $ZnCl_2 \cdot 4Zn(OH)_2 \cdot H_2O$ 呈糊状,疏松、易脱落,不能达到保护的效果。因此 $Ca[Zn(OH)_3]_2 \cdot 2H_2O$ 钝化膜被不断破坏,腐蚀不断地深入钢筋内部,使钢筋内部的 Fe 最终暴露在外界环境中。值得注意的是 Zn 的腐蚀溶解产物的体积不像铁锈那样大,而且它能逐渐渗透到混凝土中,因此 Zn 的腐蚀溶解并不会增加混凝土内应力,不会造成混凝土的开裂。对百慕大一使用热浸镀锌钢筋的海工结构物进行检测分析后发现经过40多年的使用,Zn 的溶解产物已经渗透混凝土中离到钢筋混凝土界面0.4mm 处,但并没有观察到任何混凝土开裂的现象,而此建筑也没有出现钢筋锈蚀。

当热浸镀锌钢筋表面的 Zn 钝化膜消失后,裸露在外界环境中的 Fe 仍能与表面的 Zn 形成腐蚀电偶,Zn 溶解而 Fe 得到保护,即变为牺牲阳极保护。当热浸镀锌钢筋表面的 Zn 全部溶解后,钢筋中的 Fe 开始发生腐蚀。

研究表明使用热浸镀锌钢筋做成的钢筋混凝土试件,其临界氯离子浓度(钢筋出现腐蚀时,钢筋表面氯离子的含量,与前面提到的 Zn 钝化膜破坏的临界的氯离子浓度不同)达到0.17%~2.7%(占水泥重量百分比)。在腐蚀更为强烈的地方也可达到0.10%~0.65%,是采用普通钢筋制备的钢筋混凝土试样的2.6~3.0倍[7]。

热浸镀锌钢筋对保护层的缺陷敏感程度比环氧涂层钢筋要小。即使出现的缺陷是 Fe 暴露在外界环境中,钢筋中的 Zn 也能对暴露部分进行阴极保护。

热浸镀锌钢筋与普通钢筋相比,其屈服强度有所增加,而拉伸强度、伸长率变化不明显。就整体性能而言,钢筋在镀锌前后性能变化很小,基本上不受影响。另外,有研究指出在高强度的混凝土中,热浸镀锌对用在梁中的套接接头以及用在梁柱结合处的钩筋有不利影响,其结合强度分别下降14%~25%和6%~17%[8]。因此为提高其结合强度,应该使用横向钢筋对套接接头和钩筋加以固定。在普通强度的混凝土中,热浸镀锌对结合强度的影响可以忽略[9,10]。

热浸镀锌钢筋的使用同样有一定的期限,其表层镀锌会慢慢消蚀。对于设计年限较长的结构,采用热浸镀锌钢筋需考虑其达到使用寿命后的保护措施。另外采用热浸镀锌钢筋,对钢筋与混凝土的结合强度有一定的影响,特别是在高强度混凝土中,因此采用热浸镀锌钢筋需要对钢筋设计进行改进。

7.2.6 不锈钢钢筋

不锈钢钢筋不是指单一的某种特定的材料,而是指含铬量最少为12%的一系列的抗腐蚀钢筋[11]。根据钢筋组成的不同,应用中需要掺入不同的合金(如镍、钼、钛以及其他),以提供不同的力学性能、抗腐蚀性能、可焊性能以及其他性能。

常用的不锈钢钢筋可分为奥氏体钢、铁素体钢、马氏体钢、双相钢和沉淀硬化型钢。目前应用在混凝土结构中的不锈钢主要是奥氏体钢和铁素体——奥氏体双相钢。奥氏体钢属铬-镍系不锈钢，是单一的奥氏体组织，作为一种被广泛用于腐蚀介质中工作的低温钢和元磁钢，具有良好的耐腐蚀性、低温韧性、压力加工和焊接工艺性。由奥氏体和铁素体（另一种单一合金相）两相混合组织为基体的不锈钢是双相不锈钢，具有强度高、韧性好、耐晶间腐蚀等优点。双相钢与奥氏体钢相比，有较强的抵抗腐蚀的能力，并且更能抵抗氯离子的腐蚀。

混凝土结构用不锈钢一般为304和316两种，都属于奥氏体不锈钢钢筋。316的抗腐蚀性较304强，尤其是对氯离子形成的腐蚀，因此被用在海工结构物的建设中。此外，型号后加L或N分别代表不锈钢钢筋的碳含量更低或掺了N元素，如304L表示其C含量比304更低，316LN表示除C含量比316更低外还额外掺入了N元素。更低的C含量使不锈钢钢筋更能抵挡由焊接造成的腐蚀，而掺入N后能进一步提高钢筋的机械性能。2205型是性能优越的不锈钢钢筋，属于双相不锈钢钢筋具有高抗腐蚀性和高的强度。

不锈钢中的铬使铁表面形成一稳定、具有高钝化性的氧化铬薄层。因此不锈钢具有良好的抗腐蚀性，对于提高恶劣环境中（如在海洋环境中）钢筋混凝土结构的耐久性，采用不锈钢钢筋部分或全部代替碳钢钢筋是一个行之有效的解决方案。在许多国家中，不锈钢作为钢筋呈稳步增长趋势。

不锈钢钢筋除了有抗腐蚀能力高的优点外，还具有以下特点：

（1）具有自我修复功能。氧化铬薄层除具有高抗腐蚀性外，还具有快速自我修复的能力，因此不锈钢表面在受到损伤后能很快地恢复钝化，其抗腐蚀性不受表面缺陷或意外损伤的影响。

（2）在高温和低温下具有良好的力学性能。

（3）强度、可焊性和塑性高，易于装配、安装。不锈钢钢筋的机械性能决不低于普通的钢筋，因此采用不锈钢钢筋代替普通钢筋，并不需要对原有设计进行更改。不锈钢钢筋的裁剪、弯曲和处理方法与普通钢筋一样，并不需要增加额外的措施。

研究显示，在含氯离子的混凝土中，非焊接的奥氏体不锈钢钢筋及铁素体-奥氏体双相不锈钢钢筋腐蚀的临界氯离子浓度比普通钢筋高10倍以上，从而大为提高混凝土的耐久性[12]。

美国联邦公路局（FHWA）对建于伊利诺伊州的3座桥梁工程分别采用普通钢筋、环氧涂层钢筋和不锈钢钢筋情况下的造价进行了比较。应用不锈钢钢筋使造价提高，但对于全寿命经济分析而言，由于基本省去了维护费用，同时进行的试验表明不锈钢钢筋的应用使结构裂缝产生的时间比使用普通钢材推迟了6.5~13倍，从而有效地提高了使用寿命[13]。

表7-12是不锈钢钢筋的应用实例。应用不锈钢钢筋混凝土的最早的工程是于1937至1941年建设的墨西哥Yucatan Progresso海港工程，其2 100m长的不锈钢钢筋混凝土桩用304型不锈钢抵抗严重的海水侵蚀。1970年开始对其锈蚀情况进行检测研究，历时20年，研究结

果表明其抗腐蚀性能良好。该工程已安全服役60多年,未进行过较大的维修[13]。

不锈钢钢筋在桥梁建设中的使用实例　　　　　　　　　　表7-12

工程(年份)	地点	不锈钢钢筋型号	用量(t)	备注
Interstate Highway I-696	美国,阿拉巴马州	304	33	用在桥板
Haynes Inlet Slough Bridge(2003)	美国,俄勒冈州	2205	200	腐蚀海洋环境中
Smith River Bridge(1998)	美国,俄勒冈州	316LN	125	
Brush Creek highway bridge(1998)	美国,俄勒冈州	316LN	75	
Church St. Bridge(1999)	加拿大,安大略省	316LN	150	
Highway 407	加拿大	316LN	11	用在桥板
The Schaffhausen Bridge(1995)	瑞士	304,2205	13	桥梁使用化冰盐
Broadmeadow Bridge(2003)	爱尔兰	316	186	河口湾(海洋环境)
昂船洲大桥	中国,香港	304	3 000	用在混凝土墩与主塔浪溅区

不锈钢钢筋的确是大幅度提高混凝土结构耐久性的有效措施,但是不锈钢钢筋价格昂贵,经济成本是工程建设项目必须考虑的问题。可在最外层采用不锈钢钢筋的确可以降低成本,但要注意以下问题:

(1)最外层采用不锈钢钢筋,此时混凝土结构的耐久性取决于内层钢筋的腐蚀时间,也就是相当于增加了保护层厚度。其增加的耐久性寿命要短于全部采用不锈钢钢筋。

(2)最外层采用不锈钢钢筋,需要考虑因不锈钢钢筋和普通钢筋腐蚀电位的不同,理论上可能会产生的电偶腐蚀。

对此,中交四航工程研究院进行了研究,结果表明:不锈钢钢筋和普通钢筋混搭的确会产生电偶腐蚀,但是不锈钢钢筋(304)和普通钢筋(Q235)之间的电位差很小,只有50mV左右,对于混凝土这种高阻体系来说,从理论上分析,电偶腐蚀对普通钢筋的腐蚀速率影响不大。国外在这一方面也做了一些研究,研究结果表明:钝化的不锈钢钢筋和活化的普通钢筋混搭对普通钢筋的腐蚀速度影响很小[14]。

如加拿大国家研究委员会下属的建筑研究院(Institute for Research in Construction, National Research Council Canada)曾把活化的碳钢分别与不同牌号的不锈钢以及钝化的碳钢进行搭接,观察其在混凝土模拟液以及混凝土试块中的腐蚀状况。在模拟液中的试验表明与不锈钢搭接,活化碳钢由于电偶腐蚀而增加的相对腐蚀电流密度($\Delta I_{corr}/I_{corr}$)为1.0%~1.1%,而与钝化碳钢搭接,$\Delta I_{corr}/I_{corr}$达到2.4%。在混凝土试块的实验中,活化碳钢与钝化碳钢搭接产生的电偶腐蚀电流密度达到800nA/cm^2,而活化碳钢与不锈钢搭接产生的电偶腐蚀电流密度仅为200nA/cm^2,此结果与模拟液中的结果一致。以上表明活化碳钢与不锈钢搭接产生的电偶腐蚀电流远小于活化碳钢与钝化碳钢的电偶腐蚀电流。电偶腐蚀不会增加碳钢的腐蚀风险[15]。

挪威的建筑研究院(Norwegian Building Research Institute)的 Guide for the use of stainless steel reinforcement in concrete structures 里同样指出碳钢与不锈钢搭接产生的腐蚀很小,不锈钢

与碳钢连用是达到最优防腐性能和节省成本的一项聪明的措施,并指出不锈钢可在结构维修上替代已有的普通碳钢钢筋[16]。

目前,我国(除香港地区)尚无采用外层不锈钢钢筋的外加防腐措施,香港昂船洲大桥桥塔的下半部在混凝土的最外一层的垂直钢筋和箍筋采用不锈钢钢筋。国外在20世纪90年代已在一些实体工程中采用,根据检测结果采用外层不锈钢钢筋的混凝土结构耐久性良好。

7.2.7 包覆不锈钢钢筋

包覆不锈钢钢筋即在碳钢外表面包覆一层不锈钢。典型的不锈钢包覆层大概为0.9~1.8mm,可以作为包覆用的不锈钢材料有304、316或2205等。

因为不锈钢包覆层厚,相对于涂层钢筋具有更好的耐蚀性,抗点蚀能力强,且更不容易遭受外力破坏。

Gerardo G. Clemeña博士(Virginia Transportation Research Council)对不锈钢包覆层钢筋、不锈钢钢筋以及碳钢的耐蚀性进行了研究。其实验所用混凝土试件见表7-13,结果见表7-14[17]。

实验所用混凝土试件的参数 表7-13

水 灰 比	0.5
胶凝材料(kg/m)	390
粗集料(kg/m^3)	1 059
细集料(kg/m^3)	828
保护层厚度(mm)	25

几种钢筋开始腐蚀的时间及临界氯离子浓度测试值 表7-14

钢 筋	开始腐蚀时间 (d)	临界氯离子浓度 ($\times 10^{-6}$)	临界氯离子浓度比值 (碳钢值设为1)
碳钢	90~95	460~580	1.0
316L不锈钢包覆钢筋(带切口)	392~413	3 770~3 890	6.5~8.5
316L不锈钢包覆钢筋(有孔)	>1 299	>6 470	>11.2~14.2
316L不锈钢包覆钢筋	>1 299	>6 470	>11.2~14.2
316LN不锈钢	>1 299	>6 470	>11.2~14.2

由表7-14可以看出,不锈钢包覆钢筋具有与不锈钢钢筋基本相同的耐蚀性,另外,不锈钢包覆层对小孔等缺陷敏感性基本可忽略。

包覆不锈钢钢筋目前应用不广,其实际效果还需进一步考察。应用实例如用于康涅狄格州New Haven大桥桥面。

包覆不锈钢钢筋的应用,应主要考虑不锈钢与内部钢芯的结合力,防止不锈钢与内部钢芯发生脱落。通常易发生脱落的部位在钢筋的肋,易发生的情况是在钢筋弯曲以及钢筋受力时。

7.2.8 钢筋阻锈剂

钢筋阻锈剂是指以一定量加入混凝土后,能够阻止或延缓混凝土中钢筋的锈蚀,而且对混凝土的其他性能无不良影响的外加剂。理想的阻锈剂应该有十分肯定的阻锈能力,对新拌的或硬化后的混凝土性能无不良影响,而且在经济上又是可以接受的。阻锈剂按使用方式分为掺入型和迁移型。掺入型是在混凝土拌和过程中掺加到混凝土中,主要用于新建工程,迁移型是从混凝土结构表面逐渐渗透到混凝土内部,主要用于对旧有工程的修复。

目前市场化的阻锈剂产品其性能基本可以满足《钢筋混凝土阻锈剂》(JT/T 537—2004)和《钢筋阻锈剂使用技术规程》(YB/T 9231—98)的要求。

对国内某阻锈剂进行评价,其测试结果见表7-15。

某阻锈剂的各项性能 表7-15

性能	项目	指标	实测值
阻锈性能	盐水浸渍试验	钢筋棒无锈,电位 0 ~ -250mV	无锈,电位 -179mV
	电化学综合试验	电流小于150μA	合格
	盐水浸烘试验	掺阻锈剂比未掺阻锈剂的混凝土中的钢筋腐蚀面积减少95%以上	无锈
对混凝土性能影响	抗压强度比	≥90%	125%(对比基准组)
	抗渗性	不降低	110%(对比基准组)
	初凝时间	±120min	-50(对比基准组)

通过长期浸泡实验研究了阻锈剂的阻锈效果。采用《钢筋混凝土阻锈剂》(JT/T 537—2004)规范中的钢筋锈蚀快速试验方法(硬化砂浆法),测试钢筋的锈蚀情况。实验所用的含氯离子溶液成分是:1 000mg/L SO_4^{2-},500mg/L Mg^{2+},10 000mg/L 氯离子,试件浸泡时间为2年。试验结果见表7-16,可知加入阻锈剂能有效地起到延缓钢筋腐蚀的效果[18]。

某阻锈剂在水泥砂浆中的阻锈效果 表7-16

阻锈剂	拌和溶液	钢筋锈蚀情况
无	洁净水	无
无	含 Cl^- 溶液	有
有	洁净水	无
有	含 Cl^- 溶液	无

随着我国对混凝土结构耐久性的重视,阻锈剂作为一种外加防腐蚀措施也在我国工程建设中得到一定的推广和应用。如北京的桥梁建设如三环、四环、五环和北京外延的高速公路桥,琼州大桥、杭州湾大桥、舟山大陆连岛工程西堰门大桥、金塘大桥、秦皇岛港口码头工程等。

掺入型阻锈剂是在混凝土拌和的时候加进去的。现在海洋工程混凝土大多采用高性能混凝土。在高性能混凝土中,由于氯离子渗透速度被大大地减缓,在氯离子从混凝土表面渗透到钢筋表面的相当长一段时间内,实际上并不需要阻锈剂起任何阻锈作用。而掺入型阻锈剂阻锈效果到底能保持多久,当钢筋开始面临腐蚀危险时,阻锈剂能否起到应有的阻锈效果,仍需实际工程或暴露实验去验证。而且,阻锈剂作用的对象为钢筋,但实际应用中需要整个混凝土掺入阻锈剂,这势必造成大量的浪费。

另一方面,阻锈剂作为一种混凝土外加剂,使用时需要考虑其对混凝土性能的影响。

7.2.9 透水模板

透水模板又叫框内水工编织布,并非是实质意义上的模板,而是指附着于模板内侧的塑料或是合成纤维编织布,具有透水、透气和保水功能,但不能透过水泥等固态颗粒[19]。目前,透水模板所用材料及结构各有特点:透水模板使用聚乙烯、聚丙烯以及其他合成纤维等材料制成;各种透水模板结构不尽相同,但大都可分为表面层、中间层和黏附层。表面层主要起到透水、透气和阻隔混凝土中固体颗粒的作用,中间层是水、气排走的通道,黏附层则是将透水模板粘贴在模板上。透水模板的工作原理如图 7-3 所示。

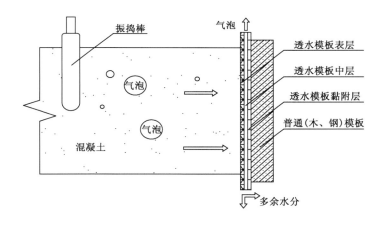

图 7-3 透水模板的工作原理

混凝土浇注过程中,迁移到混凝土表层的水分与气泡可以轻易地通过透水模板排出。因此透水模板一方面可以有效减少构体表层混凝土的气泡,同时有助于混凝土表层的水分排出,显著降低混凝土表层水灰比,使混凝土的表层更加密实。采用透水模板浇注的混凝土的表层,其硬度、耐磨性、抗裂强度、抗冻性都将大大提高,而且渗透性、碳化深度和氯化物扩散系数也都显著降低,减少了混凝土内部与外界交换物质的可能,从而提高构件耐久性[20]。此外,在混凝土的养护阶段,保存在透水模板与模板间的水又可以回流到混凝土表面。因此透水模板还能起到保水的作用。透水模板使用效果与特点如图 7-4 所示。

(1) 透水模板对混凝土渗透性的影响

抗氯离子渗透性测试按 ASTM C1202-97 标准进行。从混凝土五菱柱试件 5 个侧面垂直钻取直径为 102mm 的芯样,并切割成 51mm 厚的薄片,注意薄片要保留原五菱柱的侧面(即接触透水模板的混凝土原始端面)。将薄片试件放入测试池子中,原来的五菱柱侧面与 3% NaCl 溶液接触,并连接电源负极,而另一端与 3mol/L NaOH 溶液接触,连接电源正极。测试过程中,向薄片两端加 60V 恒定电压,并记录电流—时间曲线,测试时间为 6h。最后通过积分求得测试过程中通过的电量。电通量越小,说明抗氯离子渗透的能力越强。

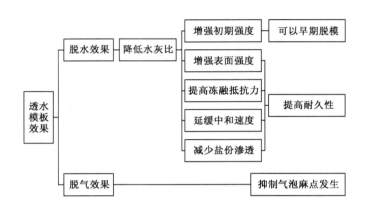

图 7-4 透水模板的效果

表 7-17 给出采用了不同透水模板与没采用透水模板浇注的混凝土柱(空白)的电通量的比值。从表中可以看出使用透水模板(国产除外)能进一步降低混凝土的电通量。使用德国、丹麦、日本透水模板的混凝土电通量较空白混凝土(使用普通木模板)降低 15%～25% 的幅度。其中以德国(M)和日本的效果最好,降低了约 24%,而使用国产透水模板的混凝土电通量不稳定,电通量高于空白 14%[21]。

不同透水模板对电通量的影响　　　　表 7-17

透水模板	德国(M)	德国(C)	丹麦	日本	中国	空白
电通量比值%	75.6	85.0	78.4	76.0	114	100

(2)透水模板对混凝土表面质量和强度的影响

采用回弹仪比较不同透水模板浇注的混凝土的表面强度(参照国标 JTJ 270—1998)。测试使用中型回弹仪,混凝土五菱柱的每个侧面取 16 个不同的点进行水平测量,分别去掉 3 个最大值与 3 个最小值后求得余下 10 个点的平均回弹值。通过比较不同侧面得到的平均回弹值可得出不同透水模板对混凝土表面强度的影响[21]。

透水模板具有透水性、透气性,能显著降低表层混凝土的水灰比,从而使成型混凝土构件表面密实,同时具有更高的回弹强度[22]。如图 7-5 所示,使用透水模板的混凝土 14d 回弹强度较空白混凝土有 4%～15% 幅度的增加,28d 回弹强度有 3%～10% 的增加。

由于透水模板是在传统模板上加一层过滤层和排水层,能把富集在模板表面的水和空气排除,减少了因为这部分水和空气形成孔洞和缺陷的可能[23]。图 7-6 为透水模板对混凝土表面缺陷率的影响示意图,可以看出:使用透水模板后混凝土表面质量均有很大程度的提高,有效消除了使用普通木模板易产生颜色不均匀、砂线、砂斑等缺陷。

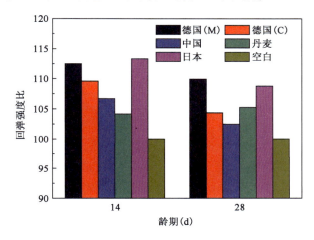

图 7-5 透水模板对表面强度的影响

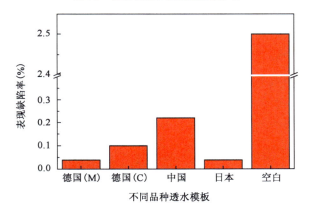

图 7-6 透水模板对表面缺陷的影响

(3) 透水模板的使用次数对混凝土渗透性和表面强度的影响

透水模板一般可重复使用。按照厂家的说明,德国(C)只能使用一次。丹麦透水模板能重复使用两次,日本、德国(M)、国产透水模板使用次数为 3 次。透水模板的使用寿命及重复使用时的效果直接关系到使用透水模板的成本。重复使用透水模板时混凝土抗氯离子渗透性的对比如图 7-7 所示。

从中可以看出:使用国产透水模板的混凝土电通量随使用次数的增加而降低,使用多一次该模板,混凝土电通量降低约 20%;重复使用德国(M)、德国(C)、日本透水模板对电通量的影响不大,使用三次前后电通量值相差不到 100C。比较可知,德国(M)、日本透水模板重复使用的稳定性优于其他品种。

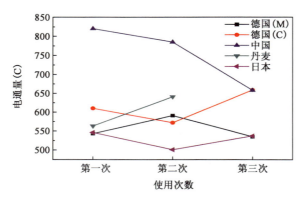

图 7-7 透水模板性能与使用次数的关系

由于水泥颗粒的水化会堵塞一部分透水模板的孔隙,透水模板在重复使用时,其排水、气的通道会有所减少;同时在脱模时透水模板和混凝土之间存在黏结力,容易发生撕扯现象,从而使透水模板局部的孔隙变大或变小,影响其透水、气的效果及均匀性。

透水模板主要应用于以下工程:码头、防波堤等海工混凝土结构;市政道路、桥梁、铁路混凝土结构;隧道、堤坝、输水涵洞等防水挡水结构。这些混凝土结构都处在较为恶劣的环境中,对混凝土的耐久性有较高的要求。在国外,工程中采用透水模板越来越多,主要用来进一步提高混凝土耐久性和改善混凝土表面质量。

盐田港三期工程采用透水模板一个突出优点是:透水模板既能排水,显著提高混凝土表层早期强度;又能适当保水,改善混凝土脱模前的养护条件。从而提高混凝土表层抗裂性能,有利于防止或控制各种原因造成的早期裂缝。该工程经严格检查,凡是采用透水模板浇筑的混凝土构件,均未发现各种原因造成的裂纹[21]。

我国的青岛海湾大桥,在预制的承台和墩均采用了透水模板,现场使用均取到了比较满意的效果。

使用透水模板可显著地提高混凝土结构的耐久性和表面质量,但也会增加工程成本。例如:德国(M)透水模板材料价格约为 100 元/m² 左右,按使用 3 次来计算,原材料成本每平方(混凝土)增加 30~40 元,此外还应考虑模板铺设人工费用、构件底面模板无法参与周转、剪裁损耗等成本因素。

透水模板可以显著改善混凝土表面质量,基本做到可以消除混凝土表面气泡、砂斑、砂线等表面缺陷,可作为改善混凝土构件表面质量的有效措施。

透水模板既能排水,又能适当保水。使混凝土表层水胶比降低,强度提高;同时在脱模前改善混凝土养护条件,使混凝土表层具有较高的抗裂性。因此,也可以作为防止或控制混凝土表面早期开裂的有效措施。

透水模板增加了混凝土施工成本,实际应用应综合考虑。

7.2.10 喷涂聚脲防水涂料

喷涂聚脲防水涂料是国外近10年来继高固体分涂料、水性涂料、辐射固化涂料、粉末涂料等低污染涂装技术之后为适应环保需求而研制开发的一种新型无溶剂、无污染的绿色施工技术。聚脲防水涂料通过半预聚物(由异氰酸酯与聚醚多元醇生成)、氨基聚醚与液体胺类扩链剂在65℃的温度下反应生成。而聚脲的生成与喷涂在施工现场一步完成。

喷涂聚脲防水涂料具有以下特点[24]：

(1)抗水渗透性高：聚脲防水涂料涂层致密，整体无缝，黏结力强，防水可靠性高。

(2)耐高低温性：聚脲防水涂料有优异的耐高低温性。既能耐160℃的高温(可耐沥青混凝土铺装时的高温)，又能在-40℃时保持低温柔性(适应黑龙江及青藏高原严寒条件下的铁路桥面)。

(3)抗混凝土开裂性：喷涂聚脲防水涂料有很高的拉伸强度、断裂延伸率及黏结强度，很高的耐磨、耐冲击性，故有极好的抗混凝土的开裂性、对混凝土开裂的防护性，以及对开裂、剥落混凝土结构的维修和补强性。

(4)混凝土采用喷涂聚脲防水涂料，能明显降低的氯离子扩散系数。就提高混凝土抵抗氯离子渗透的能力而言，脂肪族聚脲涂层要优于芳香族聚脲涂层。

(5)无毒性。100%固含量，不含有机挥发物，符合环保需求。

喷涂聚脲材料的技术要求要符合《喷涂聚脲防水涂料》(GB/T 23446—2009)的要求。

喷涂聚脲防水涂料的优异物理性能和施工性能，被称为万能涂装技术。在化工防腐、管道、建筑、舰船、水利、交通、机械、矿山耐磨等行业具有广阔的应用前景。

美国三藩市的San Mateo大桥拓宽工程是迄今为止使用聚脲量最大的桥梁工程，主要用在水泥预制件的防腐上。

美国华盛顿州Pasco水泥高架桥，经过几十年的使用，桥梁混凝土结构开裂、剥落、腐蚀严重，已属危桥。经过多方面考证，最后决定用聚脲涂层进行防护和补强，采用不停用的情况下分段修复，大大减低了建桥和停用的损失。

美国肯塔基州在1995—1997年间采用聚脲对17座桥梁进行了修复。美国宾夕法尼亚州在1998—2001年间用聚脲共修复17座桥梁。美国俄亥俄州、马里兰州和弗吉尼亚州也用聚脲对水泥高架桥进行了修复。

京津城际高速铁路无渣路基采用2mm聚脲做防护层。

美国波士顿市区的地铁隧道防水工程：三节双孔钢筋混凝土沉厢式隧道，全长210m，单节隧道长70.1m，宽11.23m，高7m。采用明挖式施工，用聚脲防护。

美国北卡罗来纳州高速公路隧道修复：隧道长320m，高12m，建于1950年，隧道为建在岩石上的混凝土层，经过半个多世纪的使用，隧道开裂、剥落、渗漏，导致隧道结构严重腐蚀，出现坍塌。现采用聚脲修复。

广州地铁4号到7号线隧道试验段防护。聚脲试验段500m,防护方案:聚合物干粉砂浆(高分子益胶泥 PA-A)5mm + 聚脲涂层1.2mm,做到刚柔并济。试验段2004年完成交付使用[24,25]。

喷涂聚脲防水涂料是一种有效的防水措施。且由于其弹性好,喷涂以后即使混凝土出现裂缝也能保持良好的防水性。但其施工设备、施工方法复杂,施工必须严格控制,否则聚脲涂层容易剥落。对防水性能要求高的部位,如沉管管节外壁喷涂聚脲防水涂料可作为进一步增强部位防水性和耐久性的额外措施。

7.2.11 水基深层渗透密封型无机防水材料

水基深层渗透密封型防水材料,其对混凝土防护机理是与混凝土中的游离碱产生化学反应,生成稳定的枝蔓状晶体胶质,能有效地堵塞混凝土内部微细裂缝和毛细空隙,使混凝土结构具有持久的防水功能和更好的密实度及抗压强度。水基渗透结晶型防水材料在混凝土表面的渗透深度可达20~30mm,同时还能有效地阻止酸性物质、油渍和机油对混凝土的侵蚀[26]。

水基深层渗透密封型防水材料不只是混凝土防水材料,更是混凝土保护剂,其耐酸耐碱、耐腐蚀,能抵抗高温变化,更可以抗氯离子对混凝土的侵蚀破坏。

水基深层渗透密封型防水材料技术特点如下:

(1)水基深层渗透密封型防水材料是渗透结晶型材料,所以不需要找平层。可以完全渗透到混凝土结构中,所以不需要保护层。

(2)需要和混凝土充分接触到才能达到良好的防水效果,所以混凝土结构表面的浮浆、灰尘等要先清理干净。裂缝处先用速凝水泥等修补好。

(3)是水剂的低密度防水材料,直接在混凝土基层上均匀喷涂两遍即可,不需要额外养护等。施工成本低,施工进度快。

(4)渗透深度可以达到2~3cm。抗渗等级达到S11以上。

(5)有良好的耐酸耐碱、耐腐蚀性。可抵抗温度变化对混凝土的影响。可以抵抗氯离子对混凝土的渗入破坏。可以增强混凝土结构表面的抗压强度等。

(6)水基深层渗透密封型防水材料是无机防水材料,所以不会老化变质,效果非常稳定。施工后基本和混凝土结构同寿命。

(7)可在潮湿的混凝土作业面上施工,但是不能有明水,可在背水面施工。

(8)因为是水基深层渗透密封型防水材料,所以不会有老化、搭接不严密、脱层滑动等传统问题存在。

(9)可以对混凝土、钢筋等起到良好的保护作用。

（10）因为是水基深层渗透密封型防水材料，所以不是表面密封的水珠状，而是成亲水性。

作为防水防腐材料，水基深层渗透密封型防水材料已在海底混凝土工程得到较好的应用，如旧金山湾海底隧道、挪威 Freifiord 隧道、澳洲悉尼海底隧道及白宫地下工程等。

美国旧金山湾海底隧道：美国旧金山湾区捷运交通系统的一部分，海底部分 5.8km，隧道共由 57 段组成。隧道预制管外壁整体采用水基深层渗透密封型防水材料进行防水处理。

挪威 Freifiord 隧道：Freifiord 海底隧道是挪威克里斯蒂安市一座下沉式海底隧道，隧道总长 35 086m，隧道处于海平面下 130m。

澳洲悉尼海底隧道：海底隧道长 2.3km，横穿悉尼港湾海底部分为 960m 的沉管结构（由 8 个预制混凝土管构成，预制件表面用水基渗透结晶型防水材料处理过），1992 年建成通车。

7.2.12 防腐蚀措施的综合技术比较及适用性分析

根据我国使用附加防腐蚀措施的科技成果和工程经验，结合国际上相关成果技术对上述各种附加防腐蚀措施进行综和技术比较。为便于比较，将防腐蚀措施分为防氯离子侵蚀和防钢筋锈蚀两类分别进行分析，在分析比较的基础上，从技术上提出适用于港珠澳大桥混凝土结构的附加防腐蚀。

7.2.12.1 防氯离子侵蚀措施的技术特点比较

表 7-18 对涂层、硅烷浸渍、透水模板、阴极保护、喷涂聚脲防水涂料、水基渗透结晶型防水材料及阻锈剂等措施进行了比较。

7.2.12.2 防钢筋锈蚀措施的技术特点比较

表 7-19 是对环氧树脂钢筋、热浸镀锌钢筋及不锈钢钢筋等防腐蚀钢筋的综合比较。

涂层、硅烷浸渍、透水模板、阴极保护、喷涂聚脲防水涂料、
水基渗透结晶型防水材料及阻锈剂的综合比较　　　　表 7-18

防腐措施	防腐原理	防护效果	优　点	缺　点
涂层	混凝土表层形成隔绝层	15～20 年	施工简便，保护效果显著；可根据需要改变混凝土外观	潮湿表面施涂效果差；后期易粉化、脱落而影响外观；达到使用年限后重涂施工困难
硅烷浸渍	渗入混凝土毛细孔中，使毛细孔壁憎水化，阻止水分和氯化物渗入	20 年	施工方便，防腐蚀效果好；不改变混凝土外观且有表面自清洁功能；达到使用年限后重涂容易	不能在潮湿混凝土表面施涂
透水模板	具有透水、透气和保水的功能，能降低混凝土表层水灰比而达到提高表面质量的效果	改善混凝土表面质量	提高表层混凝土密实度，改善混凝土表面质量和外观；对提高抗氯离子渗透性有辅助作用	增加混凝土施工成本，每平方米 20 元左右

续上表

防腐措施	防腐原理	防护效果	优点	缺点
阴极保护	使钢筋电位极化至阳极反应(即钢筋腐蚀反应)停止的电位	50年以上	保护效果最好；保护时间长,保护年限可达50年以上	成本较高,施工技术及后期维护要求高
聚脲防水涂料	混凝土表层形成隔绝层	>20年	具有很高的拉伸强度和断裂延伸率,兼备防渗水和抗氯离子渗透功能	成本较高,需要专门设备,对施工质量要求高
水基渗透结晶型防水材料	混凝土表层及深层形成隔绝层	—	可深层渗透,与水泥水化产物反应堵塞毛细孔和微裂缝,防水效果好	产品质量控制严格
阻锈剂	在钢筋表面形成一层保护膜,抑制、阻止、延缓了钢筋腐蚀的电化学过程	—	可提高引起钢筋锈蚀的氯离子临界浓度,延缓钢筋脱钝发生的时间	长期防护效果不确定；易对混凝土性能有不良影响

环氧树脂钢筋、热浸镀锌钢筋、不锈钢钢筋等的综合比较　　表7-19

名称	防腐原理	防护效果	优点	缺点
环氧树脂钢筋	利用环氧树脂高化学稳定性,隔绝基体与外界环境	在达到临界氯离子浓度时,使锈蚀发生时间延长15年左右	能有效隔绝各种腐蚀侵害	降低钢筋与混凝土握裹力；施工过程控制涂层不损坏技术要求高；对涂层缺陷敏感,一旦锈蚀发生,无法补救
不锈钢钢筋	利用不锈钢金属合金本身的耐腐蚀性	提高临界氯离子浓度10倍以上	使用寿命最长；强度、可焊性和塑性更高	价格高昂、国内无产品标准,产品质量控制要求高
热浸镀锌钢筋	利用锌镀层钝化膜的保护及Zn对Fe的阴极保护	提高临界氯离子浓度2~4倍	对缺陷的敏感性低	外层与基体结合强度较低,镀层较薄；高Cl-浓度下镀层逐渐销蚀,导致钢筋的最终腐蚀
不锈钢包覆钢筋	利用不锈钢金属合金本身的耐腐蚀性	提高临界氯离子浓度10倍以上	具有与不锈钢钢筋基本相同的耐蚀性	存在不锈钢与内部钢芯发生脱落问题

7.2.12.3　港珠澳大桥桥梁主体混凝土结构防腐蚀措施适用性分析

港珠澳大桥桥梁混凝土构件附加防腐蚀措施选用的总体原则为：

①防腐蚀技术应成熟、可靠,有可遵守的技术标准和成功的工程应用案例。

②环境适应性好,如适合于大气区、浪溅区及水位变动区等不同部位对防腐蚀措施的适用性要求,便于实施,且保护效果显著。

③港珠澳大桥桥梁构件多,不仅结构复杂,而且既有工厂化预制,也有海上现场浇筑,相对来说,现场浇筑,尤其海上作业较难进行精确的质量控制,防腐蚀措施的选择也要考虑不同施工工艺所带来质量控制的技术风险。

④对于腐蚀风险大的结构,可采用两种或多重防腐蚀措施,采用两种或多重防腐蚀措施时,应确保各措施之间技术相容。

根据以上原则,结合各部位对防腐蚀措施的需求,并按实现桥梁各混凝土结构不小于40年的耐久性安全储备要求,初步确定港珠澳大桥桥梁结构适宜的防腐蚀措施如下:

对于主塔塔身、桥墩及混凝土箱梁等处于大气区部位的混凝土结构,相对来讲腐蚀风险不高,采用涂层或硅烷浸渍,均是有效的防腐蚀措施,且易于施工,保护效果显著,为满足结构不小于40年的耐久性安全储备要求,可采取120年内实施3次涂层或硅烷浸渍。

对于主塔承台及塔座、桥墩(通航孔桥辅助墩、边墩、非通航孔桥桥墩)及承台等处于浪溅区部位的结构,是所有结构中腐蚀风险最高的部位,应采取更可靠、有效的防腐蚀措施,外加电流阴极保护、配筋外层不锈钢钢筋或环氧涂层钢筋+硅烷浸渍联合保护等措施均适合以上部位结构的保护,且能满足耐久性储备要求。不过在确定具体的防腐蚀措施时,还应考虑施工工艺及工况情况,如因环氧涂层钢筋对现场施工质量控制比较严格,该措施适合于易于施工质量控制的预制构件,对于现场现浇的航通桥承台不太合适。而非通航孔桥墩由于数量多、分散式分布及结构形式的原因,外加电流阴极保护的实现有一定难度,因此也不太适宜在桥墩使用外加电流阴极保护等。

对于主塔承台、桥墩、承台等处于水位变动区部位的结构,腐蚀风险也较高,虽然腐蚀严重性比浪溅区低,但在结构上往往与浪溅区部位同属于同一构件,且对防腐蚀措施的技术要求基本与浪溅区相同。因此,为便于施工,对水位变动区部位可从严控制,采取与浪溅区部位相同的防腐蚀措施。

港珠澳大桥桥梁不同部位混凝土结构适用的附加防腐蚀措施见表7-20。

港珠澳大桥混凝土构件适用的外加防腐蚀措施　　　　表7-20

结 构 物	构 件	所在高程(m)	所 处 环 境	附加防腐蚀措施
航通桥(包括九洲航通桥以及江海直达船航道桥)	主塔塔身	+4.8~+18.8	大气区,有1.4m处于最高天文潮的浪溅区	120年内实施3次硅烷浸渍或3次涂层
	主塔承台及塔座	-1.2~+4.8	浪溅区,水变区	外加电流或外层不锈钢钢筋
	辅助墩墩身	+5.8以上	大气区,有0.5m处于最高天文潮的浪溅区	120年内实施3次硅烷浸渍或3次涂层

续上表

结构物	构件	所在高程(m)	所处环境	附加防腐蚀措施
航通桥（包括九洲航通桥以及江海直达船航道桥）	辅助墩承台及底座	-0.7 ~ +5.8	浪溅区	外加电流或外层不锈钢钢筋
	边墩墩身	+6.8 以上	大气区	120 年内实施 3 次硅烷浸渍或 3 次涂层
		+3.8 ~ +6.8	浪溅区	环氧涂层钢筋+硅烷浸渍联合保护或外层不锈钢钢筋
	边墩承台	-0.2 ~ +3.8	浪溅区	外加电流或外层不锈钢钢筋
青州航道桥	主塔塔身	+7.8 以上	大气区	120 年内实施 3 次硅烷浸渍或 3 次涂层
	主塔承台及塔座	-2.2 ~ +7.8	浪溅区，有 1.6m 处于大气区	外加电流或外层不锈钢钢筋
	辅助墩墩身	+6.3 以上	大气区	120 年内实施 3 次硅烷浸渍或 3 次涂层
	辅助墩承台及底座	-0.8 ~ +6.3	浪溅区	外加电流或外层不锈钢钢筋
	边墩墩身	+6.3 以上	大气区	120 年内实施 3 次硅烷浸渍或 3 次涂层
	边墩承台及底座	-0.8 ~ +6.3	浪溅区	外加电流或外层不锈钢钢筋
非通航孔桥	预制墩身	+8 以上	大气区	120 年内实施 3 次硅烷浸渍或 3 次涂层
		-2.10 ~ +8	大气区，浪溅区，水变区	外层不锈钢钢筋或环氧涂层钢筋+硅烷浸渍联合保护
		-2.10 以下	水下区	无
珠澳口岸连接桥	承台	—	水下区、泥下区	无
	墩身	+3.50 ~ +9.71	浪溅区、大气区	外层不锈钢钢筋或环氧涂层钢筋+硅烷浸渍联合保护
	箱梁	+9.71 以上	大气区	120 年内实施 3 次硅烷浸渍或 3 次涂层

7.2.12.4 港珠澳大桥沉管防腐蚀措施适用性分析

按照沉管隧道腐蚀环境划分,沉管隧道的外壁按浪溅区、内壁按大气区考虑。为了达到设计使用年限120年的要求,沉管混凝土结构不仅要满足设计要求的抗氯离子渗透性,还应具备足够的自身防水性能。虽然沉管采用了高耐久性的海工高性能混凝土,并研究制定了系统的控裂措施,严格控制施工质量,不出现危害性的裂缝,但沉管混凝土本身的结构或材料缺陷不可能完全避免,且深埋于将近40m深的海底,属于难维护的不可更换结构,一旦渗漏水或发生腐蚀破坏,对整个工程都具有致命的影响。因此,沉管隧道具有相当高的腐蚀风险,要保证沉管隧道达到120年使用寿命,对沉管必须采取必要的附加防腐蚀措施。

鉴于沉管是混凝土结构和深埋于海底的这一工程特性,所采取的防腐蚀措施应同时具备抗氯离子腐蚀和防水渗透的功能。聚脲防水涂料涂层致密,整体无缝,与混凝土黏结力强,尤其其优异的延伸性能,涂覆于混凝土表面,可有效防止混凝土因开裂或局部不密实而造成的渗漏水,从而不仅可以防止氯离子对混凝土的侵蚀,而且具有较好的防水性能;相比较而言,硅烷浸渍和混凝土表面涂层虽能明显防止氯离子在混凝土内的渗透,但防水效果一般。因此,沉管外表面喷涂兼备防水和抗氯离子腐蚀功能的高强弹性聚脲防水涂料不失是一个较合适的附加防腐蚀措施。此外,近6km长的海底隧道交通安全要求高,隧道底板渗水将会严重影响行车安,为保证行车安全,不允许底板渗水,因此在沉管内壁底板采用水基深层渗透密封型无机防水材料,既能防水,有不影响混凝土路面。建议的沉管隧道外加防腐蚀措施设计见表7-21。

沉管外加防腐蚀措施 表7-21

沉管隧道部位	外加防腐蚀措施	沉管隧道部位	外加防腐蚀措施
外壁	喷涂一次聚脲防水涂层	内壁	采取一次水基深层渗透密封型无机防水材料

7.3 附加防腐蚀措施全寿命成本分析

上一节从技术适用性方面分析了港珠澳大桥混凝土结构不同构件、不同部位所应采取的附加防腐蚀措施。港珠澳大桥设计使用年限为120年,结构所采取的防腐蚀措施不仅技术可靠,便于实施和维护,而且要经济合理,使得工程全寿命成本最低。

7.3.1 全寿命经济分析及工程应用

由于在较长的一段时间内对结构的耐久性认识不足或重视不够,因腐蚀问题而造成的损失,使不少经历了大规模基础设施建设后的发达国家付出了沉重的经济代价[27]。鉴于此,以美国为首的一些国家,在20世纪80年代率先将"全寿命经济分析"(Total Life Cycle Cost Analysis)的概念,也称作"寿命期成本分析"(LCCA)引入道路、桥梁等基础设施建设项目中。在美国,LCCA法既是政府法令,又是工程投资的评估、计算方法。设计、工程承包和投资方都要以"全寿命"为出发点,为保证规定的工程使用年限,采取技术、经济合理的战略措施。由于美国以桥梁为主的钢筋腐蚀破坏最为突出,所以政府指令 LCCA 法首先在交通、公路系统的基础设施工程和管理中实行。全寿命经济分析法的本质是要求在设计施工阶段,不论是事先采取防护措施还是以后"坏了再修",都要做出经济预算和比较,承建者要对工程的"全寿命"负责到底,这样可避免"短期行为"给后人带来的麻烦与巨大经济损失。采用 LCCA 法对项目评估的目的与标准是在保证工程寿命期的前提下,使综合花费成本最少,实现技术可靠、经济合理[27]。

2000 年,我国发布了《建设工程质量管理条例》(中华人民共和国国务院第 279 号令),首次以政令形式规定了"设计文件应符合国家规定的设计深度要求,注明工程合理使用年限","建设工程实行质量保修制度……基础设施工程……最低保修期限为设计文件规定的该工程的合理使用年限"。这一规定实际上是对基础设施工程的耐久性提出了明确要求。以往,待工程验收后,设计和工程承包方一般不再承担使用期间环境破坏、修复、重建等相关义务和责任,这就造成了大量工程因耐久性不足引起的由国家承担的经济损失。国务院第 279 号令中的上述规定,实际上是贯彻实施基础设施工程的"全寿命责任制",其意义是重大而深远的。目前我国正处在基础设施建设的高潮时期,实行全寿命经济分析也势在必行和更具深远意义[28]。

由于不同的防腐技术有不同的技术特点和适用性,选择经济适宜的防腐蚀方法对整个工程的使用状态和寿命也至关重要。因此,为选择经济适宜的防腐蚀方法,基于全寿命经济分析的概念建立了防腐蚀工程经济评价体系。防腐蚀工程经济评价是防腐蚀技术中的一项重要内容,对一个防腐蚀工程的方案不仅要从技术上进行比较,而且要注重从经济的角度进行筛选。关于防腐蚀工程的经济评价,目前我国还没有统一认可的计算方法。2002 年 8 月 1 日国家经济贸易委员会发布了石油天然气行业标准《防腐蚀工程经济计算方法标准》(SY/T 0042—2002)。该标准是按照国家计委、建设部发布的《建设项目经济评价方法与参数》(第二版)中的有关要求,参考了美国腐蚀工程师协会(NACE International)T3 发布的"腐蚀经济学"报告及《腐蚀控制措施经济评价方法直接计算方法》(NACE RP 0272—72)中的有关内容,吸取了我国石油工业在此方面的经验,对原石油天然气行业标准《防腐蚀工程经济计算方法标准》(SYJ 42—89)的修订。

7.3.2 全寿命成本经济计算方法

目前,在对钢筋混凝土腐蚀控制不同防腐蚀方案的经济比较时,费用现值比较法和年费用比较法是全寿命成本分析计算中最常用的两种方法[29]。

7.3.2.1 费用现值比较法

费用现值比较法(以下简称现值比较法)通过计算各个方案的费用现值,进行比较,以费用现值较低的方案为较优方案,计算方法如式(7-3)。

$$PC = \sum_{t=1}^{n}(I + C - S_v)(P/F, i, n) \tag{7-3}$$

$$(P/F, i, n) = \frac{1}{(1+i)^n} \tag{7-4}$$

式中:PC——费用现值;

I——全部投资(包括建设投资和流动资金);

C——营运期费用;

S_v——计算期末回收的固定资产余值;

t——年份;

i——折现率;

n——计算期(年)。

7.3.2.2 年费用比较法

年费用比较法通过计算各个方案的等额年费用,然后进行比较,以等额年费用较低的方案为较优方案。计算公式如式(7-5)。

$$AC = \left[\sum_{t=1}^{n}(I + C - S_v - W)(P/F, i, n)\right](A/P, i, n) \tag{7-5}$$

$$(A/P, i, n) = \frac{i(1+i)^n}{(1+i)^n - 1} \tag{7-6}$$

式中:AC——年费用;

W——计算期末回收的流动资金。

项目计算期相同的方案,宜采用现值法,也可采用年费用法;项目计算期不同的方案,宜采用年费用法。若采用现值法,则按不同计算期的最小公倍数计算每个方案的现值,然后进行比较。

港珠澳大桥的设计使用寿命为120年,每个方案的计算期相同,均为120年,故对港珠澳大桥防腐蚀措施采用现值法进行全寿命成本计算。

7.3.3 不同附加防腐蚀措施全寿命经济计算

对附加防腐蚀措施进行全寿命成本分析的前提是附加防腐蚀措施技术可靠,便于实施和维护。本章第2节已经分析列出港珠澳大桥混凝土结构各种构件不同部位适合的附加防腐蚀措施,本节针对上述防腐蚀措施,采用现值法进行全寿命成本分析。

初始建设成本、设计使用年限和折现率是全寿命成本分析中最主要的几个参数。根据目前我国工程防腐蚀施工具体实际,海洋环境桥梁等混凝土结构附加防腐蚀措施施工的初始成本列于表7-22。

港珠澳大桥的设计使用寿命为120年,所以项目的计算周期为120年;折现率i的取值参考我国目前海港工程的折现率,并结合现行的银行贷款利率近似取7%。

附加防腐蚀措施的初始施工成本 表7-22

附加防腐蚀措施	初始建设成本
涂层	65~100元/m² 混凝土
硅烷浸渍	80~100元/m² 混凝土
可实现远程监控的外加电流阴极保护	2 000~3 000元/m² 混凝土
外层不锈钢钢筋	每吨不锈钢钢筋的成本增加25 000元左右
环氧涂层钢筋	每吨钢筋涂层增加2 000~3 000元费用
喷涂聚脲防水涂料	150元/m² 混凝土
水基渗透结晶型防水材料	80~100元/m² 混凝土

7.3.3.1 桥梁大气区混凝土结构防腐蚀措施

方案一:混凝土表面涂层

(1)建设投资(I)

建设投资(初建成本):据调查,混凝土表面涂层的初建成本约为65~100元/m²,进行计算时取建设投资为100元/m²。不考虑流动资金投入,因此,混凝土表面涂层的全部投资为:

$$I = 100(元/m^2)$$

(2)年经营费用(C)

年经营费用主要有定期发生费用(C_I)和维护费用(C_II)。

定期发生费用:港珠澳大桥的设计使用寿命为120年,而混凝土涂层保护的保护年限为15~20年(计算时取15年,即$m=15$),在大桥服役内涂层共实施3次。涂层2次实施费用约160元/m²(包括更换时对旧涂层的清除费用10元/m²,施工平台及扫海费等)。维护费用主要指涂层监测费用。

定期发生的费用为160元/m²,故定期发生的费用现值为:

$$\begin{aligned}
C_\mathrm{I} &= 160 \times (P/F, i, 15) \times (A/P, i, 15) \div (A/P, i, 30) \\
&= 160 \times \frac{1}{(1+i)^{15}} \times \frac{i(1+i)^{15}}{(1+i)^{15}-1} \div \frac{i(1+i)^{30}}{(1+i)^{30}-1} \\
&= 160 \times 0.362\,4 \times 0.109\,794 \div 0.080\,6 \\
&= 79.00(元/m^2)
\end{aligned}$$

维护费用:主要有涂层的定期检测费用和维修费用,按每5年检测维修1次,检测维修费用15元/m²(包括涂层检测及缺陷处修补)。故港珠澳大桥涂层检测维修发生的年限为5年、10年、20年、25年、35年、40年。

$$C_{\mathrm{II}} = 15 \times \left[\frac{1}{(1+i)^5} + \frac{1}{(1+i)^{10}} + \frac{1}{(1+i)^{20}} + \frac{1}{(1+i)^{25}} + \frac{1}{(1+i)^{35}} + \frac{1}{(1+i)^{40}} \right]$$

$$= 15 \times (0.713 + 0.508 + 0.258 + 0.184 + 0.094 + 0.067)$$

$$= 15 \times 1.824 = 27.36(元/m^2)$$

(3) 固定资产余额

涂层达到服役寿命，失去保护作用后直接报废，无回收价值，故固定资产余额为零。

通过以上计算可得混凝土表面涂层保护措施的费用现值为：

$$PC = I + C - S_v = 100 + 79 + 27.36 = 206.36(元/m^2)$$

方案二：硅烷浸渍

由表7-22可以看出，混凝土硅烷浸渍与表面涂层初始工程费用相近，此外，硅烷的保护年限、工程全寿命周期内实施次数以及维护成本都与表面涂层相当，因此，可以认为桥梁大气区混凝土结构采用涂层和硅烷浸渍的全寿命经济成本大致相同。

7.3.3.2 桥梁浪溅区和水位变动区防腐蚀措施

根据上述分析，对于浪溅区和水位变动区混凝土结构可选的附加防腐蚀方案为外层不锈钢钢筋、外加电流阴极保护或环氧涂层钢筋+硅烷浸渍等三种方案。从技术可靠性方面来讲，对于海上现场浇筑的结构宜采用外层不锈钢钢筋或采取外加电流阴极保护措施；对于数量多且长距离分散式分布的桥墩等预制构件宜采取不锈钢钢筋或环氧涂层钢筋+硅烷浸渍的防腐蚀措施，两种情况分别计算全寿命成本如下。

(1) 现浇构件防腐蚀措施全寿命成本对比

方案一：外层不锈钢钢筋

① 建设投资（I）

建设投资（初建成本）：据调查，普通钢筋的价格大约为5 000元/t，不锈钢钢筋的价格大约为30 000元/t。按青州航道桥索塔承台计算，每平方米混凝土不锈钢钢筋的用量为115.9kg/m²，因此外层采用不锈钢钢筋的初建成本为2 897.5元/m²（扣除普通钢筋的成本）。不考虑流动资金投入，因此，外层不锈钢钢筋的全部投资为：

$$I = 2\ 897.5(元/m^2)$$

② 年运营费用（C）

年运营费用主要包括定期发生的费用（C_I）和自维护检测费用（C_{II}）。采用外层不锈钢钢筋一次即可实现40年以上耐久性安全储备要求，故定期发生的费用为零。在运营期内，无需对不锈钢钢筋进行检测，故不锈钢钢筋的检测维护费用为零：

$$C_{\mathrm{II}} = 0(元/m^2)$$

③固定资产余额(S_v)

不锈钢钢筋具有回收价值,但考虑到混凝土结构120年还能使用,故暂不考虑不锈钢钢筋的固定资产余额,故固定资产余额为零:

$$S_v = 0(元/m^2)$$

通过以上计算可得采用外层不锈钢钢筋保护措施的费用现值为:

$$PC = I + C - S_v = 2897.5 + 0 - 0 = 2897.5(元/m^2)$$

方案二:外加电流阴极保护

①建设投资(I)

建设投资(初建成本):据调查,外加电流阴极保护的初建成本(包括施工平台搭建)约为2 000~3 000元/m²。对于本项目的航通桥承台由于钢筋布置较密,大桥建造工期长且阴极保护需实现远程监控系统,进行计算时取建设投资为3 000元/m²。不考虑流动资金投入,因此,外加电流阴极保护的全部投资为:

$$I = 3000(元/m^2)$$

②年经营费用(C)

年经营费用主要由定期发生费用(C_I)、维护费用(C_{II})和电费(C_{III})构成。定期发生费用主要是港珠澳大桥的设计使用寿命为120年,而外加电流阴极保护的保护年限为50年($m = 50$),在大桥服役期内使用1次。维护费用主要指人工费用和设备维修费。

由于阴极保护只施加1次,定期发生的费用为零。

维护费:主要有操作及维护人员的工资、设备维修费用、电费和检测费用组成。

根据现行国家工资水平计算得出人员工资及设备维修费用为0.43元/m²。根据混凝土外加电流防腐蚀的保护电流密度为10mA/m²,计算得1年中单位面积的耗电量为0.08度,故电费为0.08元/m²。

按每5年检测1次,检测费用10元/m²。阴极保护检测共检测9次,发生的年限为5年、10年、15年、20年、25年、30年、35年、40年、45年。

$$C_{II} = 10 \times \sum_{t=1}^{9} \frac{1}{(1+i)^{5 \times t}} = 10 \times 2.40 = 24.0(元/m^2)$$

③固定资产余额

固定资产余额主要是指恒电位仪回收,按恒电位仪的输出电流和保护电流密度计算得单位面积的投入资金为4元,按恒电位仪的余额为设备费的3%,50年报废。计算得固定资产余额为:

$$S_v = 4 \times 3\% \times (P/F,i,50) = 0.12 \times 0.034 = 0.0041(元/m^2)$$

通过以上计算可得外加电流阴极保护措施的费用现值为：

$$PC = I + C - S_v = 3\,000 + 0.43 \times (P/A, i, 50) + 0.08(P/A, i, 50) + 24.0 - 0.004\,1$$
$$= 3\,000 + 24 + 0.438 \times 13.8 - 0.004\,1 = 3\,030.04(元/m^2)$$

由以上计算结果可以看出，对于通航孔桥承台等海上现浇施工的混凝土构件，采用外层不锈钢钢筋的防腐蚀措施的全寿命成本低于采用外加电流阴极保护措施的全寿命成本。

（2）预制构件防腐蚀措施全寿命成本对比

方案一：外层不锈钢钢筋

①建设投资（I）

青州航道桥辅助墩、边墩下节段墩身，每平方米混凝土不锈钢钢筋的用量为 67.75kg/m²，因此外层采用不锈钢钢筋的初建成本为 1 693.75 元/m²（扣除普通钢筋的成本）。不考虑流动资金投入，因此，外层不锈钢钢筋的全部投资为：

$$I = 1\,693.75(元/m^2)$$

②年运营费用（C）

年运营费用主要包括定期发生的费用（$C_Ⅰ$）和自维护检测费用（$C_Ⅱ$）。采用外层不锈钢钢筋一次即可实现 40 年耐久性安全储备要求，故定期发生的费用为零。在运营期内，无需对不锈钢钢筋进行检测，故不锈钢钢筋的检测维护费用为零。

③固定资产余额

不锈钢钢筋具有回收价值，但考虑到混凝土结构 120 年还能使用，故暂不考虑不锈钢钢筋的固定资产余额，故固定资产余额为零。

$$S_v = 0(元/m^2)$$

通过以上计算可得采用外层不锈钢钢筋保护措施的费用现值为：

$$PC = I + C - S_v = 1\,693.75 + 0 - 0 = 1\,693.75(元/m^2)$$

方案二：环氧涂层钢筋+硅烷浸渍

①全部投资（I）

下节段墩身每平方米所需环氧涂层钢筋约为 67.75kg，环氧涂层钢筋的初建增加成本约为 203.25 元/m²（扣除普通钢筋的费用）。硅烷浸渍的初建成本取 100 元/m²。不考虑流动资金投入，因此，环氧涂层钢筋加硅烷浸渍的全部投资为：

$$I = 203.25 + 100 = 303.25(元/m^2)$$

②年营运费用（C）

年营运费用主要有定期发生的费用（$C_Ⅰ$）和检测维护费用（$C_Ⅱ$）。

定期发生的费用（$C_Ⅰ$）

定期发生的费用主要是全寿命周期内需涂覆二次硅烷浸渍，硅烷浸渍的防护年限一般为

15年,在这假定涂层的第 2 次涂覆发生在第 15 年,2 次实施费用约 160 元/m²(包括更换时对表面的清理,施工平台及扫海费等),故定期发生的费用为:

$$C_I = 160 \times 0.3624 = 57.98(元/m^2)$$

检测维护费用(C_{II})

检测维护费用主要指混凝土表面硅烷的检测维护费用,检测费用为 15 元/m²,检测年限为 5 年、10 年、20 年、25 年,故检测维护费用为:

$$C_{II} = 15 \times \left[\frac{1}{(1+i)^5} + \frac{1}{(1+i)^{10}} + \frac{1}{(1+i)^{20}} + \frac{1}{(1+i)^{25}} \right]$$
$$= 15 \times (0.713 + 0.508 + 0.258 + 0.184)$$
$$= 15 \times 1.663 = 24.95(元/m^2)$$

③固定资产余额

混凝土表面涂层用完即报废,没有回收价值。环氧涂层钢筋虽有回收价值,但对混凝土构件,考虑 120 年结构还能使用,也不考虑固定资产回收,故固定资产回收为零。

$$S_v = 0(元/m^2)$$

通过以上计算可得采用环氧涂层钢筋保护措施的费用现值为:

$$PC = I + C - S_v = 303.25 + 57.98 + 24.95 = 386.18(元/m^2)$$

由以上计算结果可以看出,对于非通航孔长距离分布的桥墩等预制混凝土构件,采用环氧涂层钢筋加硅烷浸渍的措施低于采用外层不锈钢钢筋的防腐蚀措施的全寿命成本。

7.3.3.3 沉管隧道防腐蚀措施

港珠澳大桥沉管隧道深埋于海底,混凝土结构的沉管具有抗裂、抗渗及耐久性要求高的特点,在前述技术适用性分析中,已明确沉管外表面喷涂具有高强力学性能及防水和防护性能的聚脲、沉管内壁底板采用水基深层渗透密封型防水材料是较为合适的附加防腐蚀措施,故这里无需作全寿命成本分析。

另外,考虑到沉管隧道的难维修和不可更换性,港珠澳大桥沉管隧道采用预设外加电流阴极保护的附加防腐措施。在沉管隧道施工过程中对钢筋进行电连接和预埋入参比电极,根据沉管隧道的耐久性健康状况的监测结果,若后期钢筋有发生腐蚀可能时,进行通电保护,保证沉管隧道 120 年的耐久性设计使用寿命。

7.4 港珠澳大桥主体工程混凝土结构附加防腐蚀措施

7.4.1 附加防腐蚀措施的选择

针对港珠澳大桥工程特点,根据上述对不同混凝土构件腐蚀风险、不同外加防腐蚀措施技术适用性以及全寿命成本等综合分析,最终提出港珠澳大桥混凝土结构的附加防腐蚀措施设计建议,建议港珠澳大桥主体工程混凝土结构外加防腐蚀措施的设计见表7-23。

附加防腐蚀措施设计建议　　　　　　　　　表7-23

结构物	构件	所在高程(m)	所处环境	附加防腐蚀措施
航通桥(包括九洲航通桥以及江海直达船航道桥)	主塔塔身(现浇)	+4.8～+18.8	大气区,有1.4m处于最高天文潮的浪溅区	120年内实施3次硅烷浸渍
	辅助墩墩身(现浇)	+5.8以上	大气区,有0.5m处于最高天文潮的浪溅区	120年内实施3次硅烷浸渍
	边墩墩身(现浇)	+3.8～+6.8	浪溅区	环氧涂层钢筋+2次硅烷浸渍联合保护
		+6.8以上	大气区	120年内实施3次硅烷浸渍
	主塔承台及塔座(现浇)	-1.2～+4.8	浪溅区,水变区	外层不锈钢钢筋
	辅助墩承台及底座(现浇)	-0.7～+5.8	浪溅区,水变区	外层不锈钢钢筋
	边墩承台(现浇)	-0.2～+3.8	浪溅区	外层不锈钢钢筋
青州航道桥	主塔塔身(现浇)	+7.8以上	大气区	120年内实施3次硅烷浸渍
	辅助墩墩身(现浇)	+6.3以上	大气区	120年内实施3次硅烷浸渍
	边墩墩身(现浇)	+6.3以上	大气区	120年内实施3次硅烷浸渍
	主塔承台及塔座(现浇)	-2.2～+7.8	浪溅区,有1.6m处于大气区	外层不锈钢钢筋
	辅助墩承台及底座(现浇)	-0.8～+6.3	浪溅区	外层不锈钢钢筋
	边墩承台及底座(现浇)	-0.8～+6.3	浪溅区	外层不锈钢钢筋
非通航孔桥	预制墩身(预制)	+8以上	大气区	120年内实施3次硅烷浸渍
		-2.10～+8	大气区,浪溅区,水变区	环氧涂层钢筋+2次硅烷浸渍联合保护
	承台	-2.10以下	水下区	无
		—	水下区、泥下区	无

续上表

结构物	构件	所在高程(m)	所处环境	附加防腐蚀措施
港珠澳口岸连接桥	墩身(预制)	+3.50~+9.71	浪溅区、大气区	环氧涂层钢筋+2次硅烷浸渍联合保护
	箱梁(预制)	+9.71以上	大气区	120年内实施3次硅烷浸渍
沉管	沉管侧面和顶面外壁(预制)	泥下	浪溅区及防渗水	聚脲防水涂料以及预设外加电流阴极保护
	沉管底面内壁(预制)	—	大气区及防渗水	水基渗透结晶型防水材料以及预设外加电流阴极保护

(1) 桥梁大气区混凝土结构

从腐蚀风险(耐久性安全储备)、技术适用性和全寿命成本角度,大气区的混凝土结构采用表面涂层或硅烷浸渍均可。涂层可以改变混凝土结构表面颜色,在某种程度上可以对结构外观起到美化作用,但涂层后期的颜色退化、部分表面脱落以及不可避免的污渍黏附会影响大桥外观,且涂层后期维护和重涂困难;而硅烷浸渍不改变混凝土外观,其优异的憎水性使得结构具有一定的自清洁功能,且后期维护和重涂相对较容易。尤其高质量的表面涂层一般都是溶剂型涂料,需要大量采用挥发性有机化合物 VOC (Volatile Organic Compounds),不利于环境保护。因此,经综合比较,大气区的混凝土结构采用硅烷浸渍的附加防腐蚀措施。

(2) 桥梁浪溅区和水位变动区混凝土结构

浪溅区和水位变动区混凝土结构分为现场浇筑和工厂预制两种情况。

对于如通航孔桥承台等海上现浇施工的混凝土构件,配筋外层不锈钢钢筋的防腐蚀措施技术可靠,且后期无须维护,与外加电流阴极保护比全寿命成本较低,故海上现场浇筑的浪溅区和水位变动区构件设计采用配筋外层不锈钢钢筋的附加防腐蚀措施。

对于如非通航孔桥中长距离分布的桥墩等采取工厂预制的混凝土构件,应在场内进行钢筋加工和混凝土浇筑,采用环氧涂层钢筋加工制作及混凝土浇筑质量易于保证,且环氧涂层钢筋加硅烷浸渍防腐蚀措施与配筋外层采取不锈钢钢筋相比全寿命成本较低,故对于在预制厂预制的浪溅区和水位变动区构件设计采用环氧涂层钢筋加硅烷浸渍的附加防腐蚀措施。

(3) 沉管隧道

对于处于深埋海底环境下的沉管隧道外侧面和顶面,既要求防止海水氯离子渗透,也要求防护隧道渗漏水,故设计采用具有高强弹性和有防护作用的聚脲作为附加防腐蚀措施。

沉管置于碎石基础垫层之上,施工沉放和高水头压力作用下,使得底板外壁很难有合适的涂覆型防腐蚀措施,因此设计建议内壁底板采用水基深层渗透密封型防水材料,既有利于腐蚀防护,也可有效防止底板渗水,有利隧道内交通安全。

(4)预设外加电流阴极保护

由于沉管隧道的难维修和不可更换性,港珠澳大桥沉管隧道采用预设外加电流阴极保护的附加防腐蚀措施。在沉管隧道施工过程中对钢筋进行电连接和预埋入参比电极,根据沉管隧道的耐久性健康状况的监测结果,若后期钢筋有发生腐蚀可能时,进行通电保护,保证沉管隧道120年的耐久性设计使用寿命。

7.4.2 附加防腐蚀措施技术要求

各项附加防腐蚀措施技术性能要求如下。

7.4.2.1 硅烷浸渍

大桥设计混凝土表面硅烷浸渍防腐之初,进行了国内外相关工程案例及标准规范调研,选择异丁基三乙氧基液体硅烷或异辛基三乙氧基膏状硅烷来用于浪溅区混凝土表面防腐蚀,设计保护年限15年以上。

硅烷浸渍材料质量要求见表7-24。

硅烷浸渍材料质量要求 表7-24

项 目	异辛基三乙氧基膏状硅烷	异丁基三乙氧基液体硅烷
硅烷含量(%)	≥80	≥98
硅氧烷含量(%)	≤0.3	≤0.3
氯离子含量(%)	≤0.01	≤0.01

混凝土表面浸渍硅烷至少7天后,现场取样进行吸水率、浸渍深度、氯化物吸收量降低效果检测。检测结果符合表7-25规定。

硅烷浸渍性能指标 表7-25

序 号	受检项目	性能指标
1	吸水率($mm/min^{1/2}$)	<0.01
2	浸渍深度(mm)	>2
3	氯化物吸收量降低效果(%)	>90

7.4.2.2 环氧涂层钢筋

环氧涂层的设计防腐保护年限20年以上,其中大桥桥墩水位变动区、水下区等采用普通环氧涂层钢筋涂层厚度为180~300μm;耐腐蚀要求较高的浪溅区采用环氧涂层钢筋涂层厚度为220~400μm。

环氧涂层钢筋的材料要求见表7-26。

环氧涂层钢筋的材料要求　　　　　　　　　　　表 7-26

测试性能	测试条件	实际指标
抗化学稳定	3mol/L CaCl$_2$;3mol/L NaOH;Ca(OH)$_2$饱和溶液,(24℃±2℃、45d)	涂层不起泡、不软化和不失去黏着性
	3% NaCl;0.3mol/L KOH;0.05M NaOH,(55℃±4℃、28d)	钢筋弯曲前或弯曲后涂层不起泡、不失去黏着性和返锈
阴极剥离	3% NaCl(24℃±2℃、1.5V、168h)	<4mm
	3% NaCl(23℃±2℃、1.5V、168h±2h)	<2mm
盐雾试验	5% NaCl,(35℃±2℃、800h±20h)	不起泡、不返锈
	5% NaCl,(35℃±2℃、400h±10h)	不起泡、不返锈

环氧涂层钢筋入场检验主要包括涂层厚度、连续性、可弯性等 3 个指标,具体评定标准见表 7-27。

环氧涂层钢筋的入场检验指标[30]　　　　　　　　表 7-27

检测项目	检验标准	使用设备	判定标准
涂层厚度	GB/T 25826—2010	环氧涂层测厚仪	95% 在 180～300μm,最低大于 140μm; 95% 在 220～400μm,最低大于 180μm
连续性	GB/T 25826—2010	电压不低于 67.5V,电阻不小于 80kΩ 的直流漏点检测器	每米长度上的漏点数目不应超过 3 个
涂层可弯性	GB/T 25826—2010	弯曲试验机	A 类钢筋弯曲试验后,试样弯曲外表面没有肉眼可见的裂纹或剥离现象

7.4.2.3　不锈钢钢筋

不锈钢钢筋可用在浪溅区及水位变动区的混凝土构件上,可与普通钢筋混合使用,在外层使用不锈钢钢筋,在内层使用普通钢筋。

考虑到港珠澳大桥的超长设计寿命和恶劣腐蚀环境,并结合成本分析,港珠澳大桥主体工程采用 2304 双相不锈钢钢筋,其化学成分见表 7-28。

港珠澳大桥用 2304 双相不锈钢成分（单位:质量百分比,%）　　　表 7-28

牌号	C	Si	Mn	S	Cr	Ni	Mo	P	N
2304	0.015	0.47	1.32	0.001	23.60	4.50	0.35	0.020	0.11

混凝土中加入钢筋可显著提高混凝土结构的抗拉强度,因此对钢筋的力学性能需要有一定的要求。钢筋的力学性能主要有屈服强度、抗拉强度、强屈比和断后延伸率等,表 7-29 给出了 2304 双相不锈钢的力学性能要求及港珠澳大桥采用的 2304 双相不锈钢钢筋的力学性能。

第7章 混凝土结构附加防腐蚀措施

2304 双相不锈钢的力学性能 表 7-29

项 目	屈服强度（MPa）	抗拉强度（MPa）	强 屈 比	断后延伸率（%）
标准	≥500	≥650	≥1.10	≥14
大桥用不锈钢	585	750	1.28	30.5

不锈钢钢筋的弯曲、抗疲劳和抗晶间腐蚀也是不锈钢钢筋应用中必须考虑的，表 7-30 给出了 2304 双相不锈钢的弯曲、抗疲劳和抗晶间腐蚀性能要求。

2304 双相不锈钢钢筋其他性能要求 表 7-30

项目	弯曲试验	疲劳试验	抗晶间腐蚀能力
2304 不锈钢	无断裂及不规则弯曲形变	可承受 5×10^6 次应力循环	合格

7.4.2.4 聚脲防水涂料

喷涂聚脲防水涂料设计厚度为 1.5mm，设计保护年限为 20 年。

表 7-31 和表 7-32 给出了喷涂聚脲防水涂料的材料要求和性能要求[31]。

聚脲防水涂料的材料质量要求 表 7-31

序 号	项 目	技 术 指 标
1	固体含量(%)	≥98
2	凝胶时间(S)	≤45
3	表干时间(S)	≤120
4	拉伸强度(MPa)	≥16
5	断裂伸长率(%)	≥450
6	撕裂强度(N/mm)	≥50
7	不透水性	0.4MPa,2h 不透水
8	黏结强度(MPa)	≥2.5
9	吸水率(%)	≤5.0

聚脲防水涂料的性能要求 表 7-32

序 号	项 目		技 术 指 标
1	定伸时老化	加热老化	无裂纹及变形
		人工气候老化	无裂纹及变形
2	热处理	拉伸强度保证率(%)	80~150
		断裂伸长率(%)	≥400
		低温弯折性(%)	≤-35
3	碱处理	拉伸强度保证率(%)	80~150
		断裂伸长率(%)	≥400
		低温弯折性(%)	≤-35

续上表

序 号	项 目		技 术 指 标
4	酸处理	拉伸强度保证率(%)	80~150
		断裂伸长率(%)	≥400
		低温弯折性(%)	≤-35
5	盐处理	拉伸强度保证率(%)	80~150
		断裂伸长率(%)	≥400
		低温弯折性(%)	≤-35
6	人工气候老化	拉伸强度保证率(%)	80~150
		断裂伸长率(%)	≥400
		低温弯折性(%)	≤-35

7.4.2.5 喷涂水基深层渗透密封型防水材料

水基深层渗透密封型防水材料是由硅酸钠、植酸钠、水和助剂组成,具体成分及含量见表7-33,设计使用寿命可达20年。

表7-33和表7-34给出了水基深层渗透密封型防水材料的质量和性能要求。

水基深层渗透密封型防水材料质量要求　　　　表7-33

序 号	试 验 项 目		技 术 指 标
1	成分(质量百分比,%)		硅酸钠(14%±1%),植酸钠(0.5%±0.1%),水(85%±1%),助剂(0.5%±0.1%)
2	外观		无色透明,无气味
3	密度(g/cm^2)		≥1.07
4	pH值		11±1
5	黏度(s)		11.0±1.0
6	表面张力(mN/m)		≤36.0
7	凝胶化时间(min)	初凝	—
		终凝	≤400

水基深层渗透密封型防水材料性能要求　　　　表7-34

序 号	受检项目	性能指标
1	渗透深度(mm)	>10
2	抗水压渗透性(mm)	<30

7.4.2.6 混凝土外加电流阴极保护预设

1）设计参数

（1）保护年限：不少于 50 年。

（2）保护电流密度：10mA/m^2。

（3）阳极材料：采用 MMO 网状阳极。

（4）保护判据：

当满足下述的其中任何一个标准，则被认为其达到了保护要求：

①相对于 Ag/AgCl 参比电极，瞬断电位（在把直流电回路的开关开启后，在 0.1s 和 1s 之间测量），应低于 -720mV。

②24h 后，电位衰减大于 100mV。

（5）预设构件：沉管。

2）外加电流阴极保护的预设技术要求

（1）钢筋的电连续施工

①钢筋电连续

钢筋笼绑扎完成后必须按照测试要求进行电连续性测试。

②节段之间电连接

港珠澳大桥 22.5m 节段的接头通过预埋的不锈钢连接套筒（M10），跨接 16mm^2 的铜芯电缆导通。每个节段之间采用 2 处进行电导通。连接套筒基座钢筋与管节结构钢筋绑扎并焊接，在混凝土浇筑时预埋（连接套筒口部采用塑料盖扣紧），待隧道安装到位后，采用不锈钢螺栓（M10）、不锈钢垫片将跨接电缆铜鼻子接入。

③管节之间电连接

电连接接头同上，跨接 16mm^2 的铜芯电缆导通。每个管节采用 2 处进行电导通。

④沉管段与暗埋段之间电连接

电连接接头同上，跨接 16mm^2 的铜芯电缆导通。每个采用 2 处进行电导通。沉管段与东、西人工岛暗埋段各采用 2 处进行电导通。

⑤预埋件

预埋件在绑扎到位后，与钢筋进行点焊（1~2 点）。

（2）电连续性检测方法

为了确保未来阴极保护系统的成功运行，所有钢筋和预埋金属构件应在一个区域连续电连接。连续性测试应包括钢筋笼和所有外部预埋件。连续性测试应连续进行，测试涉及的每个钢筋笼和预埋件应绑扎完成。每个 22.5m 管段选取 6 个参考点测试钢筋电连续性测试，每个参考点分别随机测试 10 个点。测试采用下列方法中的一种：

①直流电阻测试

步骤1:所有连续性测试采用精确度在0.1Ω(ohm)左右的直流电欧姆表。

步骤2:打磨钢筋作为接触点的地方,直至露出光亮的钢表面。

步骤3:钢筋测试位置间电阻的记录,按照欧姆表导线接触在一处测量一次;然后交换正负极导线,再次进行电阻测量。如果钢筋是连续的,电阻应不改变。

出现下列中一种情况,表明为不连续的电导体:

——在15s中电阻读数的改变超过0.5Ω。

——测试表上的电阻读数不稳定。

——电阻读数超过1Ω。

——当导线翻转时,出现任何电阻读数变化超过1Ω的情况。

②直流电毫伏测试

步骤1:所有连续性测试采用精确度在0.1mV左右的直流电压表。

步骤2:打磨钢筋上作为接触点的地方,直至露出光亮的钢表面。

步骤3:记录钢筋测试位置间的直流电毫伏降。如读数大于1.0mV表明为不连续的电导体。

选择的位置要可能代表几何结构最严格的地方,例如:截面的改变,混凝土平面的改变,相反的位置等。如果按照之前的定义,显示为不连续钢筋时,该部分要采用焊接方式与钢筋网连接。

(3)阴极保护参数测试用参比电极

①参比电极的选择

设计采用了"双参比电极监控检测技术",以延长参比电极的测量寿命,提高了检测数据的可靠性。

ERE 20参比电极是一种应用在混凝土中监测阴极保护水平的长效参比电极,一般的寿命在30年左右。可以比较准确测试钢筋保护电位水平,判断阴极保护效果。

钛参比电极的寿命可以达到50年,通过钢筋电位的极化水平来判断阴极保护效果。

②参比电极安装位置

2个参比电极(ERE 20参比电极和钛参比电极)同时安装在两侧外墙(左线、右线)的最外侧主筋附近,然后将参比电极电缆一起接入不锈钢材质接线盒。参比电极总数为ERE 20参比电极78个,钛参比电极78个。

(4)隧道内阴极保护接头及测试接头预留

①阴极保护接头的预留

阴极保护接头做法同电连接接头,待实施阴极保护时与阴极保护电缆连接。共预留78个(沉管段66个,暗埋段、敞开段12个)。

②测试接头的预留

测试接头通过预埋成品接头,将测试电缆引入预埋在管廊的参比电极接线盒中。测试接头的焊接部位在两侧侧墙(左线、右线)的最内层主筋上。共预留78个。

7.4.3 附加防腐蚀措施施工及质量控制

7.4.3.1 硅烷浸渍施工

(1)施工工艺

大桥混凝土表面硅烷浸渍喷涂主要施工工艺如下:

①搭设施工平台:根据大桥防腐蚀施工部位及结构特点选择合适的施工平台。距地面高度5~6m范围内选择搭设脚手架、移动门架;高度超过6m时选择工业吊篮(图7-8);类似密闭空间部位采用吊椅。另外根据需要采用吊机+吊笼形式作为喷涂结构外表面的补充形式(图7-9)。所有工作平台在方案选择前须进行结构计算、方案论证等工作,保证安全。

图7-8 吊篮工作平台施工

图7-9 吊机+吊笼工作平台施工

②表面处理:采用人工或机械动力打磨工具或高压水枪,对混凝土表面进行清理,处理后的表面应无露石、蜂窝、碎屑、油污、灰尘及不牢附着物。

③表面清洗与晾干:进行表面处理及缺陷修补后,用洁净淡水冲洗干净,并自然干燥72h,或采用高压空气进行表面吹扫干净。确定混凝土表面为面干状态。

④混凝土表面硅烷浸渍涂布:由经验丰富的涂装工连续采用高压无气喷涂或刷涂。高压无气喷涂采用喷嘴压强为60~70kPa的喷涂设备。浸渍液体硅烷应连续涂布实施,使被涂表面饱和溢流。在立面上,应自下向上地涂布,使被涂立面至少5s保持"看上去是湿的"的状态;而在顶面或底面上,都至少有5s保持"看上去是湿的镜面"状态。对膏状硅烷则按设计用量一次性、均匀地将硅烷喷涂在表面处理后的混凝土面即可。

⑤验收检测:混凝土表面硅烷浸渍至少7d后,在混凝土表面随机选取区域钻取芯样,测试混凝土表面硅烷浸渍后的吸水率、浸渍深度和氯离子吸收量降低效果。

（2）小区试验及测试结果

大规模施工前进行硅烷浸渍涂布小区试验，试验制作大桥各标段同配合比的混凝土试验块体，混凝土龄期达28d后，选取其中面积为5～20m²进行浸渍试验。浸渍试验采用大规模施工同样的表面处理、硅烷浸渍材料、喷涂设备等，典型的硅烷浸渍小区试验如图7-10、图7-11所示。

图7-10 小区试验——表面处理　　　　图7-11 小区试验——硅烷喷涂施工

完成试验区域的喷涂工作后，进行硅烷浸渍后混凝土测试。结果判定合格后，才可在构件上进行大规模的浸渍硅烷施工。小区试验中，确定采用异丁基三乙氧基硅烷材料；采用人工或电动角磨机机械打磨结合空压机压缩空气吹扫的方式对混凝土表面进行清理；采用容量不小于10L、工作压力不小于100kPa的电动喷涂机喷涂，喷涂的时间间隔约为15min。

（3）施工质量控制

①原材料质量控制

所有硅烷浸渍材料进场后均需按照每批进行取样检测，送第三方检测机构进行检测全部合格后，才能用于工程。

②施工过程控制

a. 当混凝土采用脱模剂或养护剂时，应通过喷涂试验确定脱模剂或养护剂对硅烷浸渍防护效果的影响。否则，在硅烷浸渍前，应充分清除。

b. 作业时混凝土表面温度应为5～45℃，下雨或有强风或强烈阳光直射时不得涂布硅烷。施工现场附近要求无明火，操作人员应做好安全保护。

c. 大桥承台、墩身等构件，构件尺寸大，喷涂施工多为高处作业，施工中多采用吊篮、吊机等特殊高空工具作为工作平台；施工中风速超过5级即停止施工。

d. 墩身内侧由于空间较小，并属密闭空间，最有效的办法是采用单人电动吊椅，施工人员在2～3人的配合下，采用往内部鼓风的方式保证足够的通风，此外需保障足够的照明，从而保证人员安全的情况下对内壁进行硅烷浸渍作业。

③硅烷浸渍效果验收

硅烷喷涂7d后,根据监理的要求在混凝土构件(承台、墩身等)具有代表性的位置选择抽样点,抽取足够数量和满足试验要求的芯样。

抽样的整个过程由监理、质检人员及相关操作人员全程监督。取出的合格芯样及时编号标记,并用塑料袋封装,在监理见证下送往具有资格的第三方检测机构进行检测。取样后留下的芯洞采用不低于混凝土构件强度和耐久性的水泥砂浆封堵。

浸渍硅烷质量的验收以每500m^2浸渍面积为一个浸渍质量的验收批。当任一验收批硅烷浸渍质量的吸水率、硅烷浸渍深度、氯化物吸收量的降低效果的测试三项测试结果中任意一项不满足以下要求时,该验收批重新浸渍硅烷。

7.4.3.2 环氧涂层钢筋施工

(1)施工工艺

由于环氧涂层钢筋的涂层容易在运输或施工工程中因碰撞而出现破损,环氧涂层不耐高温等特点,其安装施工工艺有别于普通钢筋,施工工艺如图7-12所示。

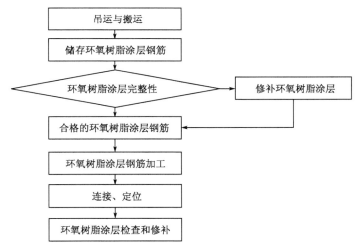

图7-12 典型施工工艺流程图

(2)施工质量控制

环氧涂层钢筋吊运采用承载能力达到使用要求的高强度尼龙吊带作为吊索。当钢筋长度大于4m时,应采用两点吊装的方式起吊,长度6m以上每隔4m增设一个吊点,以减少弯曲变形时钢筋间摩擦对环氧涂层的破坏作用。

①搬运和储存

搬运和储存环氧涂层钢筋时放置层数不宜超过5层,层与层之间每延米应用5cm×5cm方木间距隔开,同时采用帆布或不透光的黑色塑料布包裹,储存时应搭棚避免直接日晒雨淋,以防止环氧在紫外线作用下老化,储存期一般不宜超过3个月,堆放地面应平整牢靠,并用木方垫起。

②加工

加工弯曲切割的环氧涂层钢筋时,环境温度宜不低于5℃。钢筋弯曲机的心轴应套以"耐拉特龙"专用轴套或尼龙套管筒,加工台平板表面铺以布毡垫层;对直径$d \leqslant 20mm$的钢筋,弯曲直径不小于$4d$;对直径$d > 20mm$的钢筋,不小于$6d$且弯曲速率不宜大于$8r/min$。采用钢筋切断机或砂轮机切断环氧涂层钢筋时,在直接接触环氧涂层钢筋的夹持部位,同样应垫以缓冲材料,钢筋切断处及时采用专用环氧涂料进行修补。施工过程中更应注意,人、机械和环境,都不应碰伤、划伤、损坏钢筋表面的环氧涂层。

③连接与定位

直径小于20mm的钢筋尽量采用绑扎连接,绑扎采用专用的包胶铝丝(一般环氧涂层钢筋生产厂家可以提供)绑扎,钢筋搭接锚固长度不得小于相同等级和规格的无环氧涂层钢筋锚固长度的1.5倍,且不小于375mm。采用机械连接时,要用经过涂装的专用套筒、螺母进行连接,再根据专用修补材料的使用要求,对接口处受损环氧涂层进行修补。不允许与非环氧涂层钢筋间隔使用,防止两者间形成电连接而腐蚀;环氧涂层钢筋和非环氧涂层钢筋的架立筋必须采用环氧涂层钢筋来固定。安装就位后,施工人员不宜直接在其上面行走,并应避免将施工工具跌落砸坏环氧涂层。

④修补

a. 当任一点上的环氧涂层破损面积大于$25mm^2$,或1m长度内有3个以上的环氧涂层损伤点,或环氧涂层钢筋弯切段上有6个以上的环氧涂层损伤点时,不得修补、使用。

b. 混凝土浇筑前1天,应进行细致的检查以保证所有环氧涂层破坏均已经得到有效的修复。

c. 应在切断或损伤后2h内采用生产厂家提供的专用修补材料及时修补;修补前,应除尽已经剥离钢筋的环氧涂层和修补处钢筋的锈迹。

7.4.3.3 不锈钢钢筋施工

(1)不锈钢钢筋的包装

①不锈钢钢筋丝头应采用塑料保护套、胶带保护。

②不锈钢机械连接接头应加盖塑料保护帽,保护盖上应标有被连接钢筋的规格型号。接头应用纸箱或包装袋包装,并标明产品名称、规格、型号、数量、制造日期、产品批号、出厂日期、生产厂家,以便于分类运输、储藏和保存。

(2)不锈钢钢筋的运输与存放

①不锈钢钢筋在运输,装卸和存放过程中应尽量避免与普通碳钢或低合金钢接触,以免碳钢或低合金钢的粉粒嵌入不锈钢,导致表面锈斑,应避免直接接触盐、氧化钙、海水等氯化物。

②不锈钢钢筋吊装过程中,宜采用吊装带进行,不宜采用钢丝绳。不锈钢钢筋在运输过程中应避免锈蚀、污染和机械损伤。

③不锈钢钢筋必须按不同钢种、等级、牌号、规格、炉号分类堆存,不得混杂,且应设立识别标志。不锈钢钢筋中的钢筋支架、支垫应为不锈钢,若为碳钢应采用其他绝缘材料隔离。不锈钢钢筋宜堆置在仓库(棚)内,露天堆置时,应垫高并加遮盖。

(3)连接

①不锈钢钢筋的连接方式应符合设计要求。不锈钢钢筋连接应采用机械连接或采用绑扎搭接,不应采用焊接。

②绑扎接头的钢筋直径不宜大于28mm,对轴心受压和偏心受压构件中的受压钢筋可不大于32mm,轴心受拉和小偏心受拉构件不应采用绑扎接头。

③连接接头位置应符合以下规定:

a. 受力钢筋连接接头应设置在内力较小处,并错开布置。

b. 在同一根钢筋上宜少设接头。

c. 在连接接头长度区段内,同一根钢筋不应有两个接头。对于机械连接接头,接头长度区段为35倍钢筋直径,且不小于500mm;对于绑扎连接接头,接头长度区段为1.3倍搭接长度。

d. 接头末端至钢筋弯起点的距离,不应小于钢筋直径的10倍。接头不宜位于构件的最大弯矩处。

e. 同一接头区段内,纵向受力钢筋的接头面积百分率应符合表7-35的要求。

接头面积百分率 表7-35

接 头 型 式	接头面积百分率(%)	
	受 拉 区	受 压 区
主钢筋机械接头	≤50	不限制
主钢筋绑扎接头	≤25	≤50

注:装配式构件连接处的受力钢筋机械连接接头可不受此限制。

④机械连接应满足以下要求:

a. 不锈钢钢筋机械连接采用套筒墩粗滚轧直螺纹接头。接头材质与不锈钢钢筋相同。

b. 机械连接接头的混凝土保护层厚度满足设计要求,且不得小于20mm。

c. 机械连接接头之间及接头与钢筋之间的横向净间距不宜小于25mm。

d. 安装接头时可用管钳扳手拧紧,应使钢筋丝头在套筒中央位置相互顶紧。标准型接头安装后的外露螺纹不宜超过2倍螺距。

e. 安装后用扭力扳手校核拧紧扭力矩,拧紧扭力矩符合表7-36的要求。校核用扭力扳手的准确度级别应选用10级。

直螺纹接头安装时最小拧紧扭力矩　　　　　　　　　　　　表 7-36

钢筋直径(mm)	≤16	18~20	22~25	28~32	36~40
拧紧扭矩(N·m)	100	200	260	320	360

⑤绑扎连接应满足以下要求：

a. 绑扎钢丝采用直径 1.2mm 柔软的不锈钢丝，钢号与不锈钢钢筋相同。

b. 受拉钢筋绑扎接头的搭接长度符合表 7-37 的规定。

受拉钢筋绑扎接头的搭接长度　　　　　　　　　　　　表 7-37

混凝土强度等级钢筋类型	C25	高于 C25
搭接长度	50d	45d

注：1. 当带肋钢筋直径 $d \leq 25\text{mm}$ 时，其受拉钢筋的搭接长度应按表中值减少 5d 采用；当带肋钢筋直径 $d > 25\text{mm}$ 时，其受拉钢筋的搭接长度应按表中值增加 5d 采用。
2. 在任何情况下，纵向受拉钢筋的搭接长度不应小于 300mm。
3. 当混凝土在凝固过程中受力钢筋易受扰动时，其搭接长度宜适当增加。
4. 两根不同直径的钢筋的搭接长度，以较细的钢筋直径计算。

c. 受压钢筋绑扎接头的搭接长度，取受拉钢筋绑扎接头搭接长度的 0.7 倍，且不小于 200mm。

d. 钢筋的绑扎搭接接头在接头中心和两端用不锈钢钢丝扎牢。

e. 钢筋的交叉点的绑扎宜采取逐点改变绕丝方向的 8 字形方式交错扎结，对直径 25mm 及以上的钢筋，宜采取双对角线的十字形方式扎结。

f. 结构或构件拐角处的钢筋交叉点全部绑扎；中间平直部分的交叉点可交错绑扎，但绑扎的交叉点宜占全部交叉点的 40% 以上。

g. 钢筋绑扎时，除设计有特殊规定者外，箍筋与主筋垂直。

h. 绑扎钢筋的钢丝头不进入混凝土保护层内。

(4)安装

①不锈钢钢筋的级别、直径、根数、间距等应符合设计的规定。

②对多层多排钢筋，宜根据安装需要在其间隔处设立一定数量的架立不锈钢钢筋或短不锈钢钢筋，但架立钢筋或短钢筋的端头不应伸入混凝土保护层内。

③当钢筋过密影响到混凝土浇筑质量时，应及时与设计人员协商解决。

④钢筋与模板之间应设置垫块，垫块的制作、设置和固定符合下列规定。

a. 混凝土垫块具有足够的强度和密实性；采用其他材料制作垫块时，除满足使用强度的要求外，其材料中不含有对混凝土产生不利影响的成分。垫块的制作厚度不出现负误差，正误差不大于 1mm。用于重要工程或有防腐蚀要求的混凝土结构或构件中的垫块，宜采用专门制作的定型产品。

b. 垫块应相互错开、分散设置在钢筋与模板之间，但不应横贯混凝土保护层的全部截面进行设置。垫块在结构或构件侧面和底面所布设的数量不少于 3 个/m²，重要部位宜适当加密。

c. 垫块与钢筋采用不锈钢扎丝绑扎牢固,且其扎丝头不应进入混凝土保护层内。

d. 混凝土浇筑前,应对垫块的位置、数量和紧固程度进行检查,不符合要求时应及时处理,应保证钢筋的混凝土保护层厚度满足设计要求和本规范的规定。

⑤钢筋的安装位置偏差应符合表 7-38 的规定。

不锈钢钢筋安装位置的允许偏差 表 7-38

项 目			允许偏差(mm)
受力钢筋间距	两排以上排距		±5
	同排	梁、板、拱肋	±10
		基础、锚定、墩台、柱	±20
箍筋、横向水平钢筋、螺旋筋间距			±10
钢筋骨架尺寸	长		±10
	宽、高或直径		±5
绑扎钢筋网尺寸	长、宽		±10
	网眼尺寸		±20
弯起钢筋位置			±20
保护层厚度	柱、梁、拱肋		±5
	基础、锚定、墩台		±10
	板		±3

7.4.3.4 喷涂聚脲施工

喷涂聚脲弹性体前应对混凝土表面进行处理,清理主要针对混凝土表面的杂质和缺陷。表面处理后应达到以下要求:

①混凝土强度不低于结构设计要求的强度等级。

②确保所有的硅酸盐类杂质完全从混凝土表面冲洗掉,以保证聚脲涂层与混凝土底材的附着力。

③清除各种妨碍附着力的物质,如油污、脂肪、灰尘等,以使聚脲涂层与混凝土之间有良好的附着力。

④混凝土表面施工聚脲涂层失败的首要原因是水的影响,因此在喷涂聚脲施工前,必须检测混凝土中的含水率,正常情况下允许混凝土含水率为 3%~4%,最好少于 3%。

⑤混凝土表面平整、无缺陷。

混凝土清理后需涂覆专门的封闭底漆。涂覆封闭底漆的作用,一是封闭混凝土表面毛细孔中的空气与水分,避免聚脲涂层出现针孔、鼓泡的现象;二是提高聚脲涂层与混凝土之间的附着力。

使用喷涂机及用喷枪整体喷涂聚脲防腐涂料,连续喷扫直至所要求的厚度。

7.4.3.5 喷涂水基深层渗透密封型防水材料施工

喷涂水基深层渗透密封型防水材料前应对混凝土表面进行处理,清理主要针对混凝土表面的杂质和缺陷,杂质和缺陷处理完成后,用清水将试件表面的粉尘及污渍清洗干净。

喷涂水基渗透结晶型防水材料施工环境条件为:

①环境温度:4~35℃。

②混凝土表面温度:应为2~35℃,表面温度过高可先喷水降温。

③相对湿度:10%~90%。

喷涂水基深层渗透密封型防水材料的用量及施工工艺为:将水基深层渗透密封型防水材料充分摇匀后喷涂3遍(每遍相隔24h,第一遍喷涂前需湿润基层,但表面不得有明水),3遍总用量为400mL/m^2。

7.4.3.6 外加电流阴极保护预设措施施工

(1)参比电极的质量控制

ERE20参比电极本身的电位为+140~+180mV(vs. SCE)。每一个ERE20参比电极在出厂前都进行电位检验,并将结果标明在电极上,日后测量以该结果进行电位换算。ERE20参比电极的工作温度为-10~40℃。其内部电阻小于5 000Ω。

(2)电连接实施的质量控制

为了日后结构可实施外加电流阴极保护,必须确保每一个区内的钢筋是电连续的。将结构中必要的钢筋点焊或额外采用钢筋将所有混凝土中的钢结构进行电连接。

根据EN12696,可采用直流反极性电阻测量技术或直流电压测量技术检查任意两点钢筋的电连续性。

采用直流反极性电阻测量技术时,使用直流电阻测试仪测量两点间的电阻,然后翻转两测量探针再进行测量。若测量得到的电阻值小于1Ω表明钢筋是电连续的。

采用直流电压测量技术时,使用直流电压表测量两点间的电位差(电压),若电压小于1mV即表明电连续性符合要求。

所有的预埋钢构件需要与钢筋保持电连续性,同样采用以上方法检验其电连续性。

本章参考文献

[1] 日本土木学会.混凝土结构耐久性设计指南及算例[M].向上,译.北京:中国建筑工业出版社,2010.

[2] 中华人民共和国交通部.JTJ 275—2000 海港工程混凝土结构防腐蚀技术规范[S].

[3] 吴平,H. Geich.硅烷膏体浸渍剂在保护混凝土中的实际应用[J].混凝土,2003,10:62-65.

[4] 潘峻,陈龙,等.混凝土外加电流阴极保护系统的设计和施工[J].华南港工,2008,2:51-54.

[5] Pietro Pedeferri. Cathodic protection and cathodic prevention[J]. Construction and Building Materials, 1996,

10(5):391-402.

[6] 杨万里,吴笑容.环氧树脂涂层钢筋的技术原理、发展过程及国内外应用情况[J].水运工程,1999,309:1-7.

[7] P. E. A. Griffith, H. M. Laylor. Final Report of State Research Project #527: Epoxy Coated Reinforcement Study[R], 1999.

[8] B. S. Hamad, G. K. Jumaa. Bond Strength of Hot-Dip Galvanized Hooked Bars in High Strength Concrete Structures[J]. Constr Build Mate, 2008, 22 (10): 2042-2052.

[9] B. S. Hamad, J. A. Mike. Bond Strength of Hot-Dip Galvanized Reinforcement in Normal Strength Concrete Structures[J]. Constr Build Mate, 2005, 19 (4): 275-283.

[10] B. S. Hamad, G. K. Jumaa. Bond Strength of Hot-Dip Galvanized Hooked Bars in Normal Strength Concrete Structures[J]. Constr Build Mate, 2008, 22(6): 1166-1177.

[11] 张国学,吴苗苗.不锈钢钢筋混凝土的应用与发展[J].佛山科学技术学院学报(自然科学版),2006,24:10-13.

[12] M. C. García-Alonso, M. L. Escudero, J. M. Miranda, M. I. Vega, F. Capilla, M. J. Correia, M. Salta, A. Bennani, J. A. González. Corrosion Behaviour of New Stainless Steels Reinforcing Bars Embedded in Concrete[J]. Cem Concr Res, 2007, 37: 1463-1471.

[13] 袁焕鑫,望远清,石永久.不锈钢筋混凝土初探及应用前景[J].建筑科学,2011,27,5:101-105.

[14] C. M. Abreu, M. J. Cristobal etc. Galvanic coupling between carbon steel and austenitic stainless steel in alkaline media[J]. Electrochimica Acta, 2002, 47(13): 2271-2279.

[15] S. Qian, D. Qu. Galvanic Effect Induced by Coupling of Stainless Steel and Carbon Steel Reinforcements[R]. NRCC-49226.

[16] Gro Markeset, Steen Rostam and Oskar Klinghoffer. Guide for the use of stainless steel reinforcement in concrete structures[R]. Nordic Innovation Centre project-04118: corrosion resistant steel reinforcement in concrete structures, Project report 405, 2006.

[17] G. G. Clemeña. Resistances of A Stainless Steel-Clad Reinforcing Bar to Chloride–Induced Corrosion in Concrete[R].

[18] 王起才.混凝土中的钢筋阻锈性能试验研究[J].兰州铁道学院学报(自然科学版),2000,19(1):21-23.

[19] 朱焕忠.透水模板的应用[J].华南港工,1999,2:22-28.

[20] GHAIB, M. A. A. and GORSKI, J. Mechanical properties of concrete cast in fabric formworks[J]. Cement and Concrete Research, 2001, 31(10): 1459-1465.

[21] 傅立容.透水模板在盐田港三期工程中的应用研究[J].水运工程,2004,10:36-39.

[22] Price W. F., Widdows S. J. The effects of permeable formwork on the surface properties of concrete[J]. Mag Concrete Res, 1991, 43(155): 93-104.

[23] 朱燕,刘慧明.透水模板的试验研究[J].施工技术,2003,32(2):25-26.

[24] 黄微波.喷涂聚脲弹性体技术[M].北京:化学工业出版社,2005.
[25] 陈迺昌.聚脲弹性体喷涂技术在建筑及基础设施防护工程领域的应用[J].2008,46(11):42-46.
[26] 翁在龙,卓世伟,杨仲家,等.表面渗透封剂对混凝土特性影响之研究[J].防蚀工程,2002,26(3):181-190.
[27] 洪乃丰.钢筋混凝土基础设施的腐蚀与全寿命经济分析[J].建筑技术,2002,33(4):254-257.
[28] 吴海军,陈艾荣.寿命周期成本分析方法在桥梁工程中的应用[J].公路,2004,12:34-38.
[29] 国家经济贸易委员会.SY/T 0042—2002 防腐蚀工程经济计算方法标准[S].北京:石油工业出版社,2002.
[30] 中华人民共和国国家标准.GB/T 25826—2010 钢筋混凝土用环氧涂层钢筋[S].北京:中国标准出版社,2011.
[31] 中华人民共和国国家标准.GB/T 23446—2009 喷涂聚脲防水涂料[S].北京:中国标准出版社,2010.

第 8 章 耐久性监测

港珠澳大桥工程基于可靠度理论采用近似概率方法进行混凝土结构的耐久性设计,对混凝土结构应用长寿命海工高性能混凝土和附加防腐蚀相结合的联合保护措施,在工程施工中,制定和实施了质量严格、标准适宜的工程质量控制方法。从工程实施的效果来看,采取可靠的耐久性设计和严格的施工质量控制措施,对提高港珠澳大桥工程建造品质发挥了重要作用,为工程达到 120 年设计使用寿命奠定了基础。但港珠澳大桥地处亚热带南海海洋环境,属于强腐蚀环境,在这种环境中钢筋混凝土结构因海水腐蚀导致耐久性损伤结构破坏的现象十分严重[1-4]。面对如此恶劣的腐蚀环境,要保证港珠澳大桥 120 年设计使用寿命,除建设期采用的可靠设计和严格的质量控制措施以外,在运营期采取科学合理的维护也是工程达到设计使用寿命所必不可少的重要措施之一。

8.1 混凝土结构耐久性监测技术

科学合理的维护措施是建立在掌握结构耐久性健康状况的基础之上的。海水环境氯离子对钢筋混凝土结构的腐蚀是一个漫长渐变、由量变到质变的过程。所谓"上医治未病",科学的维护应该是预防结构发生腐蚀破坏,而不是等发现结构腐蚀破坏再采取维修维护措施,尤其像港珠澳大桥这样重要的标志性工程,应采取必要的耐久性监测,根据其耐久性监测结果对大桥的耐久性健康状况做出评估,及时采取合理的维护措施,只有这样,才能以经济的维护代价保证结构物达到设计的使用寿命要求。

为了掌握海水环境混凝土结构的耐久性状况,传统的方法是通过在实体构件上取芯或取粉,再在实验内对芯样或粉样进行化学分析侵入到混凝土内部的氯离子含量,借此来评估混凝土结构的耐久性状况,这种方法在海上操作实施难度大,会对实体构件造成局部破坏,尤其是受条件限制,不能实时掌握结构的健康状态,因此通过在施工期埋入耐久性监测传感器,实现对混凝土结构无损、实时监测是近些年来出现的耐久性监测新技术手段。混凝土耐久性监测技术,即采用一种专门的传感器,埋入混凝土内,在结构营运期可较准确的监测出氯离子渗透情况。做到在线、实时、无损监测,进行结构健康诊断。目前,混凝土耐久性监测主要基于电化学原理,包括半电池电位测量技术、宏电池电流测量技术、线性极化电阻测量技术等。

8.1.1 半电池电位技术

半电池电位技术通过在钢筋附近预埋参比电极,测量钢筋与参比电极之间的自然电位,对钢筋的锈蚀状态进行判断。测量时,仅需将具有高输入阻抗($>100\text{M}\Omega$)的电压表的负极与参比电极相连,正极与钢筋相连,便可获得钢筋的半电池电位(图8-1)。

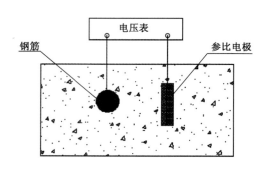

图8-1 钢筋的半电池电位测试原理图

半电池电位技术是目前最为成熟的技术,已写入各国规范。通过钢筋半电池电位可定性判定混凝土内钢筋的锈蚀状态。钢筋半电池电位与锈蚀状态的关系见表8-1。

钢筋半电池电位与锈蚀状态的关系　　　　表8-1

电位范围(V)			含　义
相对于饱和硫酸铜参比电极	相对于 Ag/AgCl 参比电极	相对于二氧化锰参比电极	
>-0.20	>-0.13	>-0.291	钢筋未发生腐蚀的可能性大于90%
$-0.20 \sim -0.35$	$-0.13 \sim -0.28$	$-0.291 \sim -0.441$	腐蚀不确定
<-0.35	<-0.28	<-0.441	钢筋发生腐蚀的可能性大于90%

ERE20是丹麦 Force Technology 公司研发的一种埋入式长寿命二氧化锰参比电极。该电极置于采用耐腐蚀材料制成的金属容器中,同时在容器内填充碱性的、无氯离子胶体,并采用添加了纤维的水泥制成的多孔塞密封容器前端。除多孔塞外,电极所有部分都用橡胶密封。二氧化锰是存在于地壳中的一种稳定的矿物,因此二氧化锰电极本身具有较长的使用寿命,是一种长效的参比电极。事实上 ERE20 的寿命主要由胶体电解质决定。直至目前,该电极已有30多年的使用经验。容器中胶体的 pH 值与一般混凝土内的模拟孔溶液的 pH 值相当,可减少离子在多孔塞中扩散引起的误差。

ERE20 参比电极在饱和 $Ca(OH)_2$ 溶液中的理论电极电位为 165mV(相对于饱和甘汞电极)。实际的电位一般为 150~200mV(相对于饱和甘汞电极)。厂家在每一个电极出厂前都会对电极的电位进行测试,并将电极的实际电位标明在电极上。

ERE20 参比电极可以用在暴露于氯化物或碳化环境中的潮湿或干燥混凝土中。ERE20 可用在新建结构中,在钢筋笼绑扎阶段进行预埋,也可在旧有结构中,通过钻孔的方式进行埋设。

半电池电位技术还可用于测量混凝土中氯离子浓度,测量预埋的 Ag/AgCl 电极与参比电极的电位,可反推 Ag/AgCl 电极处氯离子的含量。Ag/AgCl 电极与混凝土中的氯离子发生如下的电极反应:

$$AgCl + e^- \rightleftharpoons Ag + Cl^-$$

当反应达到平衡状态时,可以测得电极反应处于平衡态时的电极电位(相对于二氧化锰参比电极),根据能斯特方程就可以计算出混凝土中的氯离子浓度,能斯特方程的表达式如式(8-1)。

$$E = E_0 + \frac{2.303RT}{nF}\lg(c_{Cl^-}) \tag{8-1}$$

式中:E——Ag/AgCl 探针的电极电位;

E_0——标准状态下的电极电位;

R——气体常数;

T——绝对温度;

n——电荷转移个数;

F——法拉第常数;

c_{Cl^-}——电极处的氯离子含量。

8.1.2 宏电池电流测量技术

宏电池电流测量技术则需要在混凝土中预埋碳钢阳极与惰性金属阴极,并测量两者短接后电流大小,通过电流的变化判断钢筋的状态,采用该技术时,通常会埋设多个阳极在混凝土保护层不同深度中,通过监测不同深度下的阳极的状态,反应致蚀物质渗透的情况。

阳极梯(Anode Ladder)系统是由德国 Sensortec GMBH 研发生产的一种采用宏电池电流技术,可确定脱钝锋线位置的耐久性监测系统。对于处在富含氯离子环境中的混凝土结构,脱钝锋线也即临界氯离子浓度锋线。阳极梯系统包括预埋在混凝土中的传感器、测量电缆、终端测试盒及采集耐久性数据的专用读数仪。其传感器由阳极梯、阴极、钢筋连接以及温度探头四部分组成(图 8-2)。

阳极梯共有 6 根由普通碳钢制成的阳极(分别为 A1,A2,……,A6)。各阳极固定在不锈钢支架上,形成梯子状,各阳极与支架电绝缘。支架一端有一不锈钢固定条,以两螺栓与支架相连。阳极梯安装在钢筋笼的外侧(即混凝土保护层中),通过调整螺栓可使阳极梯倾斜不同角度,实现 6 根阳极埋设在混凝土保护层的不同深度内。阳极的主要作用是确定脱钝锋线的位置。钢筋连接与结构的钢筋电连接，主要作用是监测钢筋腐蚀状态。阴极由惰性金属制成，是测量过程中的辅助装置。在监测过程中阴极将与阳极或钢筋连接构成腐蚀电池。此外阳极梯系统内还配备温度探头，可测量其所在区域的温度。

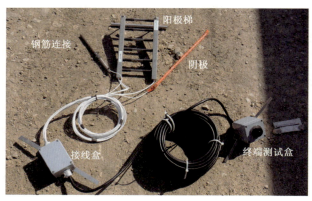

图 8-2 阳极梯系统

混凝土浇注后，阳极会逐渐变为钝化态。随着氯离子的渗透，临界氯离子浓度锋线以一定规律从混凝土表面向内部移动。在这过程中，6 根被置于混凝土保护层不同深度中的阳极，会由外往内一根一根地从钝化状态变成活化状态。测量由阳极与阴极构成的腐蚀电池电化学参数（包括电位以及电流），可判断阳极是处于钝化状态还是活化状态，从而确定临界氯离子浓度锋线在混凝土中的位置。进一步描绘出临界氯离子浓度锋线位置与时间的关系，可得到临界氯离子浓度锋线移动的速度，进而预测其抵达钢筋表面的时间（图 8-3）。

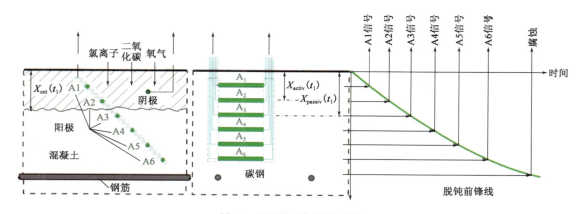

图 8-3 阳极梯工作原理示意图

丹麦 Force Technology 公司也研发了基于宏电池电流技术的监测系统 Corrowatch。

8.1.3 线性极化电阻技术

线性极化电阻测量技术则在混凝土内埋设三电极（碳钢阳极、惰性金属阴极以及参比电极），通过对阳极施加不同的恒定电位，测量流过的电流，可得到测量阳极的线性极化电阻，通过电阻的大小判断钢筋的腐蚀状态,并得到钢筋锈蚀速率。

ECI(Embedded Corrosion Instrument)是由美国 Virginia Technologies Inc. 生产的采用了线性极化电阻技术的多功能耐久性监测系统。

ECI 传感器主要由钢筋电极、不锈钢辅助电极、MnO_2 参比电极、$Ag/AgCl$ 氯离子探针、用于测量混凝土电阻率的 4 个不锈钢 316L 电极探针和温度探针组成(图 8-4)。

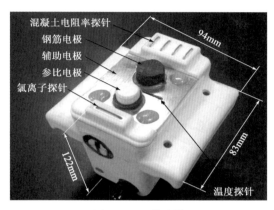

图 8-4　ECI 传感器

除包含以上电极、探针外,ECI 传感器内还有一信号处理芯片,将各探针的监测模拟信号转换成数字信号。传感器与读数仪的通信采用数字信号,大大减少了电磁干扰,可以得到更高的信噪比以及更为准确和重复性更高的测试结果。另外其传感器内部还集成了模拟电解池,用于系统的自检,判别系统的完好性。

ECI 主要功能见表 8-2。其中氯离子浓度监测、腐蚀速率监测为主要的耐久性监测参数,由于这些参数受温度、混凝土内含水量等影响较大,因此 ECI 还具备测量混凝土电阻率及温度等参数的功能,便于对耐久性监测数据的修正。

ECI 主要功能　　　　表 8-2

功　　能	所用的探头	监　测　值
氯离子浓度监测	1 个 Ag/AgCl 电极,1 个 MnO_2 参比电极	氯离子电位
腐蚀速率监测	1 个碳钢电极,1 个 MnO_2 参比电极 (与氯离子浓度监测共享),1 个辅助电极	开路电位和线性极化电阻
混凝土电阻率监测	4 个不锈钢 316L 电极	混凝土电阻率
混凝土内温度监测	1 个温度传感器	温度
自检	模拟电解池	电压、电流

目前,基于不同技术的耐久性监测系统在世界各地都得到了应用。但无论采用哪种技术,除了数据真实性外,传感器自身的耐久性也是人们一直关注的焦点。虽然大多传感器都偏于采用耐蚀性相当高的材料,但由于传感器使用时间较短,其真实效果仍未有定论。

近些年来,国内不少单位也开展了相关的技术研究,并已形成具有自主知识产权的耐久性监测传感器系统,但在产品的稳定性、受环境的干扰性能方面尚与国外产品有一定距离。随着未来对耐久性维护的重视和工程建设的需要,有必要进一步开展混凝土结构耐久性监测传感器系统的研制,提高耐久性监测产品的性能和稳定性,推动我国耐久性监测技术水平的不断进步。

8.2 混凝土结构耐久性监测传感器系统的研制开发

8.2.1 监测系统的构成

耐久性监测系统主要由埋入式多功能传感器、数据采集与传输设备和数据采集与分析软件构成,如图 8-5 所示。埋入式多功能传感器集成了钢筋电极、辅助电极、参比电极、氯离子探针和 pH 值探针,可以实现对钢筋腐蚀电、腐蚀速率、氯离子浓度和 pH 值的实时监测。数据采集与传输设备采用 NI 的数据采集模块,并可实现数据的有线和无线传输。数据采集与分析软件集数据的采集、分析、处理、耐久性状况预警等功能于一身。

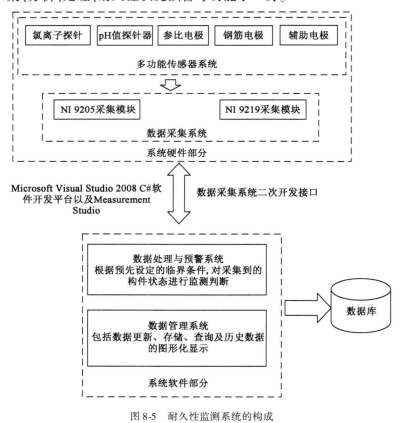

图 8-5 耐久性监测系统的构成

8.2.2 预埋式多功能传感器的开发

预埋式多功能集成传感器由氯离子探针、pH 值探针、参比电极、钢筋电极和辅助电极 5 个监测单元组成,是整个系统中最为关键的组成部分,其性能和使用寿命直接决定了整个系统的性能和使用寿命。下面就对各个监测单元研制开发情况进行介绍。

8.2.2.1 Ag/AgCl 凝胶参比电极

参比电极是混凝土结构耐久性监测传感器最为核心的原件,参比电极的性能直接决定了耐久性监测结果的稳定性和可靠性。目前,用于混凝土结构的可埋入式参比电极的研究较少,主要有 Mn/MnO_2 参比电极、Mo/MoO_3 参比电极和 Ag/AgCl 参比电极,其中,Ag/AgCl 参比电极因其价格便宜,电位稳定性好,电极电位受温度、电解液流失和外部离子污染的影响小,而在混凝土结构中受到广泛关注[6]。本课题选用 Ag/AgCl 参比电极作为混凝土结构耐久性监测传感器的参比电极。Ag/AgCl 参比电极主要由 Ag/AgCl 电极、内部电解质、参比电极外壳和微孔陶瓷和链接电缆组成。

(1) Ag/AgCl 电极的制备

Ag/AgCl 电极的制备方法主要有压粉法、热浸涂法和电化学方法等[7]。压粉法是将 Ag 粉和 AgCl 粉均匀混合后,放入模具中经挤压制成 Ag/AgCl 电极[8-10];热浸涂法是将 Ag 丝插入熔融的 AgCl 熔盐,拔出后在空气中冷却后制成 Ag/AgCl 电极[11];电化学方法是将 Ag 丝放入 HCl 溶液中,通过外部施加恒定的电流,使 Ag 丝表面发生电化学反应,在 Ag 丝表面形成一层 AgCl 膜从而制成 Ag/AgCl 电极[12]。电化学方法相对其他的制备方法,制作工艺简单,制作成本低廉,性能良好。因此,研究中采用电化学方法制备 Ag/AgCl 电极。

将尺寸为 $\phi 3 \times 80mm$ 的棒状纯 Ag(99.99%)与铜电缆的铜丝焊接后用环氧树脂对焊接处进行密封,以防止电偶腐蚀的发生。Ag 棒经 600 号砂纸均匀打磨后,放入丙酮溶液中除去表面的油污,用水清洗后放入 5% 的硝酸溶液中 1min 以除去表面的氧化物,再将银棒放入酒精中用超声波进行清洗。将清洗后的银棒放入电解池中,银棒作为阳极,MMO 钛基混合金属氧化物作为阴极,饱和甘汞电极作为参比电极,采用 PAR2273 电化学工作站,以 $1mA/cm^2$ 的电流密度在 $0.1mol/L$ 的 HCl 溶液中阳极极化 1 小时制得 Ag/AgCl 电极。图 8-6 为采用阳极氯化法制备的 Ag/AgCl 电极,制成的 Ag/AgCl 电极呈黑紫色,经肉眼观察无缺陷后将其放入 $0.1mol/L$ 的 KCl 溶液中待用。

(2) 凝胶电解质的制备

参比电极的使用寿命决定了所研制的传感器的使用寿命,参比电极的使用寿命主要取决于内部电解质的流失速度,内部电解质的流失速度越慢,参比电极的使用寿命就越长[5]。常用的参比电极的内部电解质多为液体,液体电解质的流动性好,电阻率小,离子迁移快,所以电解质的流失较快,严重影响了参比电极的使用寿命。采用固态的胶凝电解质,其流动性差,电阻率较大,离子迁移速度慢,从而有效降低了电解质的流失,提高了参比电极的使用寿命。

目前,琼脂是最常用的凝胶电解质制备材料[13],另外还有用树脂来制备凝胶电解质(如脲醛树脂)[14]。混凝土结构具有较长的服役寿命和高碱性,因此,对应用于混凝土结构的参比电极的凝胶电解质必须具有高的长期化学稳定性和耐碱性。琼脂和脲醛树脂的长期化学稳定性和耐碱性方面难以满足,需要寻求化学稳定性高,耐碱性好的凝胶电解质材料。甲基纤维素类材料具有良好的吸水性,并在常温下可呈胶凝状,在建筑施工和建筑材料中得到广泛应用。在本课题研究中选择甲基纤维素作为凝胶电解质的制备材料。

配制 0.5mol/L 的 KCl 溶液,将配得的溶液加热到 70~100℃,再向热的溶液中加入甲基纤维素胶凝材料,按每 10~15mL 溶液加入 1g 甲基纤维素胶凝材料进行添加,慢慢搅拌均匀后,在空气中冷却至室温即可制得凝胶电解质。图 8-7 为制得的甲基纤维素凝胶电解质,可见,采用甲基纤维素制备的凝胶电解质的凝胶效果良好,可以很好地抑制离子的迁移速度,降低电解质的流失,提高参比电极的使用寿命。

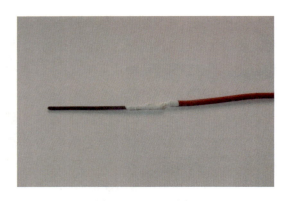

图 8-6　Ag/AgCl 电极

图 8-7　甲基纤维素胶凝电解质

(3)参比电极外壳及半透膜

参比电极要埋于混凝土中,这要求参比电极的外壳材料必须具有高的强度、高的耐碱性和长的化学稳定性。本课题研究中,参比电极的外壳采用聚四氟乙烯(又称塑料王),聚四氟乙烯具有高的耐碱性、长的化学稳定性和高的强度,作为工程塑料得到广泛应用。

在电化学测量中,参比电极必须与被测量对象构成一个电流回路,才能为被测量对象提供参考电位,因此,参比电极的内部电解质与外部环境可实现离子的传输。为减小内部电解质的流失速率和外部离子的污染,提高参比电极的电极电位稳定性和使用寿命。在本参比电极研制中采用硅藻土微孔陶瓷作为半透膜实现内外电解质的流通,有效地控制了内部电解质的流失速率,提高了参比电极的使用寿命。硅藻土微孔陶瓷的孔径约为 0.2um,气孔率约为 80%。

(4) 装配与封装

加工一个长度为 100mm、一端带螺纹的聚四氟乙烯套管,套管的外径为 16mm,内径为 12mm。将 $\phi12\times10$mm 的微孔陶瓷半透膜的侧面均匀涂上环氧树脂后,装入聚四氟乙烯带螺纹的一端,并使微孔陶瓷半透膜的外端面与套管带螺纹一端的端面在同一水平面,环氧树脂固化后即可实现微孔陶瓷半透膜和套管之间的密封和紧固。制备甲基纤维素凝胶电解质,在电解质胶凝前将其注入聚四氟乙烯套管中,待凝胶电解质胶凝后将焊接有铜电缆的 Ag/AgCl 电极沿套管中心线插入,再用环氧树脂对套管的开口端以环氧树脂密封,环氧树脂固化后即可制得 Ag/AgCl 参比电极。同时,为减少储存期间参比电极内部电解质水分的挥发和微孔陶瓷半透膜的损坏,在半透膜的一端用聚四氟乙烯帽进行保护。Ag/AgCl 参比电极的实物图如图 8-8 所示。

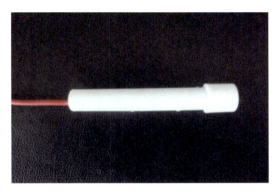

图 8-8 Ag/AgCl 参比电极

(5) Ag/AgCl 凝胶参比电极的性能评价

参比电极是耐久性监测传感器的核心元件,参比电极性能的好坏直接决定了监测传感器监测结果的可靠性和准确性。为此,对所研制的参比电极的性能进行了研究,主要考察其电极电位的稳定性、重现性、温度对电极电位的影响、参比电极的抗极化能力、电解液流失和外部离子污染对电极电位的影响。

①Ag/AgCl 参比电极在模拟孔液中的电极电位稳定性和重现性

任何一个电极的电极电位都存在绝对值,但是在实际的电化学测量中无法测得电极电位的绝对值,在测量电极电位时都是测量相对于某一参考电位(参比电极的电极电位)的相对值,因此,参比电极的电极电位的稳定性对电极电位的测量结果具有重要的决定作用。参比电极的电极电位的稳定性是考察参比电极性能的最主要指标。25℃时,Ag/AgCl 参比电极在饱和氢氧化钙溶液中的电极电位随时间的变化曲线如图 8-9 所示。在 1 个月的实验周期内,Ag/AgCl 参比电极的电极电位的波动范围不超过 10mV,参比电极的电位稳定性良好;采用相同制备工艺和材料,30d 内,不同参比电极的电极电位之间的最大差值仅为 10mV,所研制的参比电极具有良好的电极电位重现性。

混凝土模拟孔液可以较好地模拟混凝土的 pH 值和主要的离子,尚不能代表真实的混凝土环境特征,实际的混凝土环境要比模拟孔液复杂得多。虽然,Ag/AgCl 凝胶参比电极在模拟混凝土孔液中具有优良的电极电位稳定性,这并不代表在混凝土中就一定具有优良的电极电位稳定性。因此,需要考察所研制的参比电极在实际混凝土环境中的电极电位稳定性。图 8-10 是 Ag/AgCl 凝胶参比电极在混凝土中的电极电位随时间的变化曲线。在 100d 内,所研制的参比电极的电极电位相对于饱和甘汞电极,其电极电位的波动范围仅为 10.1mV,Ag/AgCl 凝胶参比电极在混凝土中同样具有优良的电极电位稳定性,可以预埋于混凝土中用于钢筋腐蚀的监测。

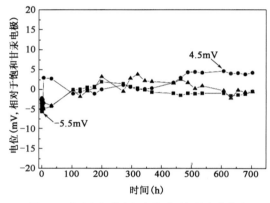

图 8-9 参比电极的电极电位随时间的变化曲线

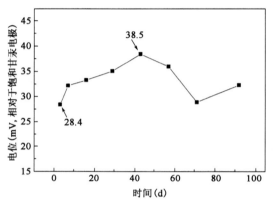

图 8-10 Ag/AgCl 凝胶参比电极在混凝土中的电极电位稳定性

②Ag/AgCl 参比电极的电极电位的温度影响

根据能斯特方程,温度会对参比电极的电极电位稳定性产生影响,从而影响被测量对象电极电位测量的准确性。为了保证测试结果的准确性,要求参比电极应具有较小的温度系数,即参比电极的电极电位受温度的影响较小。图 8-11 是所研制的 Ag/AgCl 参比电极在不同温度下,电极电位与温度的对应关系。当温度从 45℃降低到 30℃时,Ag/AgCl 参比电极的电极电位从 0mV 下降到 -4.9mV,参比电极的电极电位温度系数为 -0.33mV/℃,电极电位的温度影响系数很小,研制开发的 Ag/AgCl 参比电极的电极电位受温度变化的影响不大。

③电解质流失对 Ag/AgCl 参比电极的电极电位的影响

由于参比电极在测试过程中必须与所测量的体系构成一个回路,参比电极的内部电解质须通过微孔陶瓷半透膜和外部的测试体系进行流通,内部电解质的流失不可避免。对于用于混凝土结构的埋入式参比电极具有内部电解质不可更换和使用寿命长的特点,因此,要求参比电极的电极电位受内部电解质的流失影响不大,这样在长时间的测量过程中,即使存在电解质的流失,也可为测试体系提供一个较为稳定的参考电位。因此,配置浓度分别为 0.5mol/L、

0.1mol/L和0.05mol/L的KCl溶液,将Ag/AgCl电极分别置于三种不同浓度的KCl溶液中,测量其电极电位。图8-12为Ag/AgCl电极在不同浓度KCl溶液中的电极电位(相对于饱和甘汞电极),KCl的浓度从0.5mol/L降低到0.05mol/L时,Ag/AgCl电极的电极电位从50mV降低到10mV,KCl的浓度降低了一个数量级,Ag/AgCl电极的电极电位仅降低了约40mV,可见,Ag/AgCl参比电极的电极电位受内部电解质流失的影响不大。

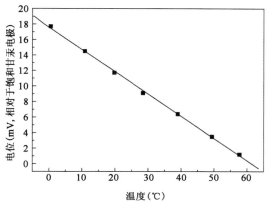

图8-11 参比电极的电极电位随温度的变化曲线

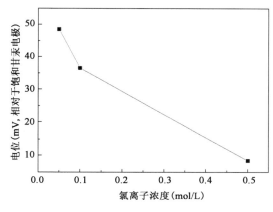

图8-12 电解液流失对电极电位的影响

④外部离子污染对Ag/AgCl参比电极的电极电位的影响

埋于混凝土中的参比电极在服役过程中,混凝土中的离子会通过半透膜扩散进入参比电极内部,污染参比电极的内部电解质。混凝土的环境为高碱性环境,OH^-成为污染参比电极内部电解质的最主要离子,由于用于混凝土结构的埋入式参比电极具有内部电解质不可更换和使用寿命长的特点,因此,要求参比电极的电极电位受OH^-的影响较小,这样在长时间的测量过程中,即使存在外部离子的污染,也可为测试体系提供一个较为稳定的参考电位。因此,分别配置浓度为0.5mol/L KCl、0.5mol/L KCl+0.05mol/L NaOH和0.5mol/L KCl+0.1mol/L NaOH三种溶液,研究不同OH^-浓度对参比电极的电极电位的影响,表8-3为所研制的Ag/AgCl电极在0.5mol/L KCl+不同NaOH浓度的溶液中的电极电位(相对于饱和甘汞电极),NaOH的浓度从0mol/L增加到0.1mol/L时,Ag/AgCl电极的电极电位波动范围为3.7mV,可见,Ag/AgCl参比电极的电极电位受OH^-污染的影响很小。

外部离子污染对参比电极的电极电位的影响 表8-3

溶液体系	0.5mol/L KCl	0.5mol/L KCl + 0.05mol/L NaOH	0.5mol/L KCl + 0.1mol/L NaOH
电极电位(mV)	8.5	6.1	5.8

⑤参比电极的极化性能

当电极上有外电流通过时,电极的电极电位偏离平衡电位,称之为极化。对于可逆电极,开路电位就是其平衡电位,外电流通过电极时,电极电位与平衡电位之差为电极在该电流密度下的过电位。通过电极的电流密度不同,电极的过电位也不同。参比电极极化性能代表了电极在有电流条件下的电位偏移和参比电极的平衡可逆性,参比电极是可逆电极体系,可逆性好且不易极化是其基本要求,在有电流通过时,电极电位不会产生大的漂移,且在断电后能够恢复到原来的状态。一般地在测量过程中,控制电极上都有微量电流通过,长期流经参比电极的电流在 10μA 左右。图 8-13 和图 8-14 分别为 Ag/AgCl 参比电极的恒电流阳极极化曲线和阴极极化曲线,Ag/AgCl 参比电极经 8h 的恒电流阳极极化后电极电位的极化值约为 15mV,阴极极化后的电极电位极化值约为 −30mV,其电极电位的极化值要高于《船用参比电极技术条件》(GB/T 7387—1999),这主要是因为本课题所研制的参比电极中电极的表面积要小于该标准中的电极的表面积,因此,在施加相同电流的情况下,电极表面的电流密度要大于标准中的电极表面的电流密度,若在相同的电流密度下,经推算,所研制的参比电极的电极电位极化值不会超过 5mV,所以,所研制的参比电极在有电流的情况下电位偏移不大,参比电极的具有较好的可逆性。

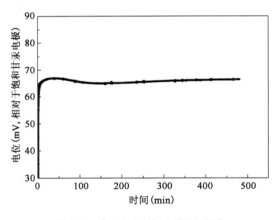

图 8-13 参比电极的恒电流阳极极化

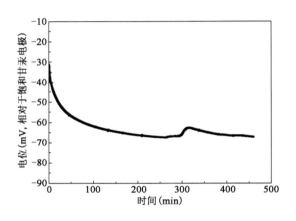

图 8-14 参比电极的恒电流阴极极化

8.2.2.2 氯离子探针

氯离子侵入诱发钢筋锈蚀是海工混凝土结构耐久性劣化的最主要原因,监测混凝土中的氯离子浓度对了解其耐久性健康状况具有重要的价值。

(1)氯离子探针的制备

氯离子探针为 Ag/AgCl 电极,其制备方法和过程与参比电极中 Ag/AgCl 电极的制备过程和方法一致。

(2)氯离子探针的性能评价

Ag/AgCl 氯离子探针的工作原理如下[15]:

$$AgCl + e \leftrightarrow Ag + Cl^-$$

该电极反应的电极电位可根据能斯特方程进行计算,如式(8-2):

$$E = E_0 + \frac{2.303RT}{nF}\lg[c_{Cl^-}] \tag{8-2}$$

式中:E——电极电位;

E_0——标准状态下的电极电位;

R——气体常数;

T——表示绝对温度;

n——电荷转移个数;

F——法拉第常数;

c_{Cl^-}——氯离子含量。

根据式(8-3),只要测出 Ag/AgCl 氯离子探针在不同氯离子浓度下的电极电位,就可以计算出具体的氯离子浓度,因此,电极电位的测量准确程度决定了氯离子浓度的测量准确程度。图 8-15 给出了 Ag/AgCl 氯离子探针在不同氯离子浓度(3mol/L、2.5mol/L、2mol/L、1.5mol/L、1mol/L、0.5mol/L 和 0.1mol/L 的 NaCl 溶液)中的电极电位,从图中可以看出:Ag/AgCl 氯离子探针的电极电位与氯离子浓度的对数呈很好的线性关系,表明所研制的 Ag/AgCl 氯离子探针的性能良好,能较精确的探测出混凝土的氯离子浓度。

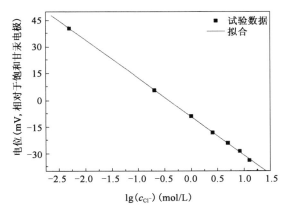

图 8-15 Ag/AgCl 氯离子探针的电位与氯离子浓度的对应关系

8.2.2.3 pH 值探针的制备及性能研究

除氯离子侵入诱发钢筋的锈蚀外,混凝土碳化也是引起钢筋锈蚀的主要因素,因此,实时获得混凝土中的 pH 值变化情况对掌握钢筋的腐蚀情况同样十分重要。

(1)pH 值探针的制备

pH 探针一般由耐蚀金属-金属氧化物组成,常用的耐蚀金属有 Ti、Zr、Ir、W、Ru 和 Ta 等,本课题采用 Ti 作为基体金属,通过氧化在 Ti 表面形成铱的金属氧化物制成 Ti – TrO$_2$pH 探针。具体制备过程如下所述:

将 $\phi 2 \times 40mm$ 的棒状纯钛(99.99%)用 600 号砂纸打磨后放入 10% 的 NaOH 溶液中煮沸并保持 5min,然后再放入浓 HCl 中煮沸并保持 10min,取出后经用二次蒸馏水清洗后放入无水乙醇中备用。

配制 1g/L 的六氯铱酸铵溶液,将备用的钛棒浸入六氯铱酸铵溶液中蘸涂均匀后置于 $75\pm1℃$ 的箱式电阻炉中烘 0.5h,重复 3~5 次,再以 10℃/min 的升温速度加热到 $720℃\pm5℃$,并恒温 0.5h,然后随炉冷却至室温,制得 Ti/IrO_2 探针,探针的一端与铜电缆焊接后对焊接处进行密封,将制得的 Ti/IrO_2 探针放入饱和 $Ca(OH)_2$ 溶液中老化 28d 即制得 pH 值探针,图 8-16 为研制的 pH 值探针。

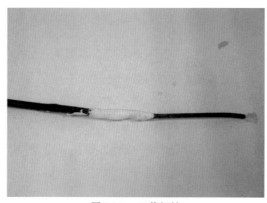

图 8-16 pH 值探针

(2)pH 值探针的性能评价

$Ti-TrO_2$pH 探针的工作原理与氯离子探针相似,$Ti-TrO_2$pH 探针的工作原理如下:

$$TrO_2 + H^+ + e \rightleftharpoons \frac{1}{2}Tr_2O_3 + \frac{1}{2}H_2O$$

该电极反应的电极电位可根据能斯特方程进行计算,如式(8-3):

$$E = E_0 + \frac{2.303RT}{nF}\lg[H^-] = E_0 + \frac{2.303RT}{nF}pH \qquad (8-3)$$

式中的符号的含义与公式(8-2)的一致。

根据式(8-3),只要测出 $Ti-TrO_2$pH 探针在混凝土中的电极电位,就可以计算出混凝土中的 pH 值,因此,电极电位的测量准确程度决定了 pH 值的测量准确程度。图 8-17 给出了 $Ti-TrO_2$pH 探针在不同 pH 值的 NaOH 溶液中的电极电位,$Ti-TrO_2$pH 探针的电极电位与溶液的 pH 值呈很好的线性关系,表明所研制的 $Ti-TrO_2$pH 探针的性能良好,能较精确的探测出混凝土的 pH 值。

8.2.2.4 传感器的封装

(1)封装要求

①避免各监测信号之间的相互干扰。

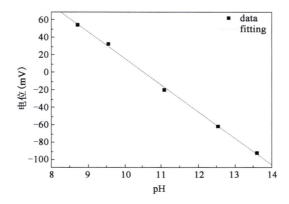

图 8-17 pH 值探针的电极电位随 pH 值的变化曲线

②混凝土体系为高阻体系,传感器装配是必须尽量减少体系电阻对测量结果的影响。

③在进行钢筋腐蚀速率测试时,必须保证电力线分布均匀,避免发生缝隙腐蚀。

(2) 解决措施

①避免各监测单元监测回路之间的相互重叠和采用具有滤波功能的采集仪以解决各监测单元监测信号的相互干扰。

②尽量减小钢筋电极和参比电极之间的距离已降低体系电阻。

③所有监测单元与传感器外壳之间的缝隙采用环氧树脂进行密封,以避免发生缝隙腐蚀。

(3) 传感器的封装

采用硬度高、耐蚀性好、与混凝土相容性好的尼龙制作一个长方形壳体,壳体上表面设有水平凹槽。将设有两个圆孔的辅助电极(316 不锈钢)平铺于传感器外壳上表面的凹槽内,采用环氧树脂将辅助电极固定于凹槽内。钢筋电极和参比电极采用螺纹连接的方式沿尼龙外壳的轴向安装固定于外壳内腔,其工作面露于外壳表面,并与辅助电极上表面维持在同一水平面。Cl^- 探针、pH 值探针安置于壳体上表面的水平凹槽内并用环氧树脂加以固定。所研制的多功能传感器的实物图如图 8-18 所示。

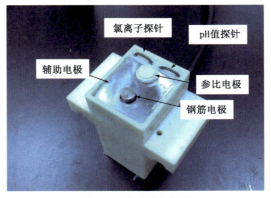

图 8-18 传感器实物图

8.2.2.5 传感器在混凝土中的监测效果

(1) 氯离子浓度监测

根据能斯特方程,当混凝土中的氯离子浓度增加时,氯离子探针的电极电位会逐渐降低。图 8-19 氯离子探针的电极电位随时间的变化趋势,前 20d,由于受混凝土水化的影响,氯离子探针的电极电位下降的较快,这主要受水化过程时混凝土内部的温度和湿度变化较大有关。20d 之后,氯离子探针的电极电位基本呈下降趋势。由于混凝土的高电阻率和固态的特性,其氯离子浓度需要经矫正后方可获得。

(2) pH 值监测

图 8-20 是 pH 值探针的电极电位随时间的变化关系,在所监测的时间范围内,pH 值探针的电极电位呈下降趋势,表明混凝土内部的 pH 值呈现上升的趋势。开始阶段,电极电位下降得比较明显,说明混凝土内部水化比较剧烈,pH 值上升较快,随着时间的延长,混凝土内部的水化逐渐趋于平和,pH 值的升高速率也变得比较平缓。

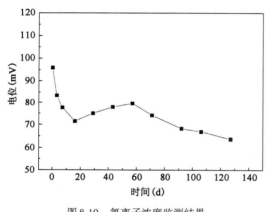

图 8-19 氯离子浓度监测结果

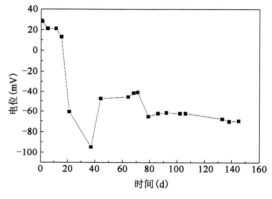

图 8-20 pH 值监测结果

(3) 钢筋腐蚀电位的监测

钢筋的腐蚀电位可以帮助我们判断钢筋的腐蚀状态。图 8-21 是钢筋腐蚀电位相对于内置的 Ag/AgCl 参比电极和外置的饱和甘汞电极的监测结果,钢筋的腐蚀电位相对于这两种参比电极呈现了良好的一致性,因此,用所研制的传感器监测得到的钢筋腐蚀电位具有较高的准确性。

(4) 钢筋腐蚀速率的监测

钢筋的腐蚀速率可以直接帮助我们评估钢筋的腐蚀状态。图 8-22 是钢筋腐蚀速率的监测结果,极化电阻值处于 $10^4 \Omega$ 数量级,结合电位的测试结果,钢筋仍处于钝化状态,尚未发生点蚀破坏。

8.2.2.6 工程试点应用

依托港珠澳大桥,将开发的耐久性监测传感器进行工程试点应用,为将来的推广应用提供支撑,图8-23为开发的耐久性监测传感器预埋与西人工岛岛桥结合部的混凝土箱梁保护层中。

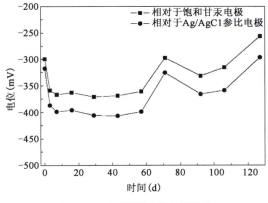

图 8-21　钢筋腐蚀电位监测结果

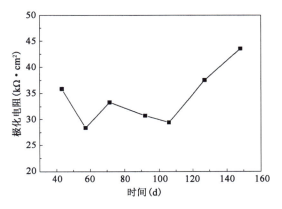

图 8-22　钢筋的腐蚀速率

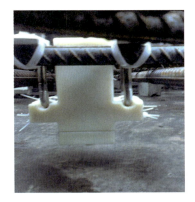

图 8-23　耐久性监测传感器的工程试点应用

8.2.3　数据采集与传输设备

数据采集仪器采用NI公司的NI WLS-9205无线数据采集平台,如图8-24所示。NI WLS-9205无线数据采集(Wi-Fi DAQ)设备通过结合IEEE 802.11g无线或以太网通信和灵活的NI-DAQmx驱动软件,实现简便易用且性能卓越的远程测量。每款设备具有32路单端或16路差分模拟输入、16位分辨率和250kS/s的最高采样率。每条通道具有±200mV、±1V、±5V和±10V可编程的输入范围。为了防止高共模电压和高压瞬态引起的噪声,NI WLS-9205模块还具有输入通道COM间达60VDC的过压保护,此外,具有1 000Vrms的瞬时过压保护。

每个CompactRIO I/O模块都具有内置式信号调理功能,包含螺栓端子、BNC或DSUB连接器。通过在模块上集成接线盒,CompactRIO系统大大降低了空间需求和现场布线成本。有各种I/O类型可供选择,如±80 mV热电偶输入、±10V同步采样模拟输入/输出、配有1A电流驱动的24V工业数字I/O、用于编码器的5V调节电源输出的差分/TTL数字输入以及250

Vrm 通用数字输入等。该模块的内置信号调理功能扩展了电压范围或工业信号类型,因而可将 CompactRIO 模块直接与传感器和激励器相连。

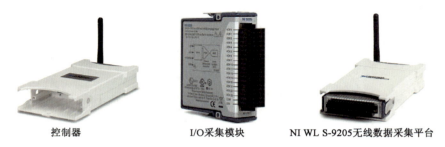

控制器　　　　I/O 采集模块　　　　NI WL S-9205 无线数据采集平台

图 8-24　无线数据采集平台

8.2.4　数据采集与在线监测系统软件开发与实现

系统的软件部分设计采用模块化结构,各功能模块相对独立,根据不同的工程结构,可方便地对各子模块进行改进或开发新的功能模块扩充系统。系统的集成采用美国 NI 公司的虚拟仪器开发软件 Measurement Studio 和 Microsoft Visual Studio 2008 C#作为开发平台,对采集的信号进行相关性等预处理,并与 Measurement Studio 自带的数学分析函数相结合对信号进行分析处理;采用大型的关系型数据库 SQL SERVER 2008 作为系统的中心数据库,实现了数据的存储、历史数据查询和数据输出等功能;操作系统采用 Windows XP。

8.2.4.1　氯离子含量监测

混凝土中的氯离子含量是影响混凝土耐久性的最重要参数,氯离子浓度的监测是通过多功能传感器中的氯离子探针来实现的。数据采集器采集到氯离子探针的电位信息,根据 Nernst 公式,就能够得到混凝土中的氯离子浓度,氯离子浓度监测的软件的基本功能和界面信息如图 8-25、图 8-26 和图 8-27 所示。

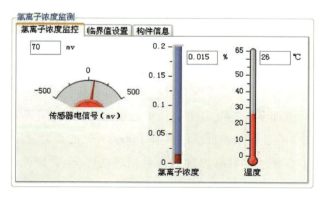

图 8-25　氯离子监控界面

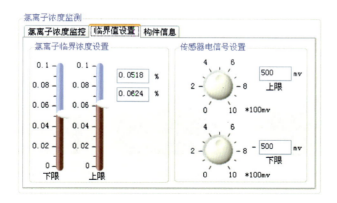

图 8-26 氯离子临界值设置界面

图 8-27 构件设置界面

8.2.4.2 pH 值监测

混凝土中 pH 值的变化也会影响混凝土结构的耐久性,混凝土中 pH 值的监测是通过 pH 值探针来实现的,其监测软件的功能及其界面如图 8-28 所示。

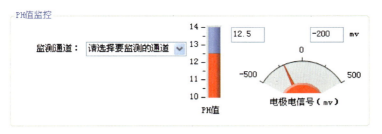

图 8-28 pH 值监控界面

8.2.4.3 钢筋腐蚀速率及腐蚀电位监测

混凝土中钢筋的腐蚀速率和自腐蚀电位是评估混凝土结构耐久性的重要参数,钢筋腐蚀速率的监测是通过设置三电极测试系统,用线性极化方法来实现的,腐蚀速率及自腐蚀电位监测的软件的功能和界面如图 8-29 所示。

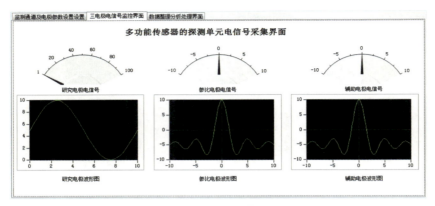

图 8-29　三电极传感器电信号监控界面

8.2.4.4　耐久性评估与预警

因钢筋锈蚀导致混凝土结构开裂是导致其耐久性劣化的最主要原因,通过实时监测影响混凝土结构耐久性的关键参数,及时评估混凝土结构的耐久性健康状况和剩余使用寿命,当钢筋脱钝时及时发出预警信息,这对保障混凝土结构物的安全运营至关重要。因此,在数据采集与在线监测系统软件中设置了耐久性评估与预警模块,及时掌握混凝土结构物的耐久性健康状况。耐久性评估与预警模块的界面如图 8-30 所示。

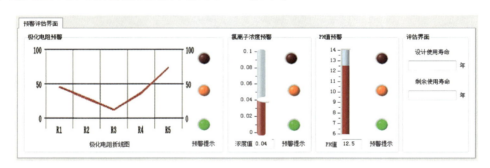

图 8-30　耐久性评估与预警界面

8.2.4.5　数据输出与管理模块

在数据采集与在线监测系统软件中设置了数据输出与管理模块,输出的数据可以以数据表格的方式,也可以是图形的形式。采集到的所有数据都存储到数据管理数据库中。

8.2.4.6　与现有监测系统的比较

本套耐久性监测系统与美国 VTI 公司的 ECI 监测系统的监测原理大致相同,但是相对于 ECI 耐久性监测传感器系统,本套系统根据实际应用的需要和成本考虑,做了很大的改进。本套系统不仅针对氯盐环境下的混凝土结构耐久性健康状况进行监测,还可针对受碳化影响的混凝土结构耐久性健康状况进行监测,参比电极体采用电位稳定性更好、经济型更好的 Ag/AgCl 参比电极。系统的软件中不仅包含了数据采集模块,还增加了数据处理和评估预警功能。两者的具体差异见表8-4。

耐久性监测系统的对比　　　　　　　　　　　　　表8-4

序号	ECI	自主研发	优　点
1	氯离子浓度、混凝土电阻率、钢筋腐蚀速率和腐蚀电位	氯离子浓度、pH值、钢筋腐蚀速率和腐蚀电位	自制传感器增加了pH值的监测,除了能用于受氯盐侵蚀的混凝土结构中,还可用于受碳化影响的混凝土结构中,如桥梁、隧道等;混凝土电阻率受混凝土、环境的温湿度的影响较大,难以用来评价混凝土的耐久性健康状况,因此,去除了混凝土电阻率探针,降低成本
2	采用Mn/MnO_2参比电极	采用$Ag/AgCl$参比电极	$Ag/AgCl$参比电极的电极电位稳定性和经济性都要优于Mn/MnO_2参比电极
3	软件仅能进行数据采集	数据采集、分析处理、耐久性评估和预警	增加了数据处理、耐久性评估和预警功能,更符合耐久性监测的最终目标
4	传感器内部将模拟信号转换成数字信号	在采集设备中将模拟信号转换成数字信号	通过采集设备将模拟型号转换成数字信号,可以对传感器的各个监测单元的运行情况进行检测,可以对参比电极的电极电位进行校准,甚至可以对参比电极进行更换
5	监测元件没有保护	监测元件置于凹槽中	对各监测元件有效保护,避免预埋安装和混凝土振捣过程中的损坏

8.3　港珠澳大桥混凝土结构耐久性监测设计

8.3.1　耐久性监测实施背景及意义

为保证港珠澳大桥混凝土结构120年的设计使用年限,在大桥混凝土结构耐久性设计施工阶段,国家科技支撑计划项目课题四"跨海集群工程混凝土结构120年使用寿命保障关键技术"开展了相关研究。所取得的耐久性设计施工成套技术成果,在建造阶段为港珠澳大桥实现120年使用寿命奠定了重要的基础。在耐久性设计方面,利用相似环境的混凝土耐久性暴露试验与工程调查试验数据开展概率统计分析,引入可靠度理论,建立结构材料性能与混凝土设计使用寿命之间的定量关系,确定满足120年使用寿命要求的耐久性控制指标。在耐久性施工方面,研究满足120年使用寿命要求的高耐久性混凝土配制、生产、施工、质量检验与验收等耐久性控制系列技术。此外,基于全寿命理论,对工程重要构件、关键部位研究采取了不同的防腐蚀措施。

但是,集岛、桥、隧等多种结构形式的港珠澳大桥,外海腐蚀环境恶劣,耐久性影响因素多,工程实际使用寿命尚存在许多不确定的因素。如基于理论计算和执行标准的设计和施工,在实施过程中难免会出现质量的波动和偏差;工程交付使用后,实体构件将受到结构荷载、环境腐蚀的交互影响,长寿命周期内的荷载和环境的多变性,可导致实际耐久性失效过程与设计阶段设定的耐久性劣化过程存在一定的差异。因此对耐久性要求高、使用寿命长的港珠澳大型跨海集群工程,除进行可靠的设计和实施严格的施工质量控制外,工程建成后的营运期内,尚应实时取得实体构件的耐久性数据,及时掌握结构耐久性随时间变化情况,修正和完善工程建设阶段的耐久性理论模型,以较准确预测剩余使用寿命和耐久性再设计,这也是保障大桥达到120年设计使用寿命的重要环节。

实时取得实体构件的耐久性数据的关键即是掌握实际结构混凝土中氯离子渗透的情况,传统的方法是采用对工程实体混凝土构件进行取芯或钻粉取样,经实验室测试分析混凝土中氯离子渗透情况。由于港珠澳大桥在外海,现场取芯或钻粉实施难度大,且在构件上钻孔,会对结构产生一定的损伤。虽然本工程也针对性地设置了暴露试验站,系统的研究结构、材料和环境对耐久性时变劣化工程的影响,但是由于暴露试件和现场实体构件有一定的差异,不能完全反应实际混凝土结构的耐久性状态。因此,要实时取得实际结构混凝土中氯离子渗透情况,必须采取专门的耐久性无损监测技术,长期连续监测实际构件混凝土中的氯离子渗透情况。

对港珠澳大桥混凝土结构实施耐久性监测,可以对大桥混凝土结构实行无损、长期连续的氯离子渗透及其分布监测,并结合钢筋腐蚀反应的极化电阻的监测给出实体工程中实测的钢筋腐蚀临界氯离子浓度。该耐久性专项监测项目是港珠澳大桥营运期混凝土结构耐久性评估和维护的重要组成部分,其重要意义体现在:

(1)通过对主体结构关键部位的混凝土结构实施无损远程耐久性监控,实时掌握营运期混凝土结构的耐久性状态。

(2)与本工程暴露试验站结合,有机构成港珠澳大桥耐久性维护技术体系,研究成果相互补充,从而进一步修工程建设阶段耐久性设计模型,完善海工混凝土结构耐久性寿命计算理论。

(3)可及时对混凝土结构耐久性劣化发展、剩余使用寿命做出科学预测,为营运期耐久性再设计和维护决策提供技术支撑。最终保证耐久性达到设计使用寿命,保障设计使用寿命内安全营运。

8.3.2 耐久性监测系统设计原则

混凝土耐久性监测主要理念是通过现场选取有代表的点进行无损的、连续的氯离子渗透浓度及其分布监测、并结合钢筋腐蚀反应的极化电阻的监测给出实体工程中实测的钢筋腐蚀临界氯离子浓度。因此对混凝土耐久性监测至少包括如下几点要求。

（1）监测混凝土中的氯离子浓度及其分布

通过预埋传感器定量监测混凝土中的氯离子浓度及其分布，减少在构件实体上大量取芯钻粉的有损检测步骤。

（2）监测混凝土中的温度

Ag/AgCl氯离子探针的电位变化跟温度有直接关系，因此监测氯离子浓度的同时，需监测混凝土温度。

（3）监测钢筋的脱钝时间和定量钢筋的腐蚀速率

通过电化学方法测试钢筋腐蚀反应的极化电阻，定量给出钢筋的腐蚀速率，结合测试的氯离子含量，给出实体工程中实测的钢筋腐蚀临界氯离子浓度。

（4）监测混凝土电阻率

通过电化学方法测试钢筋腐蚀反应的极化电阻，其测试值还包括混凝土的电阻，因此需监测混凝土电阻率。

（5）实时连续监测

配合使用数据采集仪，实现较高的数据采集频率，其大量的连续的数据可更全面的对混凝土耐久性进行评估。

耐久性监测点需针对所有的混凝土构件（主塔、承台、桥墩、箱梁和沉管），以保证监测数据的全面性。对同一类型的构件，如果所采用的混凝土（原材料和配合比）、施工工艺以及构件所处的环境相似，它们应具有相似的耐久性劣化过程，考虑到经济效益的问题，挑选有代表性的构件和区域进行布点监测。同一混凝土构件应布置在发生腐蚀最为严重的位置，同一构件处于同一腐蚀环境，选择腐蚀较为严重的位置进行监测点设置。

8.3.3 监测点及传感器布置

根据上述监测系统设置原则，传感器布点如下：

（1）监测结构物的选取

为保证监测数据的全面性，监测范围涵盖主体工程通航孔桥（青州航道桥、江海直达船航道桥以及九州航道桥）、非通航孔桥（深水区非通航孔桥和浅水区非通航孔桥）、东西人工岛连接桥和隧道（敞开段和沉管段）。

（2）监测构件的选取

对于结构物，根据结构形式选取腐蚀环境较为典型的构件进行监测。

青州航道桥选取现浇的主塔承台和塔柱进行监测；江海直达船航道桥选取现浇的主塔承台进行监测；九州航道桥选取现浇的主塔承台进行监测。

非通航孔桥选取桥墩进行监测，岛桥结合部桥梁选取混凝土箱梁进行监测。

(3) 航道桥和非通航孔桥监测位置的选择

同一混凝土构件应布置在发生腐蚀最为严重的位置,如主塔的承台既有水变区又有浪溅区,考虑水变区和浪溅区的保护层厚度相同,只监测处于浪溅区的部位。同一构件处于同一腐蚀环境,选择腐蚀较为严重的位置进行监测点设置,如大气区监测点设置在靠近大气区的下界进行监测点设置,浪溅区的监测点设置在设计高水位附近。

另外,港珠澳大桥地处伶仃洋海域,以东风和东南风为主,通航孔桥和非通航孔桥的桥墩东侧相对于其他侧腐蚀风险更大,腐蚀更为严重,因此,传感器预埋在靠珠海、澳门侧的桥墩的东侧,根据上述监测位置选择思路,选取了航道桥和非通航孔桥的布点位置。

(4) 岛桥结合部桥梁监测位置的选择

对于岛桥结合部桥梁箱梁的底部受拉应力作用,腐蚀风险较大,传感器预埋在箱梁的底部。

(5) 沉管监测位置的选择

对于深埋段沉管,因此监测位置选择在沉管的外表面。隧道敞开段的传感器预埋在侧墙。

除主塔桥墩16个传感器(E1~E16)在施工现场随现浇混凝土一同施工外,其余传感器均在预制场安装。

港珠澳大桥ECI监测点布置见表8-5。

ECI 监测点分布 表8-5

结　构	构　件	监测点高程(m)	传感器所处环境	传感器编号
青州航道桥	主塔(57号桥墩)墩身	+8.5	大气区	E1~E4
	主塔(57号桥墩)承台	+4.8	浪溅区	E5~E8
	辅助墩(58号桥墩)承台	+4.8	浪溅区	E53~E56
江海直达船航道桥	主塔(140号桥墩)承台	+4.8	浪溅区	E9~E12
九洲航道桥	主塔(207号桥墩)承台	+4.8	浪溅区	E13~E16
深水区非通航孔桥	107号桥墩墩身	+8.5	大气区	E17~E20
		+3.5	浪溅区	E21~E24
浅水区非通航孔桥	162号桥墩墩身	+3.5	浪溅区	E25~E28
东人工岛结合部桥梁	7号~8号墩之间的箱梁底	+5.5	浪溅区	E29~E32
西人工岛结合部桥梁	11号~12号墩之间的箱梁底	+5.5	浪溅区	E33~E36
	14号~15号墩之间的箱梁底	+9.0	大气区	E37~E40
沉管隧道	E18~S5外壁	—	内壁	E41~E44
	E18~S6外壁	—	外壁	E45~E48
	西岛敞开段OW4挡土墙内壁	—	大气区	E49~E52

对各监测点,在混凝土保护层不同深度设置4个监测单元,即每个监测点设置4个ECI传

感器,其中处于大气区的混凝土结构,4 个 ECI 传感器监测面距混凝土表面的距离为 12mm、25mm、37mm 和 50mm;沉管外壁及浪溅区的混凝土构件,传感器监测面距混凝土表面的距离为 15mm、30mm、45mm 和 60mm。各监测点布置传感器编号见表 8-5。同一监测点上,序号小的传感器靠近混凝土表面。

港珠澳大桥部分混凝土结构也采用了 Corrowatch 耐久性监测传感器,其监测点布置见表 8-6。

CorroWatch 监测点及传感器分布表 表 8-6

结　构	构　件	监测点高程(m)	传感器所处环境	传感器数量
青州航道桥	主塔(56 号桥墩)	-0.8	水位变动区	3
		+3.3	浪溅区	3
		+9.3	大气区	3
江海直达船航道桥	主塔(139 号桥墩)	-2.8	水位变动区	3
		-3.8	浪溅区	3
		+9.3	大气区	3
九洲航道桥	主塔(206 号桥墩)	-1.0	水位变动区	3
		+0.5	浪溅区	3
		+6.5	大气区	3
深水区非通航孔桥	143 号桥墩墩身	-1.0	水位变动区	3
		+0.5	浪溅区	3
		+6.5	大气区	3
浅水区非通航孔桥	210 号桥墩墩身	-1.0	水位变动区	3
		+0.5	浪溅区	3
		+6.5	大气区	3
沉管隧道	东西两端接头处及 E8、E17 和 E25 管节中部内表面	—	—	5

8.3.4　数据采集仪布置

为了避免传感器与数据采集仪之间的电缆连接过长,数据采集仪应尽可能靠近传感器。同时数据采集仪应避免日晒、雨淋,应放置在人员易于进入检修的地方。根据传感器的分布情况,ECI 系统采用 11 个数据采集仪。数据采集仪位置见表 8-7。

ECI 数据采集仪位置 表 8-7

结构物	构　件	传感器编号	数据采集仪编号	数据采集仪位置
青州航道桥	主塔(57 号桥墩)承台	E1~E8	D1	桥墩处箱梁内
	辅助墩(58 号桥墩)承台	E53~E56	D11	桥墩处箱梁内

续上表

结构物	构件	传感器编号	数据采集仪编号	数据采集仪位置
江海直达船航道桥	主塔（140号桥墩）承台	E9～E12	D2	桥墩处箱梁内
九洲航道桥	主塔（207号桥墩）承台	E13～E16	D3	桥墩处箱梁内
深水区非通航孔桥	107号桥墩墩身	E17～E24	D4	桥墩顶部箱梁内
浅水区非通航孔桥	162号桥墩墩身	E25～E28	D5	桥墩顶部箱梁内
东人工岛结合部桥梁	7号～8号墩之间的箱梁底	E29～E32	D6	箱梁内
西人工岛结合部桥梁	11号～12号墩之间的箱梁底	E33～E36	D7	箱梁内
	14号～15号墩之间的箱梁底	E37～E40	D8	箱梁内
沉管隧道	E18－S5外壁	E41～E48	D9	中央管廊内
	西岛敞开段OW4挡土墙内壁	E49～E52	D10	中央分隔带

CorroWatch系统数据采集仪位于传感器所在桥墩上箱梁内。

8.4 港珠澳大桥耐久性监测系统建立

一般而言，监测系统的安装都按照传感器、电缆、数据采集仪的顺序进行。当然，在安装过程中应设置检查点确认系统的状况，以保证传感器的成活率及系统的有效性。耐久性监测系统安装的工艺流程如图8-31所示。

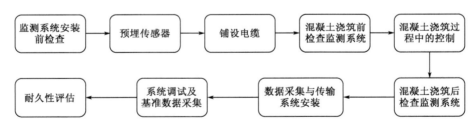

图8-31 耐久性监测系统的安装实施流程图

8.4.1 传感器的安装

为实现监测传感器在混凝土保护层中的精确安装，专为ECI设计了安装支架。支架以不锈钢制成，由两组U形带螺纹不锈钢棒和双孔不锈钢片组成。钢片作用是与钢筋笼相连接固定，而U形钢棒的中间部分用于支撑ECI传感器，其两腿穿过钢片上两预留孔，传感器的安装位置可通过调节U形钢棒相对于钢片的高度来实现。U形钢棒腿上各有两螺母，用于固定钢棒（图8-32）。

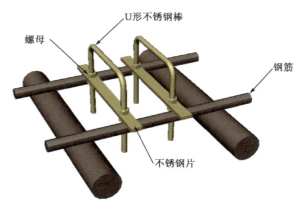

图 8-32 不锈钢支架

传感器安装步骤如下:
(1)将传感器固定在不锈钢支架上(图 8-33)。
(2)将支架上的钢片以扎带固定在钢筋笼上,钢片与钢筋之间以橡胶垫隔绝。
(3)调松支架上的螺母,并移动支架中的 U 形不锈钢棒,调整传感器位置。
(4)传感器的位置调整完成后,锁紧 U 形钢棒上的两螺母固定。

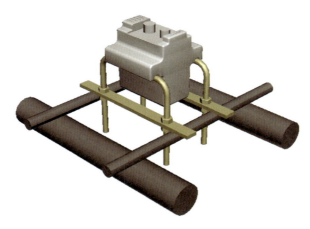

图 8-33 传感器安装示意图

传感器安装宜在模版安装以后进行,以模版作为安装深度的参考点,安装精度更高。但对于无法在模版架立后安装的传感器,只能以钢筋笼为参照点安装深度的参考点。

为使安装的位置更精确,确保后面耐久性评估数据更真实,特以玻璃钢制作了限位垫块(图 8-34)。限位垫块分两种,分别用在模板架立前和架立后的传感器安装中,前者以钢筋笼最外层钢筋中心线所在平面作为传感器安装深度的参照点,后者则以模板内壁为参照点,两种类型下又制作不同高度的垫块,分别用于安装深度不同的传感器。安装时将限位垫块置于模板与传感器或钢筋笼与传感器之间,使传感器的监测面紧贴限位垫块,待传感器固定后再去掉垫块。采用限位垫块,可保证传感器监测面与混凝土表面平行,且由于限位器的高度是已知的,采用限位垫块的另一个好处是安装后无需对传感器的位置进行测量。

a) 垫块安装在传感器与模版间

b) 垫块安装在钢筋笼上

图 8-34　限位垫块的使用

8.4.2　电缆的铺设

应尽可能采用整条电缆,减少电缆搭接接头。为防止施工时可能对电缆造成的破坏,所有的电缆在进场前都采用了额外保护。电缆沿着钢筋铺设,每间隔 30cm 左右设置一个固定点。

对于由预制构件拼接在一起的结构,电缆铺设采用先在预制件预埋电缆,预制件拼接时再将各段电缆搭接起来的方式。如非通航孔桥墩身分上、下两截,两截墩身都采用工厂预制,并在现场进行拼接。在下截墩身预埋传感器时,将电缆沿钢筋铺设至墩身节段的顶部,并引出混凝土。在上截墩身预制时也埋设电缆,并在该节段下部将电缆引出混凝土。墩身现场安装时,将两截从墩身混凝土引出的电缆搭接起来,搭接处采用接线盒保护。对于采用湿法进行拼接的桥墩,接线盒可置于后浇湿接缝中;对于采用干法拼接的桥墩,接线盒只能置于混凝土外,为避免接线盒遭受环境的冲击,将其置于墩身的内腔中。

8.4.3　数据采集仪的安装

数据采集仪置于桥梁的箱梁内或在沉管的中央管廊内。对于钢箱梁,应在箱梁施工时在横隔板上预留相应的孔洞,数据采集仪可通过预留空洞以螺栓直接固定在箱梁上。对于混凝土箱梁或沉管,采用膨胀螺栓固定数据采集仪。

8.4.4　安装过程中的检查

为保证传感器的存活率,确保安装的监测系统有效,应在安装过程中设立检查点,对各阶段的安装质量进行检查。主要的检查方法有目视、尺量以及执行监测系统自检程序。目视主要检查传感器的外壳或电缆的保护皮的外观,当发现外观损坏应及时进行修补,以确保在混凝土浇筑后的存活率。尺量主要是确认传感器安装的位置,安装位置数据对于后续评估是极为重要的。ECI传感器自带模拟电解池,可通过执行自检程序检查线路的完好性。

在整个安装过程的三个阶段设置检查点。分别是进场前对材料的检查,混凝土浇筑前的检查及混凝土浇筑后的检查。

监测系统进场前除检查传感器及电缆的外观外,应执行自检程序,确保进场传感器的完好性。

在混凝土浇筑前的检查对确保传感器的存活率起到至关重要的作用,是整个安装流程中最为关键的一步。应首先检查传感器安装的牢固程度,确保传感器不松动。同时还应对已安装的传感器及电缆实施外观检查,由于传感器及电缆埋设在混凝土中,无法进行更换,因此外观检查必须细致,保证传感器的外壳或电缆的外皮完好无损。任何一点小的破损,都可能导致整套系统的失效。最后,执行自检程序,确保传感器线路在浇筑前是完好的。

混凝土浇筑后的检查主要为了确定监测系统在混凝土浇筑后是否有损,通过执行自检程序判断。

8.4.5 混凝土浇筑过程中的控制

为避免混凝土浇筑对监测系统的破坏,在安装了传感器及电缆的区域应加强对混凝土浇筑的控制。应在传感器及电缆所在位置进行标记,对浇筑工人进行交底。浇筑时,应派技术人员指导混凝土浇筑工人谨慎操作,控制振捣器的插入深度,严禁振捣器接触传感器。

本章参考文献

[1] 潘德强,洪定海,邓恩惠,等.华南海港钢筋混凝土码头锈蚀破坏调查报告[R].广州:中交四航工程研究院有限公司,1982.

[2] 交通部四航局科研所,南京水利科学研究院.华南海港钢筋混凝土码头锈蚀破坏调查报告[R].1981.

[3] 王胜年,黄君哲,张举连,潘德强.华南海港码头混凝土腐蚀情况的调查与结构耐久性分析[J].水运工程,2000,(6):8-12.

[4] 李伟华,裴长岭,等.混凝土中钢筋腐蚀与钢筋阻锈剂[J].材料开发与应用,2007(22):5.

[5] Lopez, R. J. E. Ondak, S. J. Pawel. Chemical and environmental influences on copper/copper sulfate reference electrode half cell potential [J]. Material Performance, 1998, 5: 231-232.

[6] M. A. Nolan, S. H. Tan, S. P. Kounaves. Fabrication and characterization of a solid state reference electrode for electroannlysis of natural waters with ultramicroelectrodes [J]. Analytical Chemistry, 1997, 69 (6): 1244-1247.

[7] T. Matsumoto, A. Ohashi, N. Ito. Development of a micro-planar Ag/AgCl quasi-reference electrode with long-term stability for an amperometric glucose sensor [J]. Analytica Chimica Acta, 2002: 253-259.

[8] 李柏林.粉压型银-氯化银电极的研究[C].1979年腐蚀与防护学术报告会议论文集.科学出版社,1979:

238-246.

[9] 薛桂林. 长寿命银/卤化银参比电极材料研究[D]. 哈尔滨:哈尔滨工程大学,2008,6.

[10] K. Kumar, S. Muralidharan, T. Manjula1, M. S. Karthikeyan and N. Palaniswamy. Sensor systems for corrosion monitoring in concrete structures. Sensors & Transducers Magazine, 2006, 67 (5): 553-560.

[11] 唐卫红,杨林楚. 固态参比电极的研制[J]. 分析仪器,1993,13-16.

[12] F. J. Ansuini, J. R. Dimond. Factors affecting the accuracy of reference electrodes. Materials Performance, 1994, 33 (11): 14-17

[13] D. Rehm, E. Mcenroe, D. Diamond. An all-solid-state reference electrode based on a potassium – chloride dopes vinyl ester [J]. Analytical Proceedings, 1995, 32 (8): 319-322.

[14] 林昌健,董士刚,杜荣归,李兰强,李思振,胡融刚. 一种用于监测钢筋混凝土结构腐蚀的多功能传感器,CN 101334353A. 2008.

[15] Virginia Technologies Inc. Embedded Corrosion Instrument Model ECI-2 Product Manual, 2010.

索　引

b

暴露试验 Exposure tests ········ 21
暴露试验站 Exposure station ········ 22
不确定性 Uncertainty ········ 2
保护层厚度 Cover thickness ········ 2
不锈钢 Stainless steel ········ 3
表面氯离子浓度 Surface chloride concentration ········ 28
比表面积 Specific surface area ········ 72
标稠用水量 Stand water consumption ········ 72

c

沉管隧道 Immersed tunnel ········ 4
足尺模型 Full-scale model ········ 96
全寿命成本 Life-cycle-cost ········ 4
潮位 Tide level ········ 1
成熟度 Maturity ········ 100
粗集料 Coarse aggregate ········ 75

d

大气区 Atmosphere zone ········ 5,17

f

防腐蚀措施 Corrosion protection measures ········ 3
粉煤灰 Fly ash ········ 25
风险 Risk ········ 3
腐蚀环境 Corrosion environment ········ 2

g

硅灰 Silica fume ········ 25
硅烷浸渍 Silane impregnation ········ 3,183

h

海洋环境 Marine environment 3,9
环境作用 Environmental effect 13
含泥量 Mud content 74
环氧涂层 Epoxy coating 177
碱含量 Alkali content 12
含气量 Gas content 74

j

碱-集料反应 Alkali-aggregate reaction 75
减水剂 Water reducing agent 73
聚羧酸系 Polycarboxylic acid type 81
减水率 Water-reducing rate 74
胶凝材料 Cementitious materials 4

k

快速电迁移方法(RCM) Rapid chloride migration method 55
开裂 Cracking 9
抗压强度比 Compressive strength ratio 74

l

粒化高炉矿渣粉 Granulated blast furnace slag 80
临界氯离子浓度 Critical chloride concentration 40
氯离子扩散系数 Chloride diffusion coefficient 2,44
浪溅区 Splash zone 4,17
裂缝控制 Crack control 5
龄期 Age 24

n

耐久性可靠指标 Durability reliability index 23
耐久性设计 Durability design 2
耐久性评估 Durability evaluation 5

耐久性再设计 Durability re-design ……………………………………………… 250
耐久性监测 Durability monitoring …………………………………………… 5
耐久性维护 Durability maintenance ………………………………………… 234

p

配合比 Mix proportion ………………………………………………………… 24

s

设计使用年限 Design working life …………………………………………… 2
失效概率 Failure probability …………………………………………………… 23
烧失量 Loss on lgnition ………………………………………………………… 73
水变区 Water level changing zone …………………………………………… 25
水下区 Under-water zone ……………………………………………………… 4
水泥 Cement …………………………………………………………………… 4
水胶比 Water-binder ratio ……………………………………………………… 2
实体构件 Entity component …………………………………………………… 90

t

统计规律 Statistical law ………………………………………………………… 36
碳化 Carbonization ……………………………………………………………… 8
脱钝 Blunt ……………………………………………………………………… 22

w

维护 Maintenance ……………………………………………………………… 5
无损检测 Nondestructive testing ……………………………………………… 111

x

细度 Fineness …………………………………………………………………… 73
需水量比 Water demand ratio ………………………………………………… 73
锈蚀 Corrosion ………………………………………………………………… 1
现浇 Cast-in-place ……………………………………………………………… 4

y

阴极保护 Cathodic protection ·· 3
原材料 Raw materials ··· 71
预制 Prefabrication ·· 4

z

质量 Quality ·· 2
质量控制 Quality control ··· 2
阻锈剂 Rusty retardant agent ·· 3,192

图书在版编目(CIP)数据

港珠澳大桥混凝土结构耐久性设计与施工技术／王胜年等著. — 北京：人民交通出版社股份有限公司，2018.3

ISBN 978-7-114-14618-3

Ⅰ.①港… Ⅱ.①王… Ⅲ.①跨海峡桥—混凝土结构—耐用性—桥梁设计—中国②跨海峡桥—混凝土结构—耐用性—桥梁施工—中国 Ⅳ.①U448.19

中国版本图书馆CIP数据核字(2018)第057778号

"十三五"国家重点图书出版规划项目
交通运输科技丛书·公路基础设施建设与养护
港珠澳大桥跨海集群工程建设关键技术与创新成果书系
国家科技支撑计划资助项目(2011BAG07B04)
广东科学技术学术专著项目资金资助出版

书　名：	港珠澳大桥混凝土结构耐久性设计与施工技术
著 作 者：	王胜年　苏权科　李克非　等
责任编辑：	周　宇　李　沛　等
责任校对：	孙国靖
责任印制：	张　凯
出版发行：	人民交通出版社股份有限公司
地　　址：	(100011)北京市朝阳区安定门外外馆斜街3号
网　　址：	http：//www.ccpress.com.cn
销售电话：	(010)59757973
总 经 销：	人民交通出版社股份有限公司发行部
经　　销：	各地新华书店
印　　刷：	北京雅昌艺术印刷有限公司
开　　本：	787×1092　1/16
印　　张：	17.75
字　　数：	450千
版　　次：	2018年3月　第1版
印　　次：	2018年3月　第1次印刷
书　　号：	ISBN 978-7-114-14618-3
定　　价：	120.00元

(有印刷、装订质量问题的图书，由本公司负责调换)